RENWEN XUESH
SIBIAN YU SHIZHENG

人文学术·思辨与实证

肖远平　刘实鹏◎主编

中央民族大学出版社
China Minzu University Press

序 言

《人文学术·思辨与实证》是贵州民族大学人文科技学院2017年编著的第一部学术研究成果。

贵州民族大学人文科技学院于2001年创办成立，经过多年的建设与发展，学院办学理念日渐清晰、教学质量稳步提高、科研成果日益增加，已发展成为贵州省独立学院中的佼佼者，随着2016级新生入驻大学城校区，学校在硬件设施方面的投入也步入了新台阶。

高等教育的特殊性决定了教学与科研是高校的两大核心工作，各大高校在高度重视教学工作的同时，也都将科研工作作为高校工作的重要组成部分，将其视为提升学校综合实力的重要途径，在任何时候都不能削弱，尤其是在当今大数据与“互联网+”时代来临的背景下，知识更新速度越来越快，对教师科研工作的要求也越来越高，科研也成为教师成长的重要渠道和平台。

为了加速提升学院综合实力，为广大教师提供良好的学术环境和科研平台，学院近年来高度重视科研工作，制定了教师科研能力提升计划，并设置院级科研基金项目，鼓励广大师生开展科学研究，形成了法学、民间文学、非物质文化遗产、文化产业、旅游管理等多个科研团队。同时，成立了文化产业研究中心、南方少数民族非物质文化遗产研究基地（国家民委人文社科重点研究基地）、茶与茶文化研究院、循环经济研究院、生态文明研究院、民族进步与民族文化研究院、法学研究院、特色植物研究院等多个研究机构，为全院教师搭建起一个多元高效的研究平台，有效推动了全院教师参与科研积极性和主动性。

《人文学术·思辨与实证》作为全院教师科研成果展示的重要载体，既是学院提升科研建设水平，展现科研建设成果的重要体现，也是全院教师增强科研能力，提升学术研究水平的重要渠道。这本《人文学术·思辨与实证》共设置了民族民间文化、学术研究、校园文化建设、教育教学和学科建设五个专栏，刊发了贵州民族大学人文科技学院及部分兄弟院校教师的科研成果。这本论文集中所收录的文章皆是各位作者立足于独立学院工作实际，结合自身的教学工作与研究实践，从不同的视角进行的专业研究，无不凝聚着作者们的心血。

最后，我们要向《人文学术·思辨与实证》的每一位作者表示感谢！是各位作者的潜心研究，才成就了这本《人文学术·思辨与实证》论文集。同时，也期望各位老师能够再接再厉，充分利用学院提供的各种科研平台和科研政策，不断思考，潜心研究，在高质量完成教学等相关工作的同时，不断提升自己的科研能力和水平，推出更多更优秀的科研成果。

目 录

民族民间文化

学术研究

校园文化建设

教育教学

学科建设

民族民间文化

MIN ZU MIN JIAN WEN HUA

论现代视域下非物质文化遗产传播方式的演变

——以《奢香夫人》为例

杨琼艳*

摘　要：奢香夫人是彝族历史上一位杰出的巾帼英雄，后世出现了许多歌颂她的历史功绩的艺术作品。奢香夫人从一个大山深处的女子逐步走进全民视野，成为妇孺皆知的历史人物，除《奢香夫人》自身的文化价值和魅力外，还源于现代传播方式的变化及其引起的时距变化和国家对非物质文化遗产保护与传承的提倡。

关键词：《奢香夫人》 传播方式 非物质文化遗产

在古希腊的寓言诗《农夫和他的孩子们》中，农夫这样告诫孩子们："千万不要卖掉祖先留下的遗产，因为财富蕴藏其间。"当然，农夫所说的遗产不仅包括物质的，还包含非物质的。在我国《非物质文化遗产保护法》中，将"非

* 杨琼艳，彝族，硕士，贵州民族大学人文科技学院教师。研究方向：民间文学。

物质文化遗产”定义为“各族人民世代相传并视为其文化遗产组成部分的各种传统文化表现形式，以及与传统文化表现形式相关的实物和场所”。某些传统的文化蕴藏着巨大价值，因此，在历史长河中，仍被人们传承和发扬。但是，也有一些优秀的传统文化在时代发展进程中逐渐被淡化，甚至消失在人们的视野中。当前，我国正如火如荼地进行着非物质文化遗产保护工作，就是为了守住这些濒危的文化遗产。社会不断发展，人们的生活方式也随之不断地发生变化，这种生活方式的变化包括对非物质文化遗产传播方式的不同选择。以电视剧《奢香夫人》为例，在不同时期，人们以不同的方式传播着。

奢香夫人是明代一位彝族的女政治家，她在彝族历史甚至是中国历史上都写下了不可磨灭的篇章。奢香从小能文善武、天资聪颖、知书达理、精明能干，后嫁给水西君长霭翠。几年之后，君长霭翠不幸病逝，其子陇弟尚幼，奢香摄政。奢香夫人高瞻远瞩、忍辱负重，带领水西人民开置农田、修建驿道、引进汉学并归附于明王朝，为维护彝族内部和西南边疆甚至是整个国家的稳定，推动彝族经济文化的发展做出了卓越的贡献。奢香夫人逝世后，被明太祖朱元璋谥封为“大明顺德夫人”。

最初，奢香夫人的事迹被记载在彝文典籍或汉文史志中。后来随着时代的发展，人们创作出许多丰富多彩的文学艺术作品来传扬和歌颂奢香夫人的精神品质和历史功绩，表现形式有民间传说、民间故事、诗歌、小说、散文、戏剧、影视、音乐作品等。1979 年，由俞百巍和朱云鹏创编的黔剧《奢香夫人》，作为新中国成立 30 周年的献礼进行演出，获得了创作一等奖和演出一等奖；2011 年在 CCTV-1 黄金档上映的电视剧《奢香夫人》也是独占鳌头，掀起了文学艺术界的评议热潮，引起了各大媒介和网友的广泛关注。据统计，各网站网友评论数量总计不下 100 万条，《奢香夫人》成为举国上下关注的焦点。相比于以前的传说、戏剧、诗歌等，2011 年电视剧《奢香夫人》的上映，把奢香夫人的历史事迹传遍了大江南北，了解奢香夫人的人多了，覆盖面也更广了，奢香夫人成为妇孺皆知、家喻户晓的历史人物。

奢香夫人从一个大山深处的女子逐步走进人民群众的视野，并被广为传颂，除电视剧《奢香夫人》自身的价值和艺术魅力外，与现代视域下文化传播方式及其引起的时距变化和国家对非物质文化遗产的提倡也密切相关。

一、文化传播方式的变化

当我国经济社会还处于缓慢发展期时，文化的传播主要依靠文本、口头或实地观看等方式进行。随着科学技术的不断发展，人们的生活方式发生了巨大变化，文化的传播方式也从原来的文本、口头或实地观看发展到借助电视、网络等媒体进行，这些新兴的传播方式因其便捷性、快速性等优点迅速成为人们进行文化传播的首选。因此，近年来影视作品受到了人们的青睐。有学者曾说："当今中国，影视剧已经成为最普及、最活跃、最具影响力的文化需求。"

文本传播是传统文化传播的重要手段，也是从古至今最常见的一种传播方式。然而，在几十年前，大部分人都是文盲，以文本传播为主要方式的文化把他们拒之门外。即使是识字的人，由于经济较为拮据，为了生存，他们也很少购买文本进行阅读，这些都控制了文化的传播。此外，对于彝族人民来说，这些传统经典文化都被限制在毕摩手中，他们很难看到文本。且奢香夫人的功绩主要是关于历史政治方面，内容不像其他故事那样具有激动人心的情节，相对来说比较枯燥，不能大范围地吸引读者阅读，这导致了它的传播范围不广。

口头流传由于受讲述者和听者影响，其流传范围和流传速度也受到限制。历史事件相对于故事来说，没有让人激动不已的情节，虽然作品《奢香夫人》中也讲述了关于奢香夫人与君长霭翠的爱情故事，但这只是其中的一部分，总体上来说整个讲述过程是比较严肃的。这就要求讲述者在讲述时拥有更高的热情，采用一些吸引人的讲述方式，才能吸引听众，但这只是一种美好的愿望，这样的讲述往往会受各种因素的影响而难以实现。首先，在讲述时，有时讲述者需要向听者描述事件周围的场景、人物等，这时候事件本身并没有向前发展，而是停滞不前，这样就延长了整个事件的讲述时间，听者容易感到厌倦，进而会放弃收听。其次，讲述者一般是民间有知识积累的长辈，而这些人为了生活，必须日出而作，日落而息。因此，他们没有多少闲暇时间将事件的具体内容传达给他人，这就限制了《奢香夫人》的传播范围。此外，口头传达只是一个抽象的讲述，它需要讲述者和听者具有丰富的想象力，如果缺乏想象，便会觉得作品中的各种事件枯燥乏味，且印象也不深刻。总之，口头流传因受时空等条件的限制，传播范围小，进度也比较慢。

清代王宏在《山志》一书中说道："民不知书，独好观剧。"民众虽不识字，但可以通过舞台表演这种直观的画面和浅显易懂的语言来领悟故事的内容和其所传达的精神。正如王国维谈到的，“戏剧必合言语、动作、歌唱以演绎故事，而后戏剧之意义始全”。戏剧具有天然的舞台表现力和艺术感染力等传播优势，诉诸于视觉、听觉，具有直观性和形象性，接受者可以与剧中人物进行面对面的交流，消除了时间、空间造成的疏离感，拓宽了接受者的审美视野，使其更能领悟戏剧的精神实质。戏剧形式的传播相对于文本或口传来说，更具形象性，也更易吸引观众，传播的速度也更快。但戏剧的演出受地域的限制，一部戏剧的观众只是居住在演出场地周围的人群，而且西南地区因受地理条件的限制，多数人都是分散而居。因此，戏剧形式的《奢香夫人》只能在小范围内传播。

以前，文本、口头或实地观看戏剧的文化传播方式，其传播速度的缓慢性和传播范围的狭窄性使《奢香夫人》只能在一定范围内流传。而随着现代科技的发展，计算机、电视机、手机等科技产品已成为人们生活中不可或缺的一部分，传播媒介的变化促进了文化传播方式的革新，传播的速度和范围呈跨越式发展。人们只要将原本存在于文本或人民口中的故事转化成影视作品，大众就可以通过计算机、电视机、手机等迅速观看到，且不受时间和空间的限制。影视剧更具形象性和直观性，不会让观众产生枯燥乏味之感。所以，现代科技为《奢香夫人》的广泛传播提供了重要契机。

二、时距方式的变化

文化传播方式的变化引起了时距的变化。时距又称为叙述的步速，是故事时间长度与文本时间长度相互比较对照所形成的时间关系。 而所谓的“故事时间”，是指故事发生的自然时间状态；“文本时间”（也可称为“叙事时间”），则是指故事内容在叙事文本中具体呈现出来的时间状态。 正如上文提到的，以文本或口头传播的方式经常需要向读者和听众交代事件发生的背景、周围环境、人物等，这样就大大增加了“文本时间”，而故事本身没有往前发展，“故事时间”为零，这种冗长的传播方式耗费了大量时间，容易使读者或听众反感而难以坚持读完或听完。

在影视作品中，对于一些事件发生的背景、周围环境、人物等不需要进行详细清楚的讲述，只需要一个生动、形象、直观的画面向观众做一个无声的展示，观众就能清楚地理解并想象当时的情景，这样就缩短了事件传播时间即“文本时间”，让“故事时间”继续向前推移。这样，观众就不会觉得故事拖沓，在审美视觉上也不会产生疲劳，会兴趣盎然地观看完毕，而且还能留下深刻印象。如在向听众或读者介绍奢香夫人精明能干时，在文本或口传过程中就需要运用一些篇幅或一段话进行单独的介绍，通过她做的一些事情，体现出她的精明能干，以及是如何体现的，且这种介绍有时难以清清楚楚地捕捉到奢香夫人的心理活动。而在影视作品中则不需要这一环节，人们在观看她的所作所为、言谈举止时就能知道她是一个什么样的人，所以不需要单独介绍。影视作品的直观形象性加上观众自身的体悟，使他们对《奢香夫人》的理解更为详细深入。“奢香夫人因为她所处的时代和历史转折的特殊性，总是处于国家和民族命运紧紧纠葛的矛盾斗争之中、风口浪尖之上。她的内心之中的林林总总的感情与智慧的纠结，却不是话剧的对白、戏曲的唱腔、影视的情节演绎和形象展示所能明明白白地表达出来的……戏剧、影视作品的强大辐射功能通过现代传媒巨大的放大效应，凸显出了奢香夫人的高大、正面、全才似的正面人物形象。”这对推动《奢香夫人》的传播具有重要影响。所以，计算机、电视机、手机等传播媒介的出现，推动了“文本时间”与“故事时间”的变化即时距的变化，由此也推动着《奢香夫人》观众数量大幅度增加。

三、国家非物质文化遗产传承与保护的提倡

随着时代的发展，文化已成为推动一个国家发展的精神动力，成为国家实力的象征。近年来，非物质文化遗产的保护与传承越来越受到各个国家、各个民族的重视。我国是一个多民族国家，在几千年的历史长河中，各民族运用自己的聪明才智创造了丰富多彩的民族传统文化，这些民族传统文化在经济全球化的今天仍具有重要作用。我国政府历来就很重视文化的发展，为加强对文化遗产的保护，2005 年，国务院发布：从 2006 年起，将每年 6 月的第二个星期六确定为中国的“文化遗产日”，并在全国范围内相继确立了国家级、省级、市级、县级非物质文化遗产名录。2008 年，贵州黔剧入选第二批国家非物质文化遗产，《奢香夫人》是黔剧代表作品之一，也因此受到了人们的关注。《奢

香夫人》作为彝族的传统历史文化，便是在这样的历史发展时期走进了大街小巷、进入了平民百姓的视野中。

随着国家对非物质文化遗产保护的提倡，不少专家学者开始潜心于民族传统文化的发掘、传承与保护，并取得了丰硕的成果，不少濒临消失的传统文化又获得了重生，为民族文化的发展注入了新的活力。国家的提倡、学者的重视，使民族文化成为当今社会关注的焦点，广大民众也自觉地加入到这一宏大的历史潮流之中，同国家、专家学者们一起，关心着自己民族传统文化的保护与传承。

《奢香夫人》正是在国家对非物质文化遗产的倡导这一历史机遇下，经过专家学者的发掘与研究，她那远见卓识的发展眼光、忍辱负重的精神、为西南边疆的安定和彝族人民安定的生活及经济的发展所做出的卓越贡献而受到人们的关注的。她的这种精神在发展和谐社会的今天仍然具有重要导向作用，所以，人们被她的这些精神品质和历史贡献所打动，对她产生了敬仰之情，满怀敬意地观看她的历史事迹。同时，《奢香夫人》中所展示的许多彝族习俗、服饰、工艺等独特的民族文化符号也获得了观众的青睐。这种外力与内力的聚合，为《奢香夫人》的传播提供了良好条件。

奢香夫人从大山深处一路走来，她的事迹至今已传遍大江南北，她是妇孺皆知的巾帼英雄。在百年的历史长河中，她能再次得到人们广泛关注，除了她的精神品质和历史贡献外，最重要的就是历史发展机遇，即文化传播方式的转变和国家对非物质文化遗产传承与保护的倡导。伴随着科学技术和经济的飞速发展，一大批科技产品的问世推动着传播媒介发生变化，由此也推动了文化传播方式的转变，文化传播方式的转变使故事时距发生了变化。文化成为当今国家发展的重要支撑，非物质文化遗产的传承与保护受到国家和社会各界的高度重视，两者的结合又影响着观众的文化需求。所以，这一历史机遇为《奢香夫人》的广泛传播提供了优越的客观条件，使奢香夫人的精神品质和历史贡献广为流传，并得到了群众的青睐和社会各界的高度评价。同时，《奢香夫人》也进一步促进了人们对彝族绚丽多彩历史文化的了解。当然，这一历史机遇也同样为其他非物质文化遗产的传播提供了重要契机。

参考文献

[1] 姚远，苏丹，黄蔚，等 . 影视传播的新模式——电视剧《奢香夫人》掀全国收视高潮思考［J］. 新闻窗，2012 (1).

[2] 王明贵 . 影视剧作与彝汉史志中奢香夫人形象的比较研究［J］. 贵州社会主义学院学报，2012 (1).

[3] 王晶 . 杜十娘故事的传播研究［D］. 扬州大学，2008.

[4] 童庆炳主编 . 文学理论教程［M］. 高等教育出版社，2008.

贵州堂安侗语调查研究

卢琳　吕渊 *

摘　要：侗语分为南北两种方言，每种方言又可以细分出不同的土语。南部方言中的第二土语区是侗语各土语中传统历史文化保留得比较完整的区域。其中，又属贵州黔东南黎平县为第二土语的集中地。此次调查地堂安村隶属于黎平县，该村是侗族聚居区，历史悠久，传统语言文化保存完好。调查根据壮侗语核心词汇表拟定的语言调查提纲进行记音，同时通过实地发放问卷及访谈，基于社会语言学的理论及方法，对堂安侗语的基本情况、当地母语人的语言习得及语言能力、不同场合语言使用情况及语言情感认同等方面做了统计分析。

关键词：贵州堂安　侗语　调查研究

一、引 言

侗语是汉藏语系壮侗语族（Kam-Tai，又称侗台语族）侗水语支的一种语言。因语言存在差异，侗语可分为南北两大方言，南部方言有三个土语区，而北部方言分为五个土语区。[①]两大方言间互通语言难度大，对话很困难。方言内部

---

* 卢琳，女，上海师范大学人文与传播学院 2016 级博士在读，专业为中国少数民族语言文学。研究方向：南方少数民族语言文化。吕渊，男，贵州民族大学人文科技学院办公室秘书科科长，助教。

① 石林．侗语方言土语的划分应作适当调整［J］．民族语文，1990（6）．

各土语间一致性较大，可以互相交流。

在侗语南部方言区，除榕江、洪州一带与湖南通道侗族自治县毗邻的乡村属第一土语区，融水（大云、汪洞、杆洞）属第三土语区外，其余皆属第二土语区。南部方言第二土语是侗语各土语中分布面积最大、使用人口最多的一种语言。南部方言第二土语区也是目前侗族传统文化保留得比较完整的区域，比如，侗族多声部的侗族大歌、侗戏就流传于第二土语区境内；很多传统故事、歌谣等也都源于该区。因此，南部方言第二土语区保留的丰富的本民族词汇和高纯度的本民族语言是其他土语区所不能及的。

黎平县是侗语南部方言第二土语集中地。堂安侗寨位于黎平县南面，在距肇兴镇7公里的弄报山半山腰上。堂安侗话是侗语南部方言第二土语区的语言，与毗邻的厦格侗寨、肇兴侗寨语言一致，属同一个土语区。

（一）基本情况

此次调查点为贵州省黎平县肇兴镇堂安村，该村共辖5个村民小组。据2013年统计，全村有202户，共818人。其中，男性541人，女性277人。全村几乎全部为侗族人，其他民族占全村总人口的1%左右。[①]调查采用问卷发放、实地观察和重点人物访谈等方式，多方法并行，以期有效翔实地记录当地语言使用情况。本次调查共发放问卷70份，回收有效问卷66份，有效问卷比例达94.2%。有效问卷统计结果显示，受访者基本信息分类情况见表1：

表1　堂安村侗族语言使用情况受访者基本信息统计表(N=66)

基本信息项	人数（人）	百分比（%）
男	45	68.18
女	21	31.82
6—19岁	16	24.24
20—59岁	39	59.09

① 此数据由堂安村村委会办公室提供，在此谨表感谢。

续表

基本信息项	人数（人）	百分比（%）
60 岁以上	11	16.66
从没上过学	7	10.61
小学	32	48.48
初中	19	28.79
高中	4	6.06
大专及以上	4	6.06
农民	33	50.00
工人	2	3.03
公务员	2	3.03
个体劳动者	8	12.12
教师	1	1.51
学生	15	22.72
其他	5	7.57

根据语言习惯特点，笔者将受访者的年龄段划分为三个，其中成年人受访者年龄相差 40 岁，因该年龄段的人语言能力已经发展成熟，涵盖了青年、中年两大年龄段，故不再做进一步细分。如表 1 所示，此次调查中，男性多于女性，这与当地男女人数比例相符。从表格统计数据来看，受访者中青年、中年人比其他年龄段人群数量多，老年人与儿童受访者数量相当；从受教育程度上来看，小学与初中学历所占的比重较大，这与当地的历史文化沿革和当地人的受教育程度相关。此外，从受访者的职业来看，农民所占比重最大，但其他各个行业也都有受访者。调查者在实际调查中充分考虑到了年龄及行业的分布情况，使此次调查在一定程度上客观反映了当地的语言使用情况。

（二）语言习得及语言能力

1. 语言学习途径

表 2　堂安村受访者语言学习途径所占百分比（N=66）

选项 / 语言种类	你是怎样学会侗语的（%）	你是怎样学会当地汉语方言的（%）	你是怎样学会普通话的（%）
家庭传授	96.97	12.12	1.52
学校学习	4.55	19.70	62.12
培训班（或夜校、扫盲班）学习	0.00	0.00	0.00
看电视（电影）、听广播	0.00	1.52	13.64
社会交往	0.00	46.97	30.30
在外地（做生意、打工、上学等）	0.00	18.18	15.15
其他方式	1.52	0. 00	0. 00

根据表 2 所示，受访者学习侗语的主要途径为：家庭传授＞学校学习＞其他方式；学习当地汉语方言的主要途径为：社会交往＞学校学习＞在外地＞家庭传授；学习普通话的主要途径为：学校学习＞社会交往＞在外地＞看电视、听广播＞家庭传授。

2. 语言掌握程度

表 3　堂安村受访者语言能力所占百分比统计表 (N=66)

听				说			
	侗语（%）	当地汉语方言（%）	普通话（%）		侗语（%）	当地汉语方言（%）	普通话（%）
完全能听懂	96. 97	46. 97	63. 64	能熟练交谈	96. 97	31. 82	56. 06

续表

听				说			
	侗语（%）	当地汉语方言（%）	普通话（%）		侗语（%）	当地汉语方言（%）	普通话（%）
基本能听懂	1.52	24.24	16.67	基本能交谈	1.52	25.76	21.21
只能听懂一些日常用语	1.52	7.58	6.06	能说一些日常用语	0.00	15.15	3.03
基本听不懂	0.00	21.21	13.64	基本不会说	1.52	27.27	18.18

如表 3 数据所示，不同语言和方言受访者“听”的程度为：侗语＞普通话＞当地汉语方言；“说”的程度为侗语＞普通话＞当地汉语方言。针对“侗语”选项，选择“只能听懂一些日常用语”和“基本不会说”的是肇兴县的一名苗族公务员；“基本能听懂”侗语的为一名 11 岁学生，未在当地上学。结果表明，除了 0—3 岁语言能力还处在发展完善中的儿童外，堂安村各个年龄段的人都完全具备母语交际能力。不同年龄段在第二语言的使用上，大部分人直接使用普通话而非当地汉语方言。表中数据显示，“基本听不懂”和“基本不会说”当地汉语方言人数的比例远高于普通话。

（三）堂安村侗语使用情况

不同场合侗族侗语水平

表 4　堂安村受访者不同语言场合语言使用所占百分比情况（N=66）

语言使用场合 / 语言种类	侗语（%）	当地汉语方言（%）	普通话（%）	其他语言或方言（%）
小学时教师授课使用的语言	71.21	22.73	48.48	0.00
小时候与家人交谈	98.48	4.55	1.52	0.00
现在和家人交谈	98.48	1.52	0.00	0.00

续表

语言使用场合 / 语言种类	侗语（%）	当地汉语方言（%）	普通话（%）	其他语言或方言（%）
现在与本民族邻居交谈	98.48	1.52	0.00	0.00
在本地跟初次见面的陌生人交谈	72.73	13.64	65.15	1.52
在本地集贸市场与卖主交谈	93.94	18.18	15.15	0.00
去当地政府部门办事	65.15	25.76	36.36	0.00

如表 4 所示，我们按照交际场合和范围的不同，将堂安村侗语的使用情况划分为家庭内、社区内和跨社区三种情况分别进行分析。

（1）家庭用语

堂安村内基本上实行族内通婚，侗语是主要的甚至是唯一的交际语言。从语言功能的大小来看，在堂安村侗族家庭内部，侗语的功能是最强的，当地汉语方言和普通话的使用比例几乎为零。侗语毫无争议地占据了家庭内部主要交流工具的地位，且根据“小时候与家人交谈”和“现在与家人交谈”的人数比例可知，侗语在家庭中的交际语地位并未受其他因素的影响，侗语几乎是所有堂安村家庭唯一的交际用语。

（2）社区用语

堂安村是侗族聚居村，全村侗族人口占 96%以上。因此在村寨内部，无论男女老少，在交流时都会自觉选用母语或第二语言即当地汉语方言。但是，近些年政府力主开发当地民族旅游文化产业以来，随着与堂安相隔不远的肇兴侗寨旅游业的兴起，堂安作为侗寨旅游观光景点之一，常有游客来往进出这个半山腰上的侗族村，出于交流需要，当地侗族与游客交流时会针对不同人群选择使用不同的语言。因此，从表 4 的数据可以看出，对于“在本地跟初次见面的陌生人交谈”时，语言使用比例为侗语＞普通话＞当地汉语方言。因为此数据中包括了 60 岁以上老人选择比例，大部分老人都是侗族母语单语人，一方面受自身汉语能力的限制，另一方面也可能是忽略了交际对象的语言条件和语言事实，把“初次见面的陌生人”局限在当地本民族成员范围之内，所以选择了“侗语”，所以总数选择“侗语”的比例高于普通话。但是通过访谈得知，实际情况是当游客在堂安村内参观、咨询时，拥有侗—汉双语能力的受访者几乎都会选择用普通话与游客进行交流。

（3）跨社区用语

堂安村所属的肇兴县是全国最大的侗族村寨，其中侗族人口占95%。周边多数村寨都是侗族聚居村，如厦格、上地坪等，与堂安村都有密切往来，在语言使用方面，目前也均以侗语作为主要的交际工具。由于肇兴是近年来新兴的旅游开发区，堂安村的村民到肇兴，遇到本民族人，双方认识或通过服饰、体貌特征能判断出对方是侗族的，都会以侗语作为首选的交际用语使用。如果双方互不认识，或者与到当地旅游的游客进行交流时，则会选择使用普通话。

小范围的高度聚居能为民族语言的保存提供客观条件。堂安村是较纯粹的侗族村寨。在这样的环境下，全村的主要交际用语是侗语，每个人从儿童到成年的整个阶段都会频繁地使用母语；又由于当地旅游资源的开发和近年来普通话的推广，当地侗族人普遍为使用侗语—普通话的双语人。在对第二语言的选择上，大部分人都直接选择了普通话。

（四）语言情感认同

“语言情感认同主要考查语言人在语言选用方面的情感倾向以及对不同语言（语言人所能接触到的语言）的情感价值判断。”①语言情感认同主要包括两个方面：语言人对自身的语言情感认同、语言人对群体中其他成员的语言情感认同。具体数据见表5：

表5 堂安村受访者语言人对自身的语言情感认同百分比（N=66）

情感认同项/语言种类	侗语（%）	当地汉语方言（%）	普通话（%）	其他语言或方言（%）
更流利	83.33	3.03	13.64	0.00
更好听	53.03	0.00	48.48	0.00
接触的语言	42.42	0.00	56.06	1.52

① 戴庆夏．语言和民族［M］．中央民族大学出版社，1994：88.

（说明：更流利＝您会说的语言中，哪种语言更流利？更好听＝您会讲的语言中，哪种语言更好听？接触的语言＝您接触到的语言中，哪种语言更好听？）

通过向受访者提出“您认为自己讲得最流利的是哪一种语言”这一问题来了解其对所使用语言的自信心评价。由于母语仍在堂安村代际相传，堂安村侗族基本以本民族语言作为第一语言，在受访的66人中，有55人选择了“侗语”，2人选择“当地汉语方言”，其余9人认为自己的“普通话”最流利，这9人都是在校学生，因为从小在学校接受义务教育，课堂和校园中的交际多使用普通话，所以在填写问卷时这9名学生有很强的信心选择了普通话。

家庭是语言传承的重要场所，父母及长辈对下一代语言使用的期望能够从一定层面反映出他们的语言态度，这种潜意识层面的期望会直接影响家庭代际交流的语言情况。由于父母教育与子女成长的关联性以及子女对父母的依赖性，子女在语言选择和交流上表现出的语言态度一般都与父母的期望值相一致。针对堂安村受访者对家庭语言选用的态度以及家长对子女在家庭中选用的语言和转用普通话的态度，我们设计了三个问题，即“您在家中最希望家里人用什么语言跟您交谈？”“如果您孩子上学回家用汉语跟您讲话，您会……”“孩子外出打工回家用汉语跟您讲话，您会……”，并分别提供了多个选项供受访者选择，相关数据统计详见表6、表7。

表6　堂安村受访者在家中希望家人使用的语言统计表（N=66）

语言及相关选项	侗语	当地汉语方言	普通话	其他
人数	56	2	7	1
比例（%）	84.85	3.03	10.61	1.52

表7　堂安村受访者对子女上学、打工回家说汉语的语言态度统计表（N=66）

态度 / 问题	痛骂他 / 她一顿（%）	不搭理他 / 她（%）	用本民族语跟他 / 她讲（%）	用汉语跟他 / 她讲（%）	觉得无所谓（%）	觉得很高兴（%）
上学回家说汉语	3.03	0.00	24.24	3.03	3.03	22.73
打工回家说汉语	4.55	1.52	33.33	0.00	3.03	16.67

通过以上数据可知，堂安村侗族在家庭语言的选用上，绝大部分人倾向于侗语，在家庭交际中，侗语的地位明显高于其他语言，这与当地的地理环境以及传统文化的保存是息息相关的。在对子女的语言选择所持的态度上，无论是上学还是打工回家的子女，一部分家长会用本民族语与其对话，另一部分则不会。通过数据我们也可以看出，有相当一部分村民仍然有很强的维护本族语言的态度和意愿，但同时也有少部分原因是一些年长的人不会说汉语。另外，对于放学回家和打工回家的子女说汉语，大部分家长认为学生在校学习汉语回家说汉语很正常，并因此而感到高兴，认为这是子女学习成果的体现。但是对于打工回家的人，大部分家长表示既然回家就应该使用本民族语言交流，心里仍倾向使用侗语，这也从另一个角度使侗语在家庭内部的地位得到了巩固。

在语言的情感认同方面，我们设计了问题“您认为您接触到的语言中哪一种最好听”。其中，56.06％的人倾向于普通话，42.42％的人选择侗语，无人选择当地汉语方言，1 人选择其他语言或方言，此人为在校学生，认为英语最好听。从访谈中可知，首先，包括在校学生在内的很大一部分中青年的普通话水平都相对较高，对普通话的好感度也很高，他们对普通话的印象多受到电视或者传媒的影响；其次，到当地旅游的游客普遍使用普通话跟当地村民交流，在村民们心中，普通话是端庄、大方、动听、标准化的象征，所以觉得普通话“最好听”。大部分选择“侗语”的为当地老年人，其对本民族语言的认同度仍然很高。

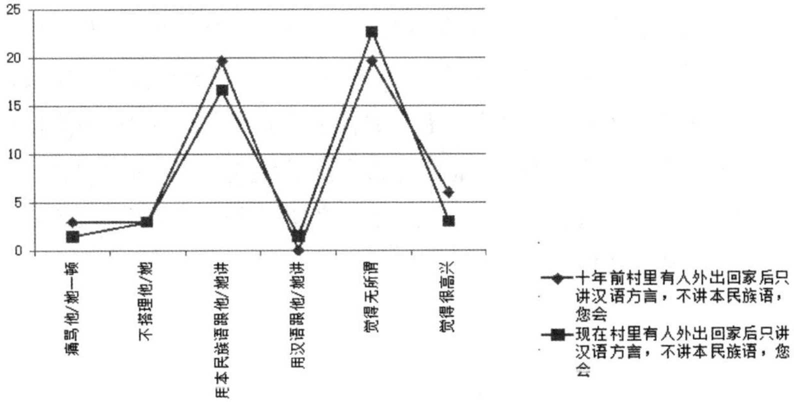

图 1　堂安村受访者十年前后对当地汉语方言认可度变化（N=66）

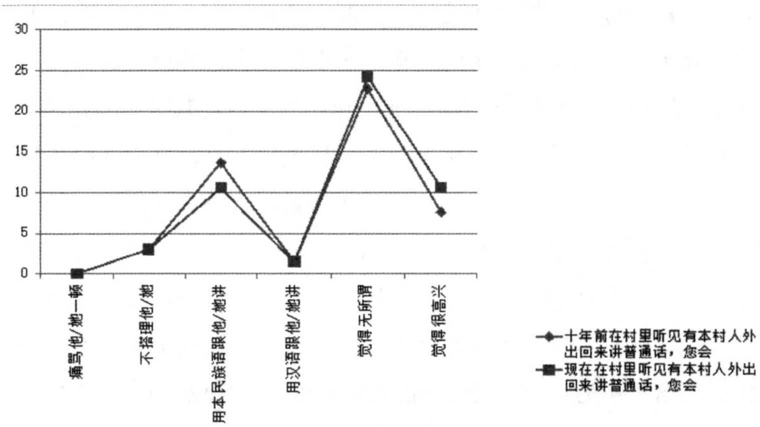

图 2 堂安村受访者十年前后对普通话认可度变化 (N=66)

数据显示，十年前后，当地老年受访者对当地汉语方言和普通话的认可度无太大变化。由图 2 可以看出，当地老年受访者对普通话认可度普遍高于对当地汉语方言。十年前后在村里听到有人外出回村说普通话，没有人选择痛骂这样极端的方式作为交际反应，但其中有 2 人选择会痛骂回村后使用当地汉语方言的人。这在很大程度上反映出由于近些年来媒体在宣传报道时多使用普通话，只通过电视或收音机等媒介了解村子外界情况的老人们认为普通话在一定程度上代表着进步和发展。随着信息的频繁交流和当地旅游业的蓬勃发展，当地老人在认识结构和语言态度上有了一些改变，因而对于外出者回村使用当地汉语方言及普通话的态度也随着时间有了一定的转变，这充分反映了堂安村侗族在语言态度上的重大转变。现在，老人们普遍对子女或者外出回村者使用当地汉语方言和普通话持宽容态度，甚至非常支持子女多多练习说普通话。从调查情况来看，大部分老人和家长对于现今子女多使用普通话或当地汉语方言觉得无所谓，或感到很高兴。

参考文献

[1] 石林.侗语方言土语的划分应作适当调整［J］民族语文，1990（6）.

[2] 曾晓瑜.汉语水语关系论：水语里汉语借词及同源词分层研究［M］.商务印书馆，2004.

[3] 戴庆夏.语言和民族［M］.中央民族大学出版社，1994.

论远古长江上游夜郎文明

王德埙　王长城*

摘　要： 学习肖光远独辟蹊径的创新精神，研究远古长江上游夜郎民族对八卦文化的贡献，反对黄河文明中心论。诸葛亮画神龙生夷图，“以赐夷”“夷甚重之”。其母本就是6000年前的綦江郭扶镇双河塘的鳛龙交合图，图上的11个鳛文字证明鳛国至少在6000年前甚至更早就出现了。中国历史纪年应该从鳛国开始。贵州水资源丰富，决定了贵州夜郎文化具有偏向于“水生一切”的“水淋淋”的特点。中国唯一的羲和乳房神在鳛国地界被发现与确证，长江上游为中华民族母亲河的地位也由此而被确定下来。《周易·明夷》应为箕子到明夷所在的天竺大鳛帝国搬兵助周灭商。羲和天母在赤水河与鳛水河的鳛国。第二期大夜郎国即开明大夜郎国的上限在春秋中期。秦统一中国以后，设今天的绥阳县（鳖国）为秦夜郎县。僰人族群有两个共同的姓氏符号，一个是先甲骨文字体“[redacted]”；一个是鳛鱼图象。由此来分析三星堆和金沙遗址的夜郎性质。天竺国即天夜郎国，换言之，即大夜郎国。论荆人鳖灵创建的开明大夜国应即支那的对音。所谓“支那产丝”者，应该译为“荆蛮开明氏产丝”。贵州省理应更名为“天竺省”或者“开明省”。现代对印度国名的翻译理应恢复其为天竺国。贵阳市政府和务川县政府的爱国主义建设应得到充分肯定。

关键词： 长江上游夜郎文明　龙生夷　明夷　天竺大鳛帝国　羲和天母

---

* 王德埙，汉族，本科毕业，学士，贵州民族大学研究员（已退休）。研究方向：夜郎学。王长城，汉族，研究生毕业，贵州民族大学传媒学院党委副书记、副教授。研究方向：文化传播学与夜郎学。

一、学习贵州本土学者肖光远的创新精神，重视长江上游夜郎文明

肖光远为清朝黔北易学中最具代表性的易学家，他主要从文字学的角度解读《周易》。他在《周易属辞·自序》中写道：“乃悉屏旧说，专取经文观玩，初如面墙，积久得以端绪。”今天我们纪念肖光远先生，就是要学习他独辟蹊径求创新的精神，走出了一条贵州学术研究的康庄大道。就是因为独辟蹊径，爱因斯坦才能够提出相对论；就是因为独辟蹊径，肖光远才能著《易例注》若干卷，“因经求义，不袭前人”，总结出易学规律性的东西：文、周、孔三人之易，如出一手。肖光远的治易成就，使我们认识到，“贵州的和尚也会念经”。我们必须重视贵州本土学者的文化研究成果，旗帜鲜明地反对黄河文明中心论，重视远古长江上游夜郎文明的历史贡献。

肖光远说：“夫《易》广矣，大矣！”易学的确博大精深，甚至包括了中国古代的音乐学。王德埙过去研究八卦太极图的左旋右旋问题，联系解释了中国古代音乐中的宫调命名系统，即为调式和之调式问题，并发表了论文《左旋右旋的哲学渊源》①。王长城认为贵州远古山崖图像中就有两个符号为后世道家左旋太极图的滥觞②。王德埙也认为綦江宋墓隔窗是贵州夜郎先民在哲学方面的伟大创造：

图 1 綦江宋墓隔窗

① 王德埙．左旋、右旋的哲学渊源［J］．星海音乐学院学报，1992（1）．

② 王长城．开明大夜郎国文字符号研究［J］．贵州社会科学，2014（7）．

綦江宋墓隔窗就是处于过渡状态的太极图（见图1）。我们从中可以观察到，太极图从贵州山崖萌芽到在黔北綦江逐渐成形，再到影响中原并最终完成演变过程。重庆的易学专家、巴渝文化研究院的院长谭大梁认为，伏羲诞生于巴国南充的阆中，他创立了八卦图，中国文化之源就是八卦文化。因此，谭大梁发表了论文《古巴国地域是中国文化的发祥地》（2014年渝南黔北历史文化研讨会）。由于巴国是一个地域概念，巴文化是夜郎文化的一个支系，因此，笔者在会议发言中表示支持重庆学者的观点：古巴国地域是中国文化的发祥地。作为补充看法，笔者认为创“易”具有集体性，伏羲应该是总结了包括贵州夜郎先民在太极图方面的创造，才取得了创“易”的哲学成就。

历史发展有先后，三皇以后才有传说中的五帝。不承认大西南的伏羲，只提传说中的炎黄不妥。

反对黄河文明中心论，重视大西南古代民族的历史贡献。其实尹绍亭早在2012年的书“序”中就提出来了：“王朝一统，儒学至上。王朝和中原中心主义根深蒂固，蛮夷戎狄被视为未开化的附庸历遭歧视成为天经地义。”[①]这里所提出的反对中原中心主义的看法，已经得到贵州许多学者的赞同。

近年来，我们多次提出反对黄河文明中心论，认为承认并尊重民族文化的多样性、独特性，是现代人类学、民族学最鲜明的特征。这也符合我们国家最成功的民族政策，即各民族一律平等，民族无论大小，都有民族区域自治的权利，包括民族文化自治的权利。在历史上，也只有三国时代的蜀国诸葛亮比较尊重夜郎民族的图腾崇拜。我们在《黔北夜郎考古的新发现》[②]中研究了“龙生夷”问题。晋人常璩《华阳国志》卷四《南中志》云：“其俗征巫鬼，好诅盟，投石结草，官常以盟诅要之。诸葛亮乃为夷作图谱：先画天地、日月、君长、城府；次画神龙，龙生夷，及牛马羊；后画部主吏，乘马幡盖，巡行安卹；又画牵牛负酒、赍金宝诣之象，以赐夷。夷甚重之……”这完美地证明了我们过去对鳛鱼龙（鳛水圣母）感江龙之奔腾，在波涛中产子的释读是完全正确的。这应该是与“母感龙产三男”相同的故事版本。“龙生夷，及牛马羊”，就是说鳛

① 张增祺．中国西南民族考古［M］．云南民族出版社，2012：2.

② 王德埙，王长城，周麟．黔北夜郎考古的新发现［J］．毕节学院学报，2014（9）.

鱼龙（鳛水圣母）不但是西南古代诸夷共同的人文之母，而且还“及牛马羊”，她还是大西南古代耕田稻作农业和畜牧业的开创者，可以说是全知全能的大神，这跟中原所说的人文初祖、偶像完全不同。

诸葛亮并没有把中原传说中的炎黄偶像强加给西南民族，没有搞什么“认祖归宗”，而是亲手画神龙生夷图，弘扬优秀的夜郎民族文化——龙的传人，“以赐夷”，因而“夷甚重之”，从而赢得了社会的祥和安定。

诸葛亮尊重夜郎系民族的鳛鱼龙图腾，这个历史经验值得借鉴。

据笔者统计，贵州乡一级以上的龙文化地名有 131 个。除安龙县的县名源于南明，西秀区的龙宫、龙宫镇为现代命名以外，其他的都是夜郎研究中独特的历史人类学资源，保存着夜郎系民族深刻的民族记忆。其中，“双龙”的地名重复有 6 处；包括“会龙”在内的龙文化地名，都是出自于鳛鱼龙与猪婆龙交尾的“龙生夷”的文化传统；“龙子”“九龙”“六龙”的地名，则出自于“龙生九子”的传说；“落龙”“下龙”则怀疑与夜郎王被诛杀有关。这些地名均具有鲜明的夜郎文化特色。夜郎系龙文化地名遍及贵州全省，如果算上乡一级以下的龙文化地名、山名、水名、寨名那就更多了，因此判贵州为夜郎文化的核心区域。以夜郎系龙文化地名为基础开展的夜郎文化的调查研究，是探究历史人类学有效的途径。

出自诸葛亮之手的神龙生夷图的母本就是 6000 年前的綦江郭扶镇双河塘的鳛龙交合图。我们对照其母本的照片画图并以白描示之（见图 2）。

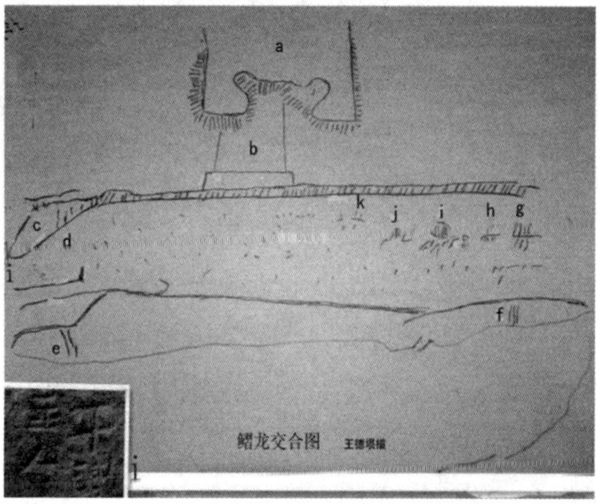

图 2 鳛龙交合图

图 2 之 a 为鱼尾，采用了以有特色的部分取代整体的艺术表现手法，即以鱼尾指代鳛鱼神龙；b 为猪婆龙的雄性性器官，即男根，用隐约的细线来表示；c、d 为猪婆龙的头部；c、d 至 h、g 为猪婆龙的身体；e、f 为猪婆龙的前后四只脚，鳛国雕刻家用 4 根短线来表示；i 为鳛国文字，是扬子鳄头部的鳛文字局部图像，左字表示“天母大神”，右字表示“夜郎鳛王”。

文字是国家诞生的标志，学术界也公认文字是与国家同时出现的。因此，6000年前的綦江郭扶镇双河塘鳛龙交合图上的11个鳛文字证明鳛国至少在6000年前甚至更早就出现了。那个时间的炎黄部落还没有文字，正处于蒙昧状态。中国历史纪年应该从鳛国开始，而不是从黑暗的奴隶制商王朝开始。

《先甲骨文字体研究》①一文中指出："我们已经证明了夜郎系鳛文字是自源性文字，尽管目前发现的夜郎系鳛文字材料无多。但我们相信，随着黔北夜郎考古的发展，人们一定会发现更多的夜郎文字材料。更深信只有自源性文字才具有向中原和中国周边传播的可能。夜郎系鳛文字传播到中原，遂成为真正的甲骨文之母。毫无疑问，濮越两系民族是拥有高文化的优秀民族！让我们试看图3鳛文字与甲骨文比较图。

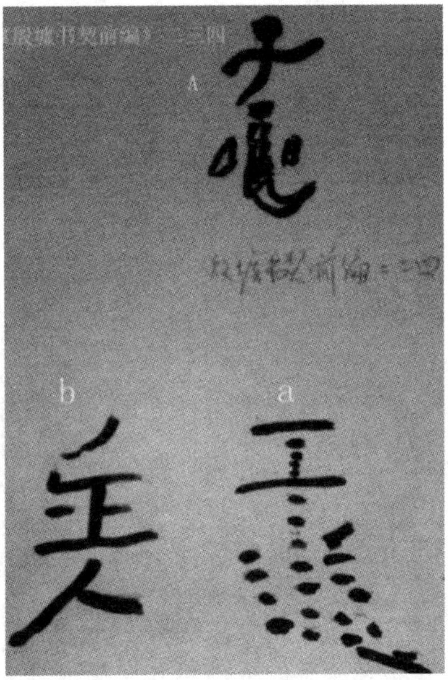

图3 鳛龙交合图中鳛文字与甲骨文的比较

在我们的《鳛国与鳛龙考略》中，我们认为猪婆龙就是扬子鳄（见图4）。

图4 扬子鳄图（图片取自网络）

① 王长城，王德埙．先甲骨文字体研究［J］．贵州大学学报，2014（6）．

图 3 鳛文字与甲骨文比较图之 A 和 a 的下部就是扬子鳄的象形。猪婆龙在这里具体所指就是夜郎鳛王。”

图 3 鳛文字与甲骨文比较图之 A 就是甲骨文“龙”字，出自《殷墟书契前编》二百三十四片。这个“龙”字就是从图 3 之 a 直接演变而来的。“龙”头明显是个小娃娃，有学者释为“娃娃鱼”（鲵），这一解释有误。我们认为这个小娃娃就是如图 5 所示“鳛水圣母波涛中产子图”中的婴儿，即夜郎王。因此，夜郎系鳛文字和甲骨文的关系不是“取形即可”的借鉴文字的关系，更有文字意义上的直接联系。故夜郎系鳛文字属于甲骨文的母体文字，两者有明显的前后承继关系。

图 5 鳛水圣母波涛中产子图

笔者推论，中原的龙文化实际上是对夜郎系鳛文化的复制。中国龙文化起源于长江上游。

距今 6000 多年前，黔北渝南地区夜郎系鳛文化，包括姓氏文化[①]的发展成果灿烂辉煌，以至于我们完全可以得出这样的结论：长江比黄河更有资格被称为中华民族的母亲河。

古蜀国和黔北渝南地区的鳛国诞生地位于长江上游，贵州有近五分之四的区域在长江流域，我们将远古时期这个区域的政治、经济和文化命名为长江上游夜郎文明。

贵州境内的长江流域包括乌江水系、赤水河水系、沅江水系和金沙江水系。

---

① “习姓历史渊源久远。传说春秋时有诸侯国（今贵州习水一带），国灭后，即以国名为姓氏。后习姓聚居于襄阳郡，相当于今湖北襄樊市一带。且名人辈出，多慷慨忠烈之士。晋书记载，‘习姓诸氏，乃为荆土豪族’。东汉襄阳侯族习郁和著有《汉晋春秋》五十四卷的东晋著名史学家习凿齿就是习姓氏族的著名人物。”（选自《习仲勋传》第 5 页）

流域面积占全省总面积的65.7%[①]。贵州的水资源比较丰富，居全国第九位，全省年平均水资源总量为1216亿立方米。存在决定意识。长江流域的贵州水资源的丰富，即决定了贵州夜郎文化具有偏向于“水生一切”的“水淋淋”的特点：鳛鱼、扬子鳄与鳛国；鳖与鳖国，鳖国国王叫鳖灵，鳖国的母亲河叫鳖水，等等。其中，最辉煌的发展是龙图腾的形成。在长期鳛鱼崇拜的过程中，鳛鱼由鱼而长出双爪，插上翅膀，最后演化为雌性且成了龙头鱼身的鳛鱼神龙；而鳛国的猪婆龙（扬子鳄）崇拜则最后演化为雄性且成了猪头龙身的猪婆龙，继而形成了中华龙。鳛鱼神龙和猪婆龙的故事和形象，随着贵州的八大水系，从长江水系流传到珠江水系，直至流传到全贵州，形成贵州各民族集体无意识的龙图腾和龙地名，并且在长期的演变过程中，流传到了黄河流域，为全中国所接受，形成了中国人引以为豪的龙的传人的集体意识。正所谓“知者见之谓之知，百姓日用而不知。故君子之道鲜矣”（《周易本义》卷三）！贵州夜郎文化除偏向于“水生”的“水淋淋”特点，还有一方面，则是夜郎民族的“水性”。开天辟地的“龙生夷”传说——鳛鱼（鳛水圣母）在江水中为“感江龙（猪婆龙）”产三子的神话故事。鳛鱼由僰族鳛部的族徽进一步升格成为夜郎系各民族全方位的全知全能的大神。鳛鱼在宗教学层面升格成为“圣母玛利亚式”的鳛水圣母；鳛鱼在人类学层面升格成为乳房神，中国唯一的乳房神在鳛国地界被发现与确证，确定长江上游为中华民族母亲河的地位；鳛鱼在龙学层面升格成为鳛鱼神龙；鳛鱼在天象学层面升格成为太阳女神羲和；鳛鱼在畜牧业层面升格成为主管畜牧业生产的大神；鳛鱼在国家层面则升格成为其子夜郎王的守护神。鳛鱼和夜郎王都是神，区别在于鳛鱼是天上的太阳女神羲和，人们可以通过祭祀等仪轨来祈福，是可望而不可及的；而夜郎王则是凡间的神，是圣母清净受胎，“非血气所生”，他是该民族的领路人，是经济繁荣的希望。因此，他必有后人来继承王业，族人仰赖他来保障本民族的根本利益。如果这个夜郎王被杀，则全民族震动，甚至会发生“夷濮阻城，求为立后”（《后汉书》）的民族大请愿事件。

---

① 贵州国土资源地图集编辑委员会．贵州国土资源地图集之十，1991.

这就形成了国家制度方面的神道。神道立教，是夜郎系国家的根本特征。时西汉的牂牁郡守吴霸在冤杀夜郎王后采取了让步政策，尊重夜郎国的神道立教，奏报朝廷，“霸表封其三子列侯；死，配食父祠”，皆大欢喜。

二、《周易·明夷》新解

成书于周初的《周易》来源复杂，为多人集体创作而成，其中卦辞为周文王所作，爻辞为周公所作。卦辞、爻辞当初并不是拿来算卦，而是利用六十四卦的卦象作为文字的形象补充来记录历史，如大家都知道的“高宗伐鬼方”[①]“帝乙归妹”“丧牛于易”，等等。

一般认为明夷卦卦象中，下卦象征太阳，上卦象征大地，构成明入地中之象。比喻光明受到损害。《彖传》说：“明入地中，明夷。内文明而外柔顺，以蒙大难，文王以之。利艰贞，晦其明也。内难而能正其志，箕子以之。”《象传》说：“明入地中，明夷。君子以莅众，用晦而明。”

“初九”曰：“明夷于蜚，垂其左翼，君子于行，三日不食，有攸往，主人有言。”

《周易》的内容太丰富了！我们只能就与夜郎历史和夜郎文化相关的内容进行重新的解释，力图还原《周易》这部分材料的真实面目。

由于夜郎历史材料有限，所以当代的夜郎历史和夜郎文化研究自然就产生了扩大史料的要求。因此，笔者出于扩大史料的目的去观察和研究《周易》。由于是从这样的角度切入，笔者对过去某些对卦辞、爻辞的解释就有些不以为然——甚至觉得有勉强为说之嫌。如“箕子之明夷”，语出周公所作《周易·明夷》六五爻辞。一般的解释如下：

本卦坤上离下，坤为地，离为日，日在地下，光明当然受到损伤，夷，伤也，明夷，就是光明受到损伤的意思。“箕子明夷”指箕子接近至昏之君殷纣，无法逃避，只好把自己的一切聪明才智藏起来，佯狂以自晦其明，这样才免去

---

① （清）阮元．十三经注疏（上册）［M］．中华书局，1980：72.

了杀身之祸。殷纣覆灭后，武王访箕子，箕子才再度显其才智，授之以《洪范·九畴》，这好像晚上太阳被地球遮掩，把光明藏起来，以保证天在东方得以再显光明之象一样，故曰“箕子明夷”。

以上解释本于《周易》之“疏”，不通。

吾解：箕子是殷纣的叔父，同为公元前 11 世纪的人，《周易·明夷》六五爻辞“箕子之明夷，利贞”，应该是箕子逃难或者因公出使到明夷所在的地区——天竺大鳛帝国。甲骨卜辞有“至蜀”“征蜀”“伐蜀”字样，说明天竺大鳛帝国与商王朝是敌对关系，故天竺国成为箕子的避难所。这是一个重要的历史事实。殷商与明夷有交往，则先甲骨文字体之影响甲骨文已经可以成为定论。

此外，有的解释虽然不算全错，但是也仍然需要继续研究。

如明夷卦六四，入于左腹，获明夷之心，于出门庭。

六四繇是明夷卦之丰卦。丰是封蔽，明夷之丰是说黑暗得太厉害了，已封蔽了全部，好出走，所以繇辞说：“入于左腹，获明夷之心，于出门庭。”明夷中，已伤到了左腹，终于明白了险恶用心，毅然出走。

其可取之处是承认商纣王时期的历史，但判为微子开的事，比较勉强。赵宾、刘向、荀爽、惠栋关于明夷卦六五“箕子”则各有一说，考证烦琐，这里不拟讨论。本文不取六五爻辞之“箕子（孩子、刻子）”为商纣之谬说。

笔者认为这里记录的仍然是明夷历史。谁“获明夷之心”？箕子。这应该同明夷助周灭商的历史事实有联系。郑玄笺：“《诗·小雅·角弓》曰：‘如蛮如髦，我是用忧。’”郑玄笺：“髦，西夷别名。武王伐纣，其等有八国从焉。”可见武王的历史功绩十分显赫，而髦人则是明夷的主体民族。正因为箕子成功地“获明夷之心”，明夷才会见义勇为，大老远地跑去出兵助周灭商。从箕子到天竺大鳛帝国搬兵来看，事情就通达可解了。天竺大鳛帝国时期，四川已经完全被夜郎同化了。因此，这个时期的蜀人，实际上就是夜郎濮人。《尚书·牧誓》为之点赞：“武王伐纣，实得巴蜀之师。巴蜀之师前歌后舞，令殷人倒戈。”

天竺王为盟友周族两肋插刀，自己却遭受了亡国之祸。我们的推测是这样的：被迫与天竺大鳛帝国结盟的原蜀地鱼凫部，或后起的杜宇族乘天竺大鳛帝国后方空虚而败盟，赶走了夜郎人，一举复国，开始实行锁国政策。《史记·货殖列传》云：“巴蜀亦沃野……南御滇僰、僰僮。西近邛花篮、马、旄牛。然四塞，栈道千里，无所不通。唯褒斜绾毂其口，以所多易其鲜。”[①]司马迁在《货殖列传》中所指出的“南御滇僰、僰僮”必然包含这两个敌对区域的经济、军事活动和相关的政策。这样，所谓“南御滇僰、僰僮”就是指为了防御强悍的僰人僮越联军。笔者推测，过去由于防御松懈，大鳛帝国率领的僰人僮越夜郎联军曾经一度攻陷了蜀国三星堆都城，僰人僮越夜郎联军驻守在那里。因此，吃了大亏的各代蜀王必须严守“南御滇僰、僰僮”的基本国策。

这就开始了第二期大夜郎国——开明大夜郎国的故事[②]。

贵州从习水县到绥阳县、黄平县、紫云县的夜郎走廊涉及了“十日之国”和“明夷”的问题。夜郎走廊的两端，一边是“明夷”，另一边是“射日族”，这是濮人集团内部存在的两大派系。两大派系在夜郎竹石文化方面基本相同。“十日之国”所在地的古代民族又被称为“明夷”，“明夷，日也，日之数十”。（《左传·昭公五年》）“明夷”的意思就是太阳民族，是远古十个以太阳为图腾的夜郎邦国，或曰“太阳蛮”，这就是以后出现的诸如开明王朝、明阳郡、绥阳县等名称的由来。“明夷”与射日族争风“诛凿齿”事件被采纳进《周易》，作为离下坤上的一个卦象，象日没于土（太阳落山）。人们用其来算命，解释遂渐失本义。楚丘的讲解，倒透露出一些真相：“日之谦当鸟，故曰明夷于飞”。说的是十只太阳鸟的故事，满天都是金光闪闪的火乌鸟在飞翔。（参“羿焉弹日，乌焉解羽”）又，“初九，明夷，于飞垂其翼”这是夜郎十日之国的神话状态。开明大夜郎国的国徽——四只火乌鸟绕太阳飞翔，当如是解。太阳蛮至中古仍然存在，《北史》卷九十五：“景明初，太阳蛮首田育丘等二万八千户内附。”“永平初，东荆州表太守桓叔兴前后招慰太阳蛮。”

关于羲和之地望，学术上有争议，一说误植于山东日照，但历史上有人认为日照属于徐州。日照地区在历史上和传说中从来没有淮夷或徐夷的记载。日照等说最大的缺失在于没有地方民族文化遗存的支撑，也没有中古太阳蛮

---

① （汉）司马迁．史记［M］．上海古籍出版社，1986：355.

② 王德埙．鳖邑与开明大夜郎国通考［J］．毕节学院学报，2013（6）．

的历史记载相呼应。太阳女神“羲和”与山东日照没有关系。贵州羲和说的独到优势就是地方文化与传说完全配套。日照地区没有羲和生十日的传说，也没有羿王射日的故事；更没有“尧乃使羿诛凿齿于畴华之野，杀九婴于凶水之上，缴大风于青丘之泽，上射十日而下杀猰貐，断修蛇于洞庭，擒封豨于桑林”这样丰富的内容。羲和被传播到海外夜郎国日本，就演变成为天照大神。日本所谓“和族”之“和”，其字源自于“羲和”。“羲”通“兮”；“和”读音为wa，类同于“倭”。翻译过来就是“啊倭——伟大的太阳女神倭！”

“东南海之外，甘水之间，有羲和之国。有女子名曰羲和，方浴于甘渊。羲和者，帝俊之妻，生十日。”（《山海经·大荒南经》）其中，所谓“甘水”本应是“丹水”。《广雅》：“丹，赤也。”太古名“渥丹”。《尔雅·释地》：“距齐州以南，戴日为丹穴。”至于所谓“丹水”，《水经注》说：“有赤气，故名丹水。”“丹水，犹赤水也。”（《楚辞·惜誓》注）“赤水宜丹。”（《淮南子·地形训》）据此，《山海经》中与太阳有关的“丹水”，应该就是贵州的赤水河。“甘水之间，有羲和之国”，这分明讲的就是跨赤水河与鳛水河的鳛国。

下面简单概括一下夜郎历史中几个主要的时代节点：

鳛水羲和天母，出现在7000—8000年前。

鳛国出现在6000年前。

第一期大夜郎国，传说中的夏朝或者夏朝以前500年是天竺大鳛帝国（三星堆）的上限；公元前11世纪的商末周初为天竺大鳛帝国（三星堆）的下限。

第二期大夜郎国，春秋中期为开明大夜郎国的上限。开明大夜郎国为秦国所灭。秦统一中国以后，设今天的绥阳县（鳖国）为秦夜郎县。

汉初夜郎国，首府在今桐梓县夜郎镇。

三、论天竺大鳛帝国（三星堆）

长江上游夜郎文明是中华文明之光，鳛—蜀文明就是长江上游夜郎文明。

学术界已经形成定论的是成都金沙遗址明显继承了广汉三星堆遗址的文化传统。金沙遗址博物馆就是这样解说的。考古学家根据金沙遗址黄金面具与广汉三星堆遗址的青铜面具在造型风格上的一致性，从而确定了令人信服的金沙文化与三星堆文化一脉相承的关系。

图 6 金沙遗址黄金面具（图片取自网络）

20 世纪 30 年代，广汉三星堆发掘的青铜立虎与贵州的可乐出土的夜郎青铜立虎惊人相似。从考古类型学上说，它们都是同一夜郎文化类型的产物，时间上具有逻辑发展顺序的继承关系。将广汉三星堆发掘的青铜立虎和贵州可乐夜郎青铜立虎的普通装饰形态相比较，可知前者也是兵器附件柲冒。两件柲兵器完全一致，证明了《史记》“南御滇僰、僰僮”背后的历史真情。这进一步证实了我们的判断，“三星堆为僰人僮越夜郎联军所遗留”，这也有助于可乐乙类墓的年代学思考。三星堆与金沙遗址出土的青铜立虎应为夜郎系民族之一的巴族的物证。

已知成都金沙遗址是开明大夜郎国国都遗址。因此，从逻辑上来看，广汉三星堆遗址应该也是夜郎人遗留下来的文化遗址。司马迁的《史记·货殖列传》云：“巴蜀亦沃野……南御滇僰、僰僮。”蜀国“南御僰僮”的国策早在鳖灵入蜀前就被确立了。那么，从逻辑上来看，僰僮在鳖灵入蜀前必然还发生过不止一次的滇濮僰僮的入侵事件，便在情理之中了。

人类是一个患遗忘症严重的物种。底格里斯河与幼发拉底河之间的区域，希腊人称之为美索不达米亚平原。在公元前 3000 年，那里曾经诞生过苏美尔文明。但是，苏美尔文明被人们长期遗忘。直到 19 世纪的考古发掘和德英等国的古文字学家对楔形文字的释读，两河文明才得以重见天日。此外，还有中美洲古代的玛雅文明，等等。世界上其他被遗忘的文明比比皆是。中国的长江上游文明，同样经历了这样被遗忘的命运。秦汉以后，中国的政治、经济、文化中心北移，包括贵州夜郎系民族在内的西南夷不断被镇

图 7 广汉三星堆遗址的青铜面具（图片取自网络）

压，不断被掠夺，政治上也不断被歧视，由此，包括贵州在内的西南地区逐渐被边缘化。在秦汉以后中原王朝的统治者心目中，大西南的濮越诸民族是落后、野蛮、残忍的种族，大西南地区是充军流放的边鄙之地，根本不可能创造出任何值得称道的文明。特别是其中的鳛国及鳛文明的辉煌，被湮没在历史的尘埃中久矣！我们今后将致力于揭开其神秘的面纱，即从上古长江夜郎文明的产生、发展及特征入手，来讨论亚洲历史之缺环，诸如天竺大鳛帝国、开明大夜郎国，海外夜郎国日本等的缺环。

三星堆遗址和金沙遗址的考古大发现，使中国长江上游的夜郎文明横空出世。人们有理由否定4000年以后的四川还存在着单纯的蜀文化。考古事实和人类学研究成果告诉人们，四川已没有了单纯的蜀文化，该地区早已经被夜郎同化了。这就是四川学术界近年来越来越倾向于认定四川普遍存在着夜郎竹崇拜现象的原因①。

四、再论鳛鱼神龙形象之演变与长江上游文明

既有的考古成就告诉我们，中国的史前文化呈现了一种“满天星斗”的状态（苏秉其语）。考古界的“满天星斗”主要指无文字出现的中原蛮荒状态的文明，即黄河流域的考古学文化都逐渐以“仰韶文化”为聚集中心的状态呈现。事实上，“满天星斗”的状态应该还包括产生了先甲骨文字体的中国的大西南地区。大西南地区的史前文化又远远超过了中原的先进的三星堆文化、金沙文化、夜郎文化，等等，它们被合称为长江文化或长江文明。从中国文明的起源来看，长江上游是中华民族的发源地，因此，我们不称其为长江文化，而称其为长江文明。但在文化学讨论中却使用长江文化这个概念。

长江文明得益于气候的变化。在大约距今1万年到8000年前，长江中上游终于渡过了寒冷的冰期，进入到温暖湿润的气候时期。在8000年到3500年前，是适宜大西南人类居住的气候时期，温暖湿润气候也适宜动物的繁殖、适宜农作物如竹类和水稻的生长，适宜的气候为夜郎人的狩猎和农业提供了绝佳的发

---

① 屈小强．四川竹崇拜透视［J］．社会科学研究，1992（5）．

展条件，也给长江夜郎文明和古代亚洲带来了一个难得的领先发展的机遇，以至于当后人回顾这一时期的历史时，认为它呈现的就是一种爆发式的发展。

大西南境内的长江文化被称为长江中上游文化。长江中上游文化显示出明显的长期独立发展的状态，不同于中原史前文化，甚至也不同于百越文化和楚文化，并且也没有出现明显的向中原史前文化靠拢的迹象。

三星堆出土的青铜人像在发髻、服饰与体型上有所区别的现象，应该是长江文化不同部落、氏族差异的代表，其中应该也有古代夜郎人的形象。

本文前面提到了贵州夜郎文化具有偏向于“水生一切”的“水淋淋”的特点。其中最重要的图腾就是鳛鱼。从鳛鱼图像出发展开研究，不但是破解三星堆之谜的关键，也能够比较合理地解读大西南乃至全亚州的历史。鳛鱼这个全方位的全知全能的大神，受到夜郎系各民族一致景仰和崇拜，“夷甚重之”。“龙生夷”的传说进一步促成了夜郎民族独特的生育习俗。晋·张华《博物志》载：“荆州极西南界至蜀诸民曰僚子，妇人妊娠，七月而产，临水生儿，便置水中，浮则取养之，沉便弃之。然千百多浮，既长皆杙去上齿牙各一以为身饰。”贵州夜郎文化“水淋淋”的特点之二，是夜郎民族的“水性”特别得好。他们喜欢鳖，是因为鳖能够在水陆两地生活。水性好的人也如同鳖一样可以在水陆两栖状态中自由切换，使人惊叹而佩服。濮僚族也由此涌现出众多水军的将领和有特殊治水才能的人物。《魏书·僚传》：“僚者，盖南蛮之别种……能卧水底持刀刺鱼，其口嚼食而鼻饮。”鳖灵王正是这样一位混江龙。贵州夜郎文化“水淋淋”的特点之三，是稻作文明的发展壮大。“耕田，有邑聚”，田中养鱼，贵州缺盐，于是腌鱼（寿司）类食品出现。文化丰富多彩，代表了大西南最先进的生产力水平。以上贵州夜郎文化“水淋淋”的特点随着贵州的八大水系由长江水系而弥漫于珠江水系，继而扩展到全贵州，后来，更随着天竺大鳛帝国（三星堆）和开明大夜郎国的先后扩张，弥漫于大西南、东南亚、南亚次大陆、马来群岛和日本列岛，从而具有了世界性的影响和国际性的意义，甚至可以称之为亚洲夜郎文明。贵州夜郎文化“水淋淋”的特点之四，是以开明大夜郎国贵族执着的海洋征服意图为典型代表。他们远涉马来群岛、海南岛、台湾岛和日本列岛。以至于死后也要用船棺埋葬。这群“混江龙”终生倒海翻江，他们对远航和船只有一种深深的迷恋。成都商业街船棺独木棺墓地出土了 17 具棺木均用楠木整木刳凿而成，其中，最长的一具13号棺木长达18.8米，直径1.5米，高1.12米；其余为小型葬具。1号棺出土了青铜印章，上面有“开明大夜郎国形意图语”，便是明证。

图8 夜郎部分贵族的船棺葬
（图片取自网络）

夜郎部分贵族以船棺葬取代套头葬，是在僰人主政蜀地，向海外开疆拓土得手以后形成的局部葬俗变化。这个时期，僰人群体的方言也逐渐融入统一的西南方言之中。

关于早期中国的地方文化的性质，笔者认为学界可取之说是：“中国在夏商时代，显然是一个多元的小世界，其中每一个地方文化，都代表着古代的一个族群”（许倬云《西周史》，第17页）。

长江上游存在一个远古的夜郎系民族，具体而言就是僰人族群。

僰人族群分支比较多，但他们有两个共同的姓氏符号，一个是先甲骨文字体“”，音“bo”，其含义为无限光荣的动物——“人”；另外一个就是鳛鱼图象，先甲骨文字体“”，出自于三星堆博物馆。

先甲骨文字体“”，也出于贵州习水县鳛人石棺椁上面的鳛鱼生僰王图中间的鳛文字。

图9 摄于三星堆博物馆

请留意，这是僰人群体的民族身份证，是他们在三星堆遗址打下的第一枚民族印记—— 。图9中之上的那个字符则与图11中的哈拉帕文字相同。我们已经将其解读为羲和天母。

鳛鱼是僰人族群所崇拜的全方位的全知全能的大神，因而鳛鱼是僰人最鲜明的民族标记。图12是20世纪50年代初，在贵州遵义县高坪杨氏墓群出土的5串黄金小鳛鱼，1953年，由遵义图书馆转交贵州省博物馆收藏。

图 10 摄于习水县寨坝

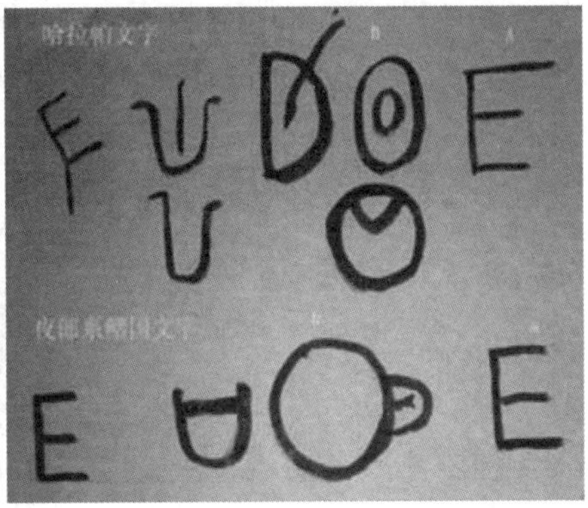

图 11 上：哈拉帕文字；下：鳛文字

鳛鱼本身就是僰人心目中的龙，但经仔细考察，我们还是可以发现鳛鱼龙逐渐形成的轨迹。

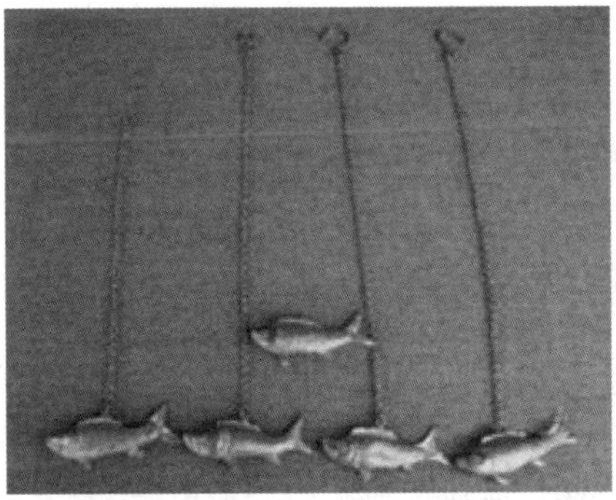

图 12 鳛鱼（图片取自网络）

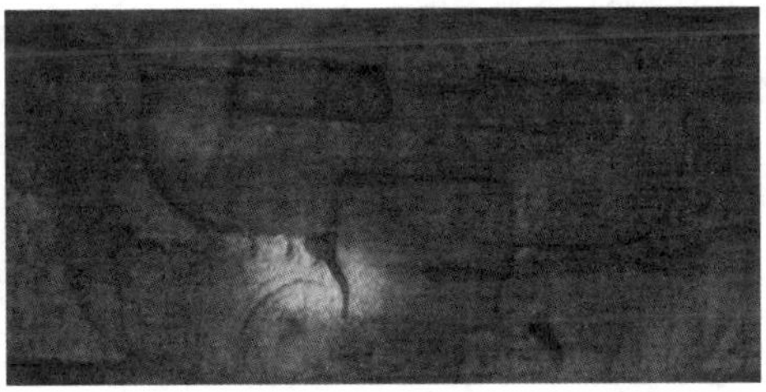

图 13 习水县条台汉墓对称的双尾鳛鱼

图 14 是遵义市新蒲播州杨价土司墓（已被列为 2014 年十大考古发现之一），出土的一个 60 多厘米宽的鎏金双尾鳛鱼银洗：

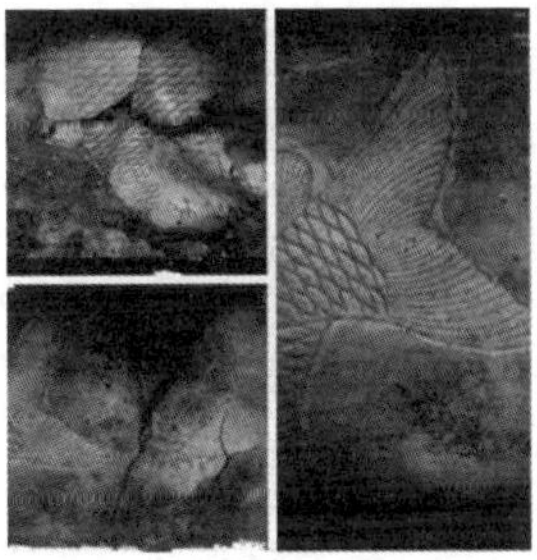

图 14 新蒲播州杨价土司墓出土的鎏金双尾鳛鱼银洗

这是南宋时僰人地区鳛鱼的形象。

夜郎国虽然在西汉时已经灭国，但中古统治播州 700 多年的杨氏土司实际上仍然是僰族政权，故名之曰：不是夜郎国的夜郎国。不过这个时期黔北的僰族，跟桐梓、綦江一带的南平僚似乎已显示出民族条件方面的若干差异，二者应为夜郎族系内部的不同分支。

图 15 是桐梓夜郎镇宋墓石椁内的鳛鱼石雕表明，在向龙的演变过程中，鳛鱼已经长出了如獠牙一般的龙牙，不再是普通的鱼的形象了。

图 15　桐梓夜郎镇宋墓鳛鱼石雕

中国有“种雷神牙”的民间故事，但没有“种龙牙”的西方传说。据说，勇士卡德摩斯（*Cadmus*）曾经独力屠龙，依照女神雅典娜的吩咐，把龙牙拔下来埋在土里。这些龙牙长出了一群全副武装的战士，他们互相厮杀，直到只剩下五个人才住手。所以，英文就以 *sow(the) dragon's teeth*（种龙牙）来寓意“挑起纠纷”或“引起争端”。桐梓夜郎镇宋墓鳛鱼石雕出现了龙牙，形象威武，这意味着什么呢？从“引起争端”的意思联想，我们认为这个时期夜郎地区一定有武装斗争出现，是否跟黔北军民抗击蒙元的入侵有关？

我们还找到了猪婆龙和龙头鱼身的鳛鱼龙形象发展的中介图。这就是务川金银洞宋墓夜郎龙石雕①，如图 16 所示。

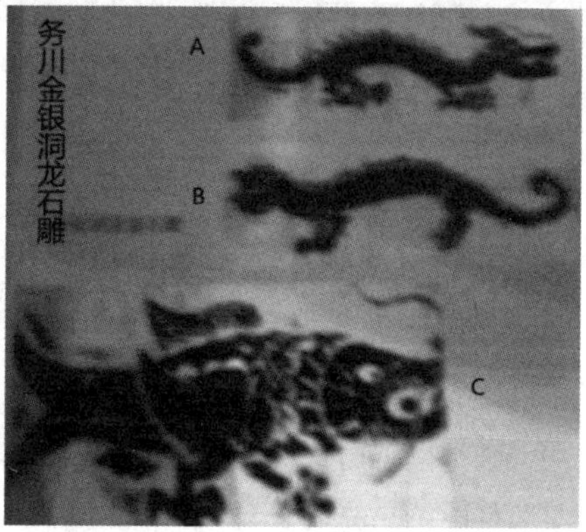

图 16　务川金银洞宋墓夜郎龙石雕

图中，A 是龙形象演进的目标中华龙；B 是猪婆龙形象发展的中介图，猪头龙身。

C 是鳛鱼龙形象发展的中介图式，鳛鱼长出了龙爪，两肋还长出了两只翅膀，表示它既能够像龙一样腾飞，又能够在陆地上行走，海、陆、空三栖动物。它再进化半步，就是龙头鱼身的鳛鱼神龙了。

① 务川仡佬族［M］. 贵州民族出版社，2006.

龙头鱼身的鳛鱼神龙形象最终出现在习水县寨坝白骡坝日月九室联缀墓图像群中。图 17 中的右侧就是龙头鱼身的鳛鱼神龙。

图 17　寨坝白骡坝日月九室联缀墓龙头鱼身的鳛鱼神龙

这样，鳛鱼（意念上的“龙”）经过漫长的完形演变过程，终于修成正果，变成了鳛鱼神龙。这是夜郎民族通过艰苦的求索历程，对中国龙文化作出的贡献。可惜这样的贡献并不为世人所知。

我们对于鳛鱼（“龙”）有了以上的认识，下面的文章就好做了。

我们要讨论三星堆遗址和金沙遗址的民族所属。由于金沙的遗址在论文《鳖邑与开明大夜郎国通考》中已经被证明为开明大夜郎国国都遗址，故其民族所属已经清楚，因此，在这里将其列为已知条件。鳛鱼是僰人最鲜明的民族标记，只要挂出一尾鳛鱼，则一切尽在不言中。

图 18 木牛流马经典（图片取自网络）

夜郎图像学所揭示出来的历史事实往往是中国文字史叙从来没有记载过的，因而也是惊人的。夜郎图像学的依据是远古人类发达的图象思维，这就产生了许多图像材料，包括八卦的卦象材料。在文字被创造出来之前，或者文字思维欠发达的时代，古人就是用图案、符号来记录部落中的大事的。这些图像材料对于研究文字记载欠发达时期的历史，往往是唯一可靠的历史证据。夜郎图像学的结论能够成立则必须满足这些条件：一是充分的图像材料的收集和整理；二是从历时性和共时性两个维度审查这些图像材料；三是采用比较的方法。

图 18 是金沙遗址黄金腰带上的箭穿鳛鱼和人头图案。在金沙遗址出土的一条金腰带上，同样有人头、鱼、鸟、羽箭等图像，但人头图案只有一个。

图 19 的图像为三星堆遗址金杖上面的，比较清楚。

图 19　三星堆遗地址金杖图饰

成都金沙遗址出土了许多金饰，各类金饰均为金沙所特有，特别是黄金冠带图饰颇具争议，这是因为三星堆也有一个同样图饰的金杖，这更加引起了人们的注意。金沙遗址黄金冠带图饰，为鱼、鸟、箭的组合，这就有了杜宇蜀国打败鱼凫王国的推断。有专家学者认为，鱼纹金带在祭祀中很可能有镇压水怪的作用，是一种祭祀法器，也体现了古蜀人对鱼的崇拜。有的解释则比较牵强，说什么鸟衔鱼尾，或鸟鱼合体，都表现鸟与鱼的交合；鸟鱼交合，在天上环周天运动，显然是要表现一种与仲春季节有关的天文历法内容。春分前后，昼夜平分，阴阳合和；“在人间便是春社中交合男女，在自然界中各种鸟类、兽类也交尾和孵化”，等等。笔者认为，金沙遗址黄金冠带图饰不是镇压水怪的祭祀法器，中间的鱼不代表鱼凫，更没有鱼凫王国的含义，鱼凫是一种捕鱼的水鸟，不是鱼。鱼在这里代表的正是僰族鳛部的族徽鳛鱼（鳛鱼神龙）。比较成都金沙遗址黄金冠带图饰和三星堆金杖图饰，以及贵州习水县和重庆綦江崖石棺的岩刻图像，我们认为鸟与鱼所表现的不是鸟鱼交合，而是鸟鱼战争和鸟鱼谈判盟誓，即夜郎系鳛国和蜀国王朝（鱼凫）长期的拉锯战和停战谈判盟誓。

这场拉锯战的时间可能持续了长达上千年，直到开明大夜郎国在今成都金沙一带建国立都为止。在这场持续长达上千年的拉锯战中，夜郎系鳛国和蜀国王朝（鱼凫）各自的统治者已经轮换了十多位。

许多文章都能够认识到成都金沙遗址黄金冠带图饰和三星堆金杖图饰中间的“箭”表示断箭为盟，这个判断符合中国传统的历史知识，所谓“一曲琵琶催瘦马，两截断箭止征戈”，断箭即为盟兵戈止。传宋辽之间金戈铁马多年，耶律洪基也曾立下辽不侵宋的断箭之盟，因而值得称赞。

图 20 为贵州习水县三叉河崖石棺的岩刻。

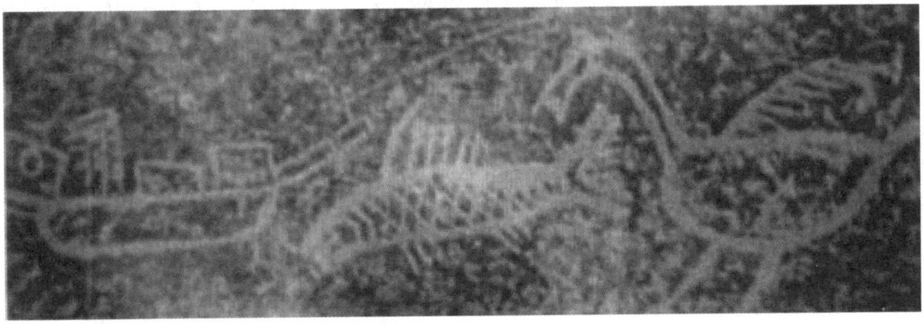

图 20　三岔河崖画“鳛国与鱼凫王水战图”（何克纯摄）

图中鳛鱼占据了中心位置，其右边是一只鱼鹰，也就是鱼凫。

有人解释其为“捕鱼图”，误。笔者认为此图表现的应该是鱼凫王时代古蜀国同鳛国的关系，很可能他们之间爆发过一场水上战争。之所以做出这个判断，是因为此图中鱼凫形象表现得太夸张了，已经人格化了，几乎超过了左边的战船。而在实际捕鱼场景中，我们看到的是几只瘦小的鱼鹰站在小船边上。因此，崖刻表现的不是实际的捕鱼场景。鳛鱼和鱼凫在这里代表的是古代两大民族的图腾标记，其象征的分别是鳛国和鱼凫王时代的蜀国。

图 21　龙泉村花耳崖石棺岩刻图

图 21 为綦江郭扶镇龙泉村花耳崖石棺上的岩刻。b 为“牂牁柱”；c 为飞鸟，鸟喻男根，此处不能释为鸟图腾，

否则会导致时代紊乱；d 为鱼凫（鱼凫部）；e 为鳛鱼（鳛部）。图 21 之 d 与 e 上下组合的艺术表现手法，在当代的欧洲始有出现；图 21 之 d 与 e 的上下组合方式，代表的是鱼凫与鳛鱼；其他组合方式在习水和綦江也多次出现。它告诉人们，鱼凫蜀国与鳛国关系密切。鳛国建国于蚕丛时代，到了鱼凫蜀国时期，两国之间曾经爆发过水上战争，如三岔河崖画“鳛国与鱼凫王水战图”。图 21 表现的是鳛国与鱼凫蜀国的盟国关系，故释鱼凫为鱼凫部，释鳛鱼为鳛部。

我们再看论文《开明大夜郎国文字符号研究》，开明大夜郎国文字符号包括开明大夜郎国文字和开明大夜郎形意图语。形意图语表达一个故事，或者表示邦国之间的“盟约”，从而具有历史文献的功能。春秋战国时期，中国大地上邦国林立，当时处理国家之间的关系，经常会搞点儿“盟誓”这样的外交，而“盟誓”尤为夜郎人所重。晋人常璩《华阳国志》卷四《南中志》云：“其俗征巫鬼，好诅盟，投石结草，官常以盟诅要之。”在中国的西南，鳖灵的濮巴僮越夜郎联军与望帝的军队停战谈判以后，决定分权共治蜀地，其政治文件便是图 22 中的开明大夜郎国形意盟玺。该盟玺玺印突出表现了左右两位头领伸手相握，表示永结盟好。他们头上显著的鳖国徽记（图 22），则表示这种“双王制”只是城下之盟。

因此，金沙遗址黄金冠带图饰中的鱼在这里表示的正是僰族鳛部的族徽鳛鱼（鳛鱼神龙）即。比较成都金沙遗址黄金冠带图饰和三星堆金杖图饰，以及贵州习水县和重庆綦江崖石棺的岩刻图像，我们认为鸟与鱼是鸟鱼战争之后的鸟部和鱼部的停战谈判盟誓，亦即天竺大鳛帝国和蜀国鱼凫王朝长期拉锯战之后的停战谈判盟誓。

图 22　开明大夜郎国形意盟玺玺印

三星堆时代和三星堆遗址之前的夜郎系鳛国，就是 4500 多年前第一期大夜郎国——天竺大鳛帝国（天竺国、天夜郎国）。后文还将对此进行补充论证。

图 23　天竺大鳛帝国地图

三星堆遗址被大鳛帝国丢弃，唯一的解释是蜀国鱼凫王朝乘大鳛帝国（天竺国、天夜郎国）的贵族忙于助周灭商，忙于开拓海外领地，特别是忙于开拓印度河流域哈拉帕文明和建立天竺国（天夜郎国）之机，破坏盟誓的约定，发动突然袭击。仓皇中的鳛国贵族埋掉了宗庙圣器，一部败退回到今天贵州的习水县——鳛国本部所在，另一部则远遁印度河流域。当然，不排除后代蜀国杜宇王朝乘机侵入南中地区烧杀抢劫了一番。

“屋漏偏遭连夜雨”，在 4500 年前，以英雄羿为首的且兰国曾经灭杀鳛国国王“凿齿”，迫使“凿齿”余部远遁印度河域，继续通过经商的手段传播辉煌的鳛文化和鳛文字，进一步促成了印度河文字的产生与发展。在这个历史事件中，蜀国杜宇王朝有没有与以英雄羿为首的且兰国联手灭鳛？目前还缺乏证据，只存在这样的可能性。第一期大夜郎国——大鳛帝国（天竺国、天夜郎国）逐渐淡出了历史舞台，却给留后人留下了光辉的“天竺”二字。

历史期待着黔北鳖国鳖灵大帝的崛起，历史期待着第二期大夜郎国——开明大夜郎国的问世。

五、天竺国有可能是天竹国，即天夜郎国

66年前，学者丁山提出了一个大胆的设想：“夜郎竹姓，是否竺法兰、竺法护之比，以国为姓，今不可考”。①竺法护（约公元3—4世纪），又称昙摩罗刹，语言学天才、大译师。他祖籍月氏，世居敦煌，因礼竺上座为师，故改姓竺。梁《高僧传》有传，故竺法护乃从天竺高僧竺上座之以国为姓。竺法兰（*Dharmaratna*）意译法宝，中天竺人。自言诵经绝数万章，为天竺学者之师。汉明帝永平十年（公元67年），法兰与迦摄摩腾共契游化，既达洛阳与摩腾同止，少时便善汉言。除以国为姓的夜郎文化特征外，还有以国冠其来源，如竺典（佛教经典）、竺经（佛经）、竺学（佛学），等等。丁山设想的困难在于其前提是误认为天竺乃译音，而译为华音者，分歧甚大。无论是波斯语 *Hindu* 或古希腊语 *Indu*，都是从古梵语 *Sindhu* 读音转译而来，中国古文献中亦作申毒、辛头、信度、身度、天竺、贤豆、印度等，皆同音异译。执着于文化从西往东的翻译理念可能存在着方向性的错误。唐玄奘就认为“详夫天竺……今从正音，宜云印度”，但唐朝初年曾经普遍将印度统称为天竺，而不是印度，玄奘在这里也许有点儿钻牛角尖了。高僧玄奘虽然是对语音敏感的翻译家，但是，他的开明大夜郎国的历史知识却不敢恭维。我们认为，“天竺”不是译音，而为本字，属于梵语中的汉语借词。因此，唐朝并没有理睬自以为是的玄奘有关印度的谬说。“天”的读音是唐古音 xien。其实将印度称为天竺者，历代上不乏大学者。如东晋著名学者训诂学家郭璞注《山海经》，司马贞索隐引孟康曰：“即天竺也，所谓浮图胡也”。天竺国古代也简称为“竺国”，如李贺诗“元从竺国来”，可见天竺的关键字是“竺”。

竺，最早出现在春秋时期著名的《侯马文书》上面，字作  。学术界解释为竹姓，音 zhu，其本义为竹。《广雅·释草》：“竺，竹也。”王念孙疏证：“《说文》：‘竺，从竹声。’《玉篇》：‘丁沃切，又音竹。’则竺、竹同声字。方言有重轻，故又谓竹为竺也。”王念孙的疏证让我们知道竺、竹

---

① 丁山．古代神话与民族［M］．江苏文艺出版社，2011：292.

二字互通。“天”字见于贵州远古岩画。

天者，大也。我们因此推测天竺国有可能本来叫天竹国，即天夜郎国，换言之，即大夜郎国。“大夜郎国”是历代典籍对开明大夜郎国的称谓，开明大夜郎国人自称则为“天竹国”或者“天竺国”。古梵语对夜郎国人书写的“天竺”二字的读音则为不很正确的*Sindhu*。如图 24 所示笃山乡梨树写字岩 “天”字图，其义疑即“天竺国”[①]：

图 24 笃山乡梨树写字岩“天”字图

如是，该梨树写字岩“天”字图即“天竺国”的合体字。开明大夜郎国人创造的“天竺”二字反而被后人错误地认作*Sindhu*的译音了。

春秋时期，处理邦国之间的关系，经常搞点儿“盟誓”这样的外交，而“盟誓”尤为夜郎人所重。晋人在常璩《华阳国志》卷四《南中志》云：“其俗征巫鬼，好诅盟，投石结草，官常以盟诅要之。”开明大夜郎国是否参与了《侯马文书》的签订，值得我们进一步研究。

显然，天竺大鳍帝国和开明大夜郎国都曾经先后经营过古印度，印度的远古历史应该补上天竺国这一光辉的缺环。纪元前 150 年至纪元前 300 年，北印度大乱。“天竺”（开明大夜郎国）人、月氏人、贵霜人分别入侵北印度。开明大夜郎国军队采用文化复制的手段在那里重新建立了殖民地分支邦国——天竺国，天竺国因此成为印度文化进入中国的天然孔道；而贵霜人则建立了一个佛教王朝。纪元前 1 世纪，印度佛教传入中国，法国学者伯希和认为，“真正的印度人只在更晚的时候才介入”[②]。

荆人鳖灵创建的开明大夜郎国应为支那的对音。所谓对音，一是外语中的汉语借词；二是用汉字音译外语词。丁山和伯希和都认为存在荆楚文化输入印

---

① 图片为王长城根据照片摹写。载《黔西南自治州文物志》彩页，贵州民族出版社，1987.

② 伯希和西域探险记［M］. 云南人民出版社，2011：100.

度的可能[①]，这个思路值得称赞。伯希和认为以缅甸为中介通印度的南方丝绸之路“乃是缅甸高原的陆道。印度人开始知道中国，好像是从这条道路上得来的消息。若说此种消息在纪元前 4 世纪到达印度，其事非绝对的不可能”。丁山在此基础上，进行了细致的音韵学研究和小学考证，“荆，今音*King*……然谐（支声）之字，若伎、妓、技、蚑等今则多有 g'ien 音，g'i 与 Ki 声类极近；是以支那之‘支’，自得谓即‘荆’之音转。荆蛮之蛮，今音*Man*，似与*nan*声甚远，但在古代语言上 m、n 二组，亦常互转。”然后又证明荆楚产丝。最后对《考第利亚》的“支那产丝”说提出新见：“《考第利亚》亦可译为‘荆蛮产丝’，此 Cina 即荆蛮对音之坚证也。”[②]其实，丁山关于荆楚产丝的考证完全没有必要。因为荆楚跟印度之间还横亘着一个荆人鳖灵创建的开明大夜郎国。开明国辽阔广大，得交通之便利，自当领风气之先。

荆人鳖灵也就是荆蛮鳖灵。“荆人”乃指黔北的鳖国，其释详见习作《鳖邑与开明大夜郎国通考》。因此“荆蛮”所指有二，一为荆蛮开明氏，另一为荆蛮楚国，所以丁山将“荆蛮”落在楚国不对。由黔北鳖国起家然后占领蜀国的开明大夜郎国拥有丝绸无疑。蜀国早在蚕丛（虫）王朝时代就是以丝绸立国。关于蜀，《说文》云：“桑中虫也。”所以蜀国就是蚕桑业发达之国。因此，丁山和伯希和的观点应该修正为：所谓“支那产丝”者，应该译为“荆蛮开明氏产丝”，此*Cina*即荆蛮开明氏对音之确证也。英文的*China*就起源于梵文的*cina*。

如是，则贵州省理应更名为“天竺省”或者“开明省”，非如是则对不起贵州远古先民的凿空。如是，则现代印度国名的翻译理应剔除玄奘的错误，恢复其历史面貌，称其为天竺国。

六、中国的人文初祖是鳛水羲和天母

欧洲的人文初祖只有一个，这就是远古乳房像篮球那样大的维林道夫母神；

---

① 丁山．古代神话与民族［M］．江苏文艺出版社，2011：293—294.

② 丁山．古代神话与民族［M］．江苏文艺出版社，2011：294.

中国的人文初祖也只有一个，这就是在綦江和习水发现的纵目的乳房神羲和天母。图25的岩刻图就是纵目的“鳛水圣母”之“乳房神”形态，该“乳房神”着三角统裙，侧立；b为“牂牁柱”；c为飞鸟，鸟喻男根；d为鱼凫（鱼凫部）；e为鳛鱼（鳛部）。

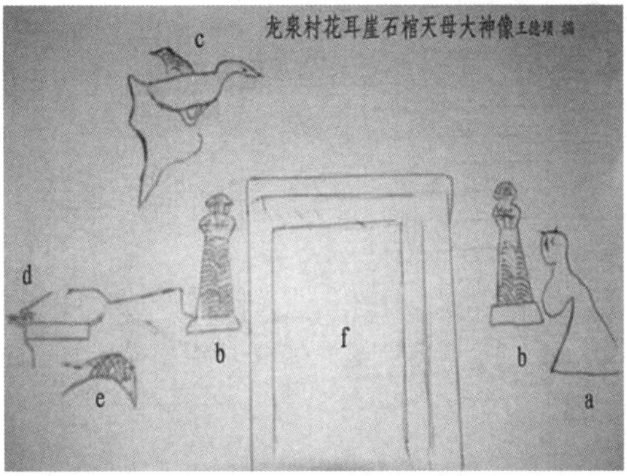

图25 綦江岩刻图

黄河流域没有发现过乳房神，因此，中国的人文初祖不在黄河流域而在长江上游。这位乳房神，就是7000—8000多年前的鳛水羲和天母。我们应该认祖归宗，祭奠这位中华民族伟大的母亲，从而增强民族凝聚力，复兴中国梦。

热爱贵州本土文化就是爱国主义。这样看问题的话，贵阳市政府和务川县政府的爱国主义建设就应该得到充分肯定。

图26 贵阳筑城广场景观图

贵阳市“筑城广场”在景观方面，借鉴了笔者关于夜郎三节竹筒崇拜的研究成果，形成两排（如图26）所示的三节竹筒图腾柱景观，这是贵州历史上首次举政府之力利用文化地标来宣传本土文化之重举，也是贵阳市民的一件大事。贵阳市筑城广场标志性城市雕塑设计方案体现了夜郎文化的特色。筑城广场是以竹文化为“灵魂”的形象载体和地标建筑。12座三节竹筒对应着十二天干，显示出了文化内涵丰富与大气磅礴。核心雕塑为金碧辉煌的团结的多筒，也就是“夜郎”的本义。艺术妙在“似与不似之间”，即核心雕塑是对芦笙和芒筒的艺术抽象，从而体现了贵州省领导关于贵阳市规划建设“抓纲铸魂”的指示精神，这个“魂”就是民族团结之魂。贵州对夜郎竹文化的研究已经有300多年了，但贵州夜郎竹文化研究的特点是说得多，做得少，是说话的巨人，开发行动的矮子。从今天的筑城广场标志性城市雕塑开始，即从这12座三节竹筒和拔地顶天的核心雕塑——金碧辉煌的团结的多筒的景观开始，能够做到坐而言、立而行，逐渐改变令人遗憾的状况。应该说，政府尊重学术研究成果，顺从民心民意，这是一个良好的开端。

务川仡佬族苗族自治县践行民族文化自治的权利，值得提倡。“鳛水羲和天母”的命名既有綦江郭扶镇考古发现作为依据，又吸收了仡佬族的传统称谓。务川“九天母石”有一个的美丽的传说，简而言之，即八天主取天石砸地后，八石聚为一体，然后崩裂，现出金光大汉，众拜其为九天天主，该巨石即为“九天母石”，在今洪渡河边，为仡佬族祭天朝祖圣地。九天天主之长子从天界下凡则为濮王。务川县的“九天母”是出自于夜郎石文化的女阴崇拜形态，她是被务川县政府和各地区仡佬族公祭的远古民族领袖。

图27　务川县的“九天母石”

图28中，A为九天母祭祀广场；B为政府祭文：“伏唯：天地玄黄，宇宙洪荒……九天母石，聚天之祥……吾祖临世，人神共仰……效国齐家，富贵永年。尚飨”；C为仡佬族德高望重的族长专座，背后为竹林图饰。学界和务川本地学者的研究成果，能够物化为现代夜郎祭祀要地，笔者甚感欣慰，此举值得提倡，建议将务川县仡佬族博物馆升格为中国仡佬族博物馆。

图 28　务川县“九天母石寨”组图

綦江博物馆展出完整而又夸张地表现乳房、大肚子和女阴的图画（如图 29 所示）。

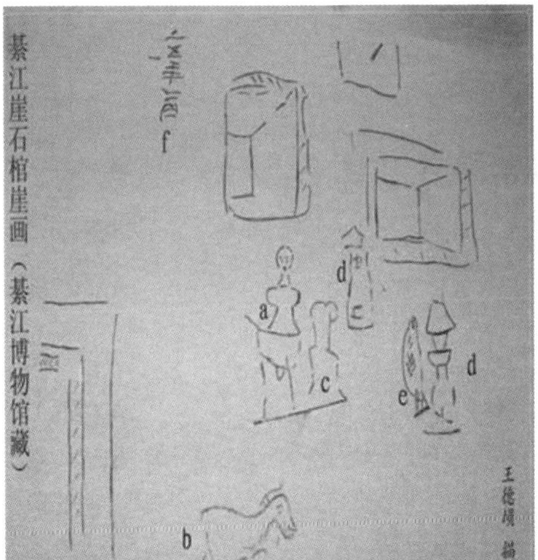

图 29　綦江崖石棺岩画

图 29 中的 a 为圣母正面站立，圣母头下面是左右两只乳房，再下面就是大肚子和女阴；d 为“牂牁柱”；e 为鳛鱼。

“鳛鱼”也好，“鳛鱼神龙”也好，“鳛水圣母”也好，鳛水羲和天母也罢，归根结底她还是人类，是 7000—8000 年前的夜郎人的远祖，是多子多孙的“英雄母亲”，是中华民族共同的人文初祖！因此，健康、聪明、勤劳，具有创造才能和开拓精神的“鳛水羲和天母”，就是今天中国人必须顶礼膜拜的农耕之母。

（本文图片若无特别说明者，均为王德埙摄影）

论关索戏艺术与西南边疆少数民族宗教文化

吴丹妮　孔含鑫*

摘　要： 总体来说，关索戏艺术目前面临着现存剧目日益残缺、代际传承难以为继、表演不接地气等现实困境。而造成这些困境的根源在于，一直以来未能厘清关索戏艺术的傩蜡文化渊源，未能凸显西南边疆少数民族宗教文化在关索戏艺术中的文化主体性地位。本文对此作粗略探讨，以期将独特的关索戏艺术置于西南边疆远古部族多元多态的民族宗教文化生态圈之中，建立关索戏与汉地文化、边疆远古部族民族宗教文化的互动与交流，从而为更好地保护传承关索戏艺术做出努力。

关键词： 关索戏　边疆　少数民族宗教文化

一、关索戏艺术的简况及现实发展境遇

关索戏，有时也叫“关索土戏”，如今仅遗存在云南省玉溪市澄江县阳宗镇小屯村。澄江县原名俞元县，史料记载是三国人物李恢的家乡，在诸葛

* 吴丹妮（1984— ），汉族，管理学硕士，云南民族大学讲师。研究方向：西南少数民族文化。孔含鑫（1974— ），汉族，宗教学博士、教育学博士后，云南民族大学副教授、硕导。研究方向：西南少数民族宗教艺术文化。

亮领军南征时，李恢率领中路军经过平夷（今贵州毕节）向建宁（今云南曲靖）包抄雍闿和孟获后方，立下功劳。南征后，俞元县改属建宁郡。小屯村距澄江县城 34 千米，位于澄江县东北角的半山区内，全村人口约 720 人。

小屯村中能演关索戏的 32 人分属李、龚、周、王、安、宁、朱、陈八姓，其中年龄最大的演员是李本灿。关索戏的演出剧目、角色、面具都很简单，现存剧目无论是“取长沙”“古城会”“三战吕布”“刘备点将”，还是“三请孔明”“收周仓”“收姜维”“过五关斩六将”“长坂坡”“花关索”等，都与汉地《三国演义》内容或三国文化有关。因而，传统的观点认为关索戏是诸葛亮在南征中，为了保证驻军的身体健康和提高战斗力，避免西南林地瘴气的毒害，由军事操练发展而成的一种军傩，这一方面虽然点出了关索戏艺术的傩蜡文化底蕴，但更多的是站在汉地文化，尤其是站在三国文化的主体性位置上去看待关索戏艺术，这就造成了关索戏艺术中的傩蜡文化意蕴及边疆少数民族宗教文化主体性的隐而不显。①

经过二十余年的文化抢救挖掘与保护，如今的关索戏与帽天山古生物化石群、李家山古滇文化、抚仙湖水下古城被并称为云南澄江“抚仙湖四古”，同时，又与云南纳西古乐、大理绕三灵被合称为云南“民间民俗传统文化三宝”，并在 2010 年入选第三批国家级非物质文化遗产名录的传统戏剧项目类别（序号 12），在抚仙湖古文化遗产生态保护区、区域经济开发以及云南民族文化强省建设中逐渐占据重要位置。从表面上看，由于有了上述光环，关索戏本该在抚仙湖文化生态旅游、滇中经济圈开发以及云南民族文化强省建设中逐渐占据重要位置，但在现实中，关索戏艺术却似乎成了“文化鸡肋”。

演唱关索戏时，无琴弦伴奏，只配以锣鼓，说中有唱，唱中有白，说唱白都用澄江本地方言，因此，关索戏艺术给普通大众留下的印象除了笼统的“神秘感”以外，就是完全听不懂的方言唱白。除了一些专家为做研究专程来调研外，几乎没有外人愿意专门到小屯村来看关索戏。

关索戏原本应表演三年停三年，以显示演出仪式的神秘、庄重，但现在只要给钱就可以随时随地地表演。

---

① 孔又专，黄柏权．傩蜡文化视野下的关索戏［J］．民族艺术研究，2011（5）．

表演关索戏不能给小屯村村民的现实生活带来任何改观，村民表演关索戏也没有特别的经济收益。

小屯村的年轻一代，觉得关索戏是老一辈的事，关索戏不如现代都市文化有吸引力，对关索戏采取疏离的态度，甚至从情感上排斥学习、表演或观看关索戏。

关索戏剧目内容单一，剧本流失严重；关索戏传承途径单一，后继无人。

关索戏演出的传统道具仅存两把刀和一个钵，其他的要么被送到博物馆展览了，要么被外来的专家以学术研究之名借走不还了。现在的面具和戏服是澄江县文化局制作的，人物造型随意且粗陋，面具和戏服都是用水彩上色的，一洗就会有污损。

始建于清康熙二十七年（1688）的灵峰寺，原本是小屯村村民用以排练演出关索戏的神圣场所，如今，年久失修，仅成了平时存放戏服和道具之所……

综上，小屯村关索戏如同处在一个飘摇的“文化孤岛”上，一方面，持有并执着守护关索戏文化艺术的小屯村村民搞不清关索戏的文化来源及底蕴，同时，在现实经济社会高速发展的冲击下，关索戏的持有者更把握不住关索戏艺术的未来；另一方面，管理者和外来者除了现实需要或完成课题科研需要，做一些文化策划、发一些论文或短暂参观外，没有系统地去抢救保护关索戏艺术。因此，站在云南少数民族文化大发展大繁荣、推进民族文化强省和民族团结进步边疆、繁荣稳定示范区建设工作的角度来说，有必要继续深入研究关索戏艺术。

二、关索戏艺术中的傩蜡文化底蕴与南方边疆民族宗教文化主体性

围绕关索戏艺术，无论是学术化研究云南文化、远古傩蜡文化、民族戏剧文化，还是政府主导的民族文化抢救保护、民族特色旅游开发，都将关注点集中在现存关索戏剧目与汉地《三国演义》内容以及三国文化的关联性方面，近期，云南澄江阳宗镇花20亿元有打造三国历史文化古镇的趋势和设想。无可否认，关索戏与三国文化有联系，但这种联系恰恰表明关索戏所承载的云南少数民族传统文化与巴蜀民族文化及荆楚文化的交融，但三国文化绝对不是关索戏的主

体性文化底蕴和本质。换句话说，若在抢救保护过程中，抽离了关索戏的傩蜡文化底蕴，忽略了关索戏所处的云南少数民族宗教文化的大环境和少数民族传统文化的主体性，即使堆砌再多的三国文化元素，对于关索戏的实际抢救保护来说也无济于事，今天关索戏的实际传承困境已经证明了这一点。

而要想对关索戏艺术中的傩蜡文化思想渊源及南方少数民族文化主体性有直观的把握，则应把与关索戏直接有关的诸葛亮南征及其文化影响置于更广阔的历史文化背景之中，或者说，不应单方面只从诸葛南征带来的汉地文化方面入手去考虑关索戏艺术的文化生态环境，更多的应从西南边疆少数民族宗教文化入手去考虑。

根据史料记载，诸葛亮平定南中叛乱之后即采取了一系列卓有成效的边疆社会治理措施，虽然诸葛亮从汉地引进牛耕、水稻种植和栽桑养蚕等先进农业生产技术，促进汉地农业文化与当地少数民族传统文化的融合与发展，但特别需要注意的是，首先，南征取得胜利后，蜀军并没有常驻南中，而是即刻从南中撤出所有蜀军；另外，诸葛亮尽量任用南中籍的人士来治理南中，如任命李恢、王伉、吕凯为南中诸郡郡守，孟获为御史中丞。此外，云南澄江阳宗小屯村“关索戏”和澄江东山松元村“彝族太平花灯”，二者最初都是从汉地传入澄江的古老剧种，都是通过傩仪傩戏的载体去崇祭神灵。二者世袭传承至今，形式上都基本保持了原生状态，剧目内容上也少有革新，但松元村“彝族太平花灯”虽然演出内容多反映汉地文化，却被归为彝族传统民间文化。而关索戏，虽然已入选国家非物质文化遗产名录，但对其傩蜡文化及少数民族原始宗教文化意蕴却鲜有开显。

实际上，无论是关索戏随诸葛亮南征传入澄江地区的传说，还是经过一定的学术考证初步确定元明时期由汉地军队带入云南，关索戏都是因统治者威慑怀柔、主动融合当地少数民族原有宗教民俗信仰、增饰边疆少数民族民间的神话传说，从而契合其时西南边疆少数民族傩蜡文化传统的现实而产生并遗存至今的。因此，在新时期要想很好地传承保护关索戏，首要任务一是凸显关索戏的傩蜡文化实质和底蕴；[1]二是凸显边疆地区的文化贮存地功能及

---

① 孔又专，黄柏权．傩蜡文化视野下的关索戏［J］．民族艺术研究，2011（5）．

边疆少数民族传统宗教文化的主体性。①因此，从少数民族宗教文化方面入手，同时结合西南边疆众多远古族群在川藏之间广袤的西部边疆地带的迁徙，则很快会发现在汉地三国文化的表象后面，关索戏艺术承载着更深邃悠远的少数民族原始宗教文化。

隋及初唐是我国西南边疆民族融合以及边疆文化大发展时期，各种异质文化的充分交融，使边疆地带显示出前所未有的开放性和包容性。隋唐王室的鲜卑血统，使北方游牧文化、汉地农业文化与西南边疆地带远古部族原始古文化交融共生。具体到关索戏产生遗存古滇文化，其第一个阶段即发源于以爨文化为代表的滇中文明，爨文化是秦朝至唐朝天宝七年（749）约500年间，以今曲靖陆良县的爨姓家族治滇（包括今贵州、四川的部分县市）时所创造的历史文明。彝族形成约在公元8世纪初叶，彝族先民联合洱海地区的白族先民在唐王朝的支持下建立了南诏地方政权。无论是以爨文化为代表的滇中文明，还是彝族先民在大理创造的南诏文化，它们的共同点是在保持自身少数民族传统文化特色的同时，善于吸纳、融合外来文化，不断新生，逐渐成长为一种开放的、兼容的新文化体系，并主体性的推动着西南边疆远古族群融合和民族国家边疆稳定。

中国的民间宗教信仰，无论是早期民间道教如太平道、五斗米道还是边疆少数民族民间宗教文化，都具有“多神信仰”“万物有灵论”“迷信”和“巫术”混杂的原始宗教文化特征。具体到西南民族板块中的古羌、藏、彝族的远古先民，他们因为能时刻看到神秘的雪山高原、深邃悠远的河谷，感受到多变严峻的气候以及频繁的地质活动，所以便认为自然界变幻莫测的背后存在种种超自然的神秘力量，由此产生带有共性的宗教观念（神话）和崇拜仪式。

羌、藏民族信奉的神灵有自然神、动植物神、祖先神灵等。彝族的信仰也是万物有灵，信仰天神、地神、水神、石神、山神、火神及日月星辰等众多神灵。在《爨文丛刻·献酒经》中被献祭的神灵有天、地、日、月、星、云、风、雨、光、雾、山、水、树、石、岩原等自然神，还有年、月、灵、狩猎、耕牧、知识、威荣福禄等神灵。随着南诏国、大理国的瓦解和衰落，彝族向四面八方迁徙。

---

① 孔含鑫．论边疆与文化贮存地［J］．云南社会科学，2014（2）．

有相当一些彝族支系退至封闭和半封闭的高寒山区、半山区生活，随着这种部族或支系的迁徙，西南边疆远古部族传统的民族宗教文化，尤其是与民族传统宗教文化密切相关的祭舞乐歌也在边疆地带不断与其他部族传统文化碰撞、融合、新生，如羊皮鼓舞、丧葬舞、巫舞、乡傩舞等很快被带到了这些地区，并与当地土著宗教文化融合。元明清以后，滇文化重心逐渐转移到昆明，当地文人与汉地流官、宦人在滇区就曾亲眼目睹了许多丰富多彩的彝族歌舞和传统民族文化及宗教信仰习俗。

我国民间宗教文化，无论是在早期道教还是在西南边疆少数民族宗教文化，其中都有关于戏神的信仰和相关崇拜仪式，如四川的阳戏就是尊关羽为戏神。而对戏神的祭祀又分为两种，即腊祭和傩祭。腊祭在古代又分为“腊”与“蜡”，区别在于腊祭以祭祀祖先为主，蜡祭以祭祀百神为主，二者都多在年头岁尾举行。苏东坡云：“八蜡，三代之戏礼也。岁终聚戏，此人情之所不免也……猫、虎之尸，谁当为之？置鹿与女，谁当为之？非倡优而谁？”[①]综上可知，无论是巴蜀汉地早期道教崇祭关帝的阳戏，还是云南澄江小屯村崇祭所谓“乐神”的关索戏，都可以被归为腊祭中的蜡祭，二者都是傩蜡文化的典型遗存。

萧兵先生指出，傩蜡之风是长江流域宗教戏剧文化的主旋律。傩蜡文化作为一种原生态或原始性民俗宗教艺术，以活化石的状态遗存于长江流域，成为影响西南民族日常生活和心理的节庆仪式性文化和艺术力量。[②]同时，他也指出“云南‘关索戏’演出前的仪式手续证明着它原来与巫术、宗教的联系”[③]。原始宗教信仰或原始性民俗宗教文化的一个特征是主体运用神力，即主要通过巫术等特殊的方式以求获得超自然力量。“傩”从宗教文化上讲，最初是源于原始图腾信仰，至殷商时期则形成某种驱鬼逐疫的祭仪，至周代，更是发展为官方指定的固定仪式。在《周礼·夏官·方相氏》中记载有：“方相氏掌蒙熊皮，黄金四目，玄衣朱裳，执戈扬盾，帅百隶而时傩，以索室殴疫。

---

① 陈多，叶长海．中国历代剧论选注［M］．湖南文艺出版社，1987：52.

② 萧兵．傩蜡之风．长江流域宗教戏剧文化［M］．江苏人民出版社，1992：1.

③ 萧兵．傩蜡之风．长江流域宗教戏剧文化［M］．江苏人民出版社，1992：76.

大丧，先柩，及墓，入圹，以戈击四隅，殴方良。”[①]这段关于方相傩仪较早的记载说明了两点：一是定期举行的傩舞傩仪的基本功能是驱逐鬼疫，具体包括索室而殴逐疫鬼；在重大丧葬仪式队列里走在灵柩之前，以免凶邪恶鬼危害棺材里的死者；在墓坑或墓室里，驱逐危害死者的鬼怪。二是驱傩仪式中的角色扮演似乎有力地证明了傩仪与中国戏曲尤其是傩戏具有原初的文化血脉联系。对此，刘锡诚先生指出傩文化的“共同特点是在保留着傩戏功能的基础上，把诗、神话传说、歌（包括音乐，主要是打击乐）、舞结合在一起，借助面具的象征力量，以表现人希望控制现实、主宰命运的强烈愿望”[②]。

在西南地区，虽然各地对“傩”的称呼各异，但基本标志或符号，如面具和法器以及功能却大体相似。傩仪的目的不外乎消灾祓魔、驱鬼辟邪、祈愿福祉、保佑平安，等等。巫舞和傩舞、傩仪因为具备表演的因素，所以与戏剧、杂剧文化交融。关索戏在小屯村灵峰寺中的演出，傩仪隆重而具有宗教神圣性和神秘感。至此，我们应该看到在关索戏艺术中深厚的傩蜡文化底蕴，关索戏艺术虽然借助了世俗化思维和古老戏剧戏曲艺术形式，但其凸显的是云南边疆远古部族民间传统的宗教文化。

三、创新保护传承关索戏艺术新途径的傩蜡文化思路

关索戏产生、遗存，至今都与傩蜡文化及边疆部族原始宗教文化密切相关，而这些又是因其特定的自然地理和文化生态环境而生。在医药科技较为落后的西南边疆地带，人们俗信巫鬼，多有驱瘟禳灾的民族宗教文化信仰和习俗，关索戏所在的澄江地区生产水平低下，自然环境较为恶劣。据史料记载，仅道光时期（1825—1847）就有大约15次较大的地震地质灾害发生。在灾情面前，人们无力抗争，只能求助于巫术蜡祭，表演关索戏，以求平安丰产。而在云南兰坪、碧江等地居住的白族支系那马人中，也盛行类似的戴面具、以歌舞形式祭祀神灵的习俗活动。可见，特殊的自然地理和文化生态环境是

① 阮元．十三经注疏［M］．中华书局影印本，1980：851.

② 刘锡诚．傩戏与艺术［J］．民间文学论坛，1989（3）．

产生傩蜡文化和关索戏艺术的根本土壤。

南方边疆少数民族文化的主要特征是稻作和重祭祀。虽然，其文化创造者不完全是稻作民族，但通过前面的分析，我们得知关索戏的产生、遗存应与稻作文化及少数民族宗教自然观密切相关。小屯村为汉族聚居的农业村落，史料记载诸葛亮南征后也确实将蜀地先进的农业带入了南中。在世界各地的稻作文明的历史上，为求谷物丰稔的巫术性农业祭典和狂欢性的蜡舞一直存在，“以傩歌傩舞为主的祭祀活动，其目的仍然是祈求农业丰收，是一种古老的五谷神祭拜仪式”①。春祈秋报是古今中外农业部族传统文化及其宗教自然观的最基本的仪式表达。

巫舞、傩仪以及蜡祭虽然都有类似职业戏剧的表演，但其重点是祭祀与驱除。关索戏是澄江地区的远古先民为祈佑谷物丰收、村寨安宁，而借助宗教祭祀歌舞等傩蜡祭祀仪式去沟通神力的尝试。这种定期举行的，有着共同宗教文化信仰及神灵祭祀仪式的歌舞表演，无疑增强了持有这种文化的远古部族的凝聚力和秩序性。

因此，具体到关索戏这种傩蜡文化体系，它的抢救保护、传承及发展，首先，应本着科学、尊重的态度，调查研究关索戏的傩蜡文化底蕴，凸显边疆少数民族原始宗教文化在关索戏艺术的文化底蕴中的主体性地位，即从边疆民族宗教文化中去找寻关索戏艺术的文化根籍；其次，生长、遗存于生产水平低下的乡村部族及边疆地带的傩蜡文化，虽然源于巫术及相关傩蜡仪式，但比传统巫术更具兼容性和开放性。长江流域及西南边疆地带遗存的傩蜡文化历来都善于广泛吸收儒释道文化思想，并不断增饰民族英雄或历史人物，在理性化、艺术化、戏剧化的同时，珍视、保留其神圣性。关索戏艺术就是小屯村人民不断增饰传说中镇守关山的英雄人物“关索”而创造出的神奇，并使其形成了独特的傩蜡文化体系。因此，需要按傩蜡文化产生、演进及传承规律去探索、创新关索戏在新时期的抢救保护途径，结合文化产业开发及边疆文化软实力建设，改变目前关索戏与现实社会的“疏离”状态，让其在保持原生态的情况下，成为小屯村维系村寨情感、凝聚部族认知以及融入外界社会的基石和纽带。

① 郭思九．傩戏的产生于古代傩文化［J］．民族艺术研究，1989（4）．

总体来说，关索戏艺术目前面临的现实困境的根源在于，一直以来未能厘清关索戏的傩蜡文化渊源，未能凸显西南边疆少数民族宗教文化在关索戏艺术中的文化主体性地位。而对于关索戏艺术的傩蜡文化底蕴及西南少数民族文化教育方式的探索，可以初步厘清汉地文化，特别是早期道教文化与西南边疆少数民族宗教文化之间的密切关系，在多元视角下，逐步凸显西部边疆少数民族宗教文化的主体性地位。过去，我们对关索戏的文化成因及思想渊源揣摩不定，无论是本民族文化持有者还是外来文化观察者，总觉得关索戏唯独遗存于云南澄江小屯村是一种突兀异常的文化现象。正是因为关索戏的傩蜡文化底蕴不明及其少数民族宗教文化主体性不明显，才造成了关索戏艺术在实际生活中始终游离于与其共生的他者文化圈之外，使关索戏的抢救保护与传承处于孤立的文化生态空间之中。

因此，在逐步营造好关索戏遗存的文化生态空间，进而改善云南少数民族传统文化抢救保护的整体文化生态环境的同时，迫切需要尽快探明关索戏的傩蜡文化底蕴，彰显其少数民族宗教文化主体性地位，树立关索戏的文化自信，发挥关索戏的文化主体性作用，从而切实建立关索戏与他者远古部族文化之间的密切联系，激活关索戏与汉地文化及周边远古少数民族宗教文化的互动与交流，使关索戏的抢救保护及传承工作成为加强边疆文化软实力建设的重要文化驱动力。

参考文献：

[1] 阮元. 十三经注疏［M］. 中华书局影印本，1980.

[2] 萧兵. 傩蜡之风：长江流域宗教戏剧文化［M］. 江苏人民出版社，1992.

[3] 萧兵. 傩蜡之风：长江流域宗教戏剧文化［M］. 江苏人民出版社，1992.

[4] 陈多，叶长海. 中国历代剧论选注 ［M］. 湖南文艺出版社，1987.

[5] 郭思九. 傩戏的产生于古代傩文化 [J] . 民族艺术研究，1989（4）.

[6] 孔含鑫. 论边疆与文化贮存地 [J] . 云南社会科学，2014（2）.

[7] 孔含鑫，吴丹妮. 论多元文化视野下"羌"在边疆康区的文化主体性 [J] . 世界宗教研究，2014 年（2）.

[8] 孔又专，黄柏权. 傩蜡文化视野下的关索戏 [J] . 民族艺术研究，2011（5）.

[9] 刘锡诚. 傩戏与艺术 [J] . 民间文学论坛，1989（3）.

试析苗语植物名称的命名特征

古红梅*

摘　要：文章以苗语川黔滇次方言植物名称为研究对象，认为苗语植物名称主要根据植物的形状、成熟时间、生存环境，植物有根与否、颜色、气味、药用功能等特征进行命名的，苗语植物形象生动的命名特征与苗族抽象思维和认知方式有关。

关键词：苗语　植物　命名特征　研究　抽象思维

一、前　言

苗族历史悠久，距今已有5000多年的历史。历史上，由于战争、饥荒等原因，苗族曾经历过长时间、远距离、大范围的迁徙。在漫长的历史长河中，苗族人民创造了丰富而灿烂的民族文化，如服饰、节日、饮食、风俗，等等。苗族除了在中国有分布，在国外也有分布。苗族在国内主要分布在贵州、湖南、云南、

* 古红梅（1991年—　），女，苗族，贵州民族大学文学院在读硕士研究生，研究方向：中国少数民族语言文学——苗瑶语族语言文化。

广西、重庆等省和直辖市，国外的苗族主要分布在东南亚、欧美一些国家和地区。

苗语是苗族人民交流思想和进行思维的工具。苗族居住的地区大多山青林密，森林植被覆盖率高。苗族人民在长期的生产生活实践中，根据自己的认知方式，对植物进行辨识，利用苗族语言文字赋予植物不同以苗语名称，并借此体现出不同植物的特点或属性。苗族人民对各种植物的命名和其他兄弟民族对植物名称的命名存在“异曲同工”之妙。

二、苗语植物的属类命名

植物指个体发育过程中具有胚胎，包括苔藓类、蕨类和种子植物。苗语川黔滇次方言植物名称由类别词加种类词两部分构成，例如，[xongb]+N，xongb竹子表示植物类别词，“N”表示植物种类词。苗语植物名称的这一命名方法和国际上通行的“双名命名法”①有相同之处，即采取属名加种名的命名方法。根据现有的资料，我们把苗语植物属类分为十二种（苗语植物种类多，属类植物类型肯定不只这些，我们就现在所掌握的资料对植物属类做了初步分类），具体如下：

（1）zid 表示水果。以 zid 作植物类别词加植物种类词构成的植物名称还表示“水果”“果实”“种子”等植物。如：

汉语语义	苗　语	类　别
樱　桃	zid bongb	水　果
柑　子	zid gangb nzil	水　果
葡　萄	zid ghad	水　果
李　子	zid keub	水　果
草　莓	zid bloux	水　果
夹克核桃	zid dleut ntrangt	果　实
核　桃	zid dleut	果　实
五倍子	zid fuab cib	果　实

① “双名命名法”（英语为*Binomial nomenclature*、*binominal nomenclature*、*binary nomenclature*）：又称二名法，依照生物学上对生物种类的命名规则，所给定的学名之形式，自林奈《植物种志》（1753 年，*Species Plantarum*）后，成为种的学名形式。

松　果	zid tod	果　实
木姜子	zid gaol	种　子
蓖麻籽	zid ruaf nyox	种　子
青　子	zid mongs	种　子
板　栗	zid zed	种　子

根据植物的性质、功能不同，“[zid]+N”表示的植物类，又可分为“可食用”“非食用”“中草药”“作料”四类。其中，“zid+N”表示“种子”“果实”类时，有些植物是不可以食用的，例如：zid tod 松果，zid mongs 青　子，zid fuab cib 五倍子等；当其表示“水果”类时，表示“可食用”植物，例如：zid bloux 草莓，zid nal 柿子，zid ghad 葡萄；表示“中草药”，例如：zid doux 茅草果，zid hob 朝天罐，zid ruab 水晶果（也叫“蜈蚣草”）；表示“作料”，例如：zid gaol 木姜子，zid heuk 草果，zid shad 花椒，等等。

（2）ndongt 表示树木。在苗语中，ndongt（树）表示植物类别词，加上不同的植物种类词可表示专门的树木种类。如：

汉语义	**苗　语**
松　树	ndongt tod
李子树	ndongt zid keub
杉　树	ndongt jab
桑　树	ndongt roub gangb
核桃树	ndongt zid dleut
柚子树	ndongt zid lul
盘石树	ndongt rax
柏　树	ndongt xangb
杏子树	ndongt zid bangb

此外，表示树木类，还有 reul 桦高树作为类别词构成的，只是这样的例子较少见，只见 reul nzhuab 青桦树一个。

（3） bangx 表示花。由 bangx 作为类别词构成的花类植物有：

汉语义	**苗　语**
桃　花	bangx zid dluax
鸡冠花	bangx ghaib id
百合花	bangx ghed
金银花	bangx gob nyax
杜鹃花	bangx juat
莲　花	bangx nggoud
向日葵	bangx nongb hlit

映山红	bangx veuf

在“花类”植物名称的命名中，除上述特征外，还有以植物的形状、颜色来命名的。如：

汉语义	苗　语	说　明
指甲花	bangx drout del	像指甲一样
牛角花	bangx gob nyox	像牛角一样
喇叭花	bangx xot	像喇叭一样
鸭舌花	bangx nblais ok	像鸭舌一样
鸡冠花	bangx ghaib id	像鸡冠一样
黄　花	bangx dlangx	黄　色
金银花	bangx gob nyax	金黄 / 银白色
葵　花	bangx nongb hlit	黄　色
映山红	bangx veuf	红 / 白色

（4）roub 既可表示“菜类”“草类 / 药”，也可表示植物叶子。如：

汉语义	苗　语	说　明	备　注
瓢儿菜	roub fub	菜　类	像瓢儿一样的菜
牛皮菜	roub deut nyox	菜　类	厚得像牛皮一样的菜
包心菜	roub khud bleud	菜　类	裹着心的菜
桑　叶	roub gangb	桑　叶	蚕吃的叶子
牛舌草	roub nblais nyox	草类 / 药	像牛舌一样的菜
蛇舌草	roub nblais nangb	草类 / 药	像蛇舌一样的菜
马鞭草	roub nbleuf nenl	草类 / 药	像鞭子一样的菜
鸭舌草	roub nblais ok	草　类	像鸭舌一样的菜

（5）由 xongb 命名的植物名称表示“竹类”。xongb（竹）表示植物类别，后加不同名词表示不同的竹子种类。如：

汉语义	苗　语
苦　竹	xongb ab
箭　竹	xongb cad
楠　竹	xongb denb
白　竹	xongb dleub
黑　竹	xongb dlob
小苦竹	xongb hlod
水　竹	xongb dlex

“西部苗语中有关于‘竹子’及其种类的固有名称，这说明苗族最早起源于盛产竹子的南方。”①

（6）hmangb 表示藤。hmangb 构成的“藤类”植物多是药类植物。如：

汉语义	苗　语	说　明
气　藤	hmangb ghad	中草药
糯　藤	hmangb nblouf	中草药
花血藤	hmangb nchangd ndrous	中草药
地瓜藤	hmangb zid ruax deb	中草药
九龙藤	hmangb rangx	中草药

藤类植物名称多以藤的“气味”“颜色”“形状”来命名。根据藤的气味来命名的，如 hmangb ghad 气藤，hmangb zhut ghuad 臭屁藤等；从藤的颜色来命名的，如 hmangb guat mil 奶浆藤，hmangb jangb 青藤，hmangb nchangd 血藤等；根据藤的形状像龙来命名的，如 hmangb rangx 九龙藤，等等。

（7）nyangb 表示草，由 nyangb 作类别词构成的植物多表示“草类”植物，但有时也用“roub”表示“草类”植物。如：

汉语义	苗　语
青　草	nyangb maol
狗尾草	nyangb dud dled
稻　草	nyangb nblex
蝎子草	roub gis
铧头草	roub hout kaik
铁椏草	roub jes hlout
车前草	roub nzhus nbuat

（8）guab、ghaok 都表示药。不同的是，guab 为“药”，凡是加 guab 音的植物均可入药；ghaok 为“块茎”，指该类植物的药用部位。如：

汉语义	苗　语
牛心草	guab bleud nyox
铁筷子	guab dreuf hlout
鹰爪风	guab drout dlangd
山豆根	guab hmangb douf
麻　芋	ghaok deb
天花粉	ghaok dlib nangs
何首乌	ghaok louf lab
天　麻	ghaok nenl ril
白　芨	ghaok ngeuk

① 中华文化通志编委会．中华文化通志·民族文化·苗、瑶、畲等民族通志［M］．上海：上海人民出版社，1998：47.

山羊头	ghaok njongf
老虎芋	ghaok zhod

（9）以 nblex 作为类别词构成的植物都表示“稻谷类”植物。如：

汉语义	苗　语
旱　稻	nblex bil
长毛谷	nblex bloub
晚　稻	nblex dangs
白黏稻	nblex dleub
红黏稻	nblex lab
糯　谷	nblex nblouf
花　稻	nblex ndrous

“苗族不仅有与水稻有关的各种固有名称，而且苗族以米饭为主食，特别是糯米是高级的主食，而且又是祭祀祖先和神灵的必备祭品和走亲访友的礼品。水稻之类，全是固有词。从文化语言学的角度来说，苗族对谷类的分类如此之细，说明苗族也是最早种植水稻的民族之一。”①

（10）以 doub 作为类别词构成的植物都表示“瓜类”植物。 doub 即“瓜”，doub 加不同的名词可以把不同的瓜进行区分。如：

汉语义	苗　语
葫芦瓢	doub chob
木　瓜	doub ndongt
苦　瓜	doub ab
冬　瓜	doub dus
西　瓜	doub ndrous

（11）douf 表示豆子，以 douf 开头的类别词构成的植物名词都表示“豆类”植物。如：

汉语义	苗　语	说　明
猪腰豆	douf blangb nbuat	像猪腰子一样的豆
黄　豆	douf boud	无
饭　豆	douf deb	无

① 中华文化通志编委会．中华文化通志·民族文化·苗、瑶、畲等民族通志［M］．上海：上海人民出版社，1998：47.

豌　豆	douf maos	无
巴山豆	douf zhes	无

（12）njeb 表示菌子，以 njeb 作为类别词构成的植物名词都表示“菌类”植物。如：

汉语义	苗　语	说　明
马皮包	njeb bouk nchid	无
黄丝菌	njeb dlangx	无
奶浆菌	njeb guat mil	浆像奶的菌
刷把菌	njeb koub truab	像刷把的菌
桑　菌	njeb roub gangb	无
青头菌	njeb sad	无

三、苗语植物名称的命名特征

1. 以植物的形状、特征命名

苗族地区植被丰富多样，为了区别不同植物，苗族人民依据形状、特征、性质这些特征来命名它们。

（1）主要以植物的形状来命名的植物。如“菜类”：

汉语义	苗　语	说　明
瓢儿菜	roub fub	像瓢一样
蛇舌草	roub nblais nangb	像蛇舌一样
牛舌草	roub nblais nyox	像牛舌一样
马耳草	roub njens	像马耳朵一样
马鞭草	roub nbleuf nenl	像鞭子一样
铧口菜	roub nzhik kaik	像铧口一样
铧头草	roub hout kaik	像铧头一样
猪耳朵菜	roub druat dleub	像猪耳朵一样

如“花类”：

汉语义	苗　语	说　明
指甲花	bangx drout del	像指甲一样
鸭舌花	bangx nblais ok	像鸭舌一样
牛角花	bangx gob nyox	像牛角一样
喇叭花	bangx xot	像喇叭一样

如“果类”：

汉语义	苗　语	说　明
朝天罐	zid hob	像罐子一样
土蚕果	zid leb	像蚕一样
鸡屎果	zid ndrous muas	像鸡屎一样

如“药类”：

汉语义	苗　语	说　明
铁筷子	guab dreuf hlout	像铁筷子一样
鹰爪风	guab drout dlangd	像鹰爪一样
伞叶排草	guab got gouk	像伞叶一样
观音草	guab jangs xongb	像观音一样
九龙藤	hmangb rangx	像龙一样
老虎姜	ghaod ghul njuad	像老虎一样

其他，如：

汉语义	苗　语	说　明
刷把菌	njeb koub truab	像刷把一样
马皮包	njeb bouk chid	像马皮一样
猪腰豆	douf blangb nbuat	像猪腰子一样
刀　豆	douf dreuk	像刀一样
木　瓜	doub ndongt	像瓜一样

（2）以植物特征来命名的，这种方式分四种。

第一种，根据同类植物成熟时间早迟来命名的。如：

汉语义	苗　语
晚　稻	nblex dangs
早　稻	nblex doux
冬　瓜	doub dus
西　瓜	doub ndrous

第二种，根据生存环境命名的。如：

汉语义	苗　语	说　明
旱　稻	nblex bil	种旱地
白黏稻	nblex dleub	种田里
糯　谷	nblex nblouf	种田里
饭　谷	nblex zuat	种田里
葵　花	bangx nongb hlit	旱　地

第三种，根据植物有根与否命名的。如：

汉语义	苗 语	说 明
气 藤	hmangb ghad	有
糯 藤	hmangb nblouf	有
岩石藤	hmangb khaib nbuat	有
花血藤	hmangb nchangd ndrous	有
地瓜藤	hmangb zid ruax deb	有
九龙藤	hmangb rangx	有
无娘藤	hmangb ngoux drus shet	无

第四种，根据植物性质命名的。如：

汉语义	苗 语	说 明
气 藤	hmangb ghad	不 黏
糯 藤	hmangb nblouf	黏
岩石藤	hmangb khaib nbuat	不 黏
花血藤	hmangb nchangd ndrous	不 黏
地瓜藤	hmangb zid ruax deb	不 黏
红黏稻	nblex lab	糯
糯 谷	nblex nblouf	糯
花 稻	nblex ndrous	不 糯
饭 谷	nblex zuat	不 糯

这些命名特征非常形象，只看见词，就可以了解植物的形状、性质等特征。

2. 以植物的气味、味道、颜色命名

苗族对植物的命名，除了根据植物的形状和特征来命名外，还根据植物的气味、颜色来命名，这些命名特征给人以鲜明的嗅觉感和视觉感。

（1）以气味来命名的。如：

汉语义	苗 语	说 明
臭屁藤	hmangb zhut ghuad	气 味
马皮包	njeb bouk chid	气 味
香 椿	roub yox	味 道
鱼腥草	roub drouk	气 味

（2）以植物颜色来命名的。如：

汉语义	苗 语	颜 色
白 薯	ghaok dleub	白 色
红 薯	ghaok lab	红 色
青 菜	roub nzhuab	深绿色
黄 花	bangx dlangx	黄 色

花血藤	hmangb nchangd ndrous	红 色
红黏稻	nblex lab	红 色
血 藤	hmangb nchangd	红 色
黄丝菌	njeb dlangx	黄 色
奶浆菌	njeb guat mil	白 色
红丝菌	njeb mongs lab	红 色
桑 菌	njeb roub gangb	深红色
青头菌	njeb sad	青 色

这种命名方式除用颜色直接表示外，还用[nchangd]（血）、[guat mil]（乳）来体现植物的色泽。

3. 以植物的药用功能命名

巴甫洛夫说："有了人类就有了医疗活动。"人类历史上，除了自然灾害的威胁外，最主要的是疾病的威胁，人们为了战胜病魔，就只有从自然中寻找战胜病魔的方法——药物。苗族民间传说中的农夫尝百草治病，说明苗族很早就对药物有了认识。

（1）根据该植物的药用功效来命名的。这种方式又分为两种，一种为药物型的，如：

汉语义	苗 语	功 能
唐 药	guab nghaix	治关节痛、感冒等
灵 芝	njeb lab	补体、治病
淫羊藿	guab deut ghaib	治肾虚腰痛、风湿麻木
红荨麻	roub gis lab	治风湿疼痛、产后抽风、荨麻疹
牛心草	guab bleud nyox	抗菌、消炎、镇痛、止咳、平喘
断肠草	guab dot nyod	攻毒拔毒、散瘀止痛、杀虫止痒
铁筷子	guab dreuf hlout	祛风止痛、理气活血、止咳平喘
鹰爪风	guab drout dlangd	治头痛眩晕、感冒夹惊等
山豆根	guab hmangb douf	清热解毒、利咽消肿

（2）另一种是根据药物治疗人体疾病而命名的。如：

汉语义	苗 语	治疗疾病
头昏药	guab hout hunab	治头痛
断肠草	guab dot nyod	治风湿痹痛
瓜子金	guab juat	治风湿
当 归	guab sob cangt	治痢疾

四、结 语

苗族人民根据形状、形态、颜色、气味等特征给植物冠以不同植物类别词，再加上不同的植物种类词构成合成词来表示一类植物。植物种类繁多，而就苗语植物名称体现的命名特点，用李锦平老师在其著作《苗族语言与文化》中提及的植物名称的四个特点讲，就是：“第一，名称具有形象色彩；第二，名称告知人们该植物的形状、形态、颜色、气味及木本、草本、藤本、菌类等；第三，名称指明植物的药用功效；第四，名称告诉人们该植物能否入药”。根据这些特点，大多数植物的苗语表达都有明显的标志，但有些植物词的命名不明显，这可能与苗族人对植物的认识有一定的联系。苗语植物名称的命名特征对初涉植物学、医学的人学习和掌握植物有很大的帮助。

参考文献：

[1]（明）倪朱谟.本草汇言［M］.上海科技出版社，2005.

[2] 陈光磊.汉语词法论［M］.学林出版社，1994.

[3] 黄伯荣，廖序东.现代汉语［M］.高等教育出版社，1981.

[4] 李锦平.苗族语言与文化［M］.贵州民族出版社，2002.

[5] 王辅世.苗语简志［M］.民族出版社，1985.

[6] 王春德.苗语语法［M］.光明日报出版社，1986.

[7] 鲜松奎.新苗汉词典［M］.四川民族出版社，2000.

[8] 杨济秋，杨济中.贵州民间方药集［M］.贵州人民出版社，1978.

[9] 叶蜚声，徐通锵.语言学纲要［M］.北京大学出版社，1981.

[10] 李云兵.苗语重叠式的构成形式、语义和句法结构特征［J］.语言学研究，2006（2）.

[11] 李云兵.苗语的形态及其语义语法范畴［J］.民族语文，2003（3）.

[12] 王辅世.苗语方言划分问题［J］.民族语文，1983（5）.

古代埃及（夏朝）问题初探

王长城　王德埙 *

摘　要：论文进行图像人类学的比较，让读者自己得出结论。传统史学界的困难在于许多有关夏朝史料的可疑存在作伪现象。由于秦始皇焚书坑儒，形成了文化的断层。夜郎系民族建立的夏朝远在古埃及，因此，夏朝和商王朝地理上相距遥遥，这就是甲骨文文献没有记录夏朝的原因。因此，不能因为甲骨文献没有记录夏朝，就断言夏朝不存在。学界应该吸收在野学者中某些可信的研究成果，集思广益。我们已经证明了天竺大鳛帝国在印度河流域峡谷地带的存在，他们在那里开创了哈拉帕文明。哈拉帕办事处就像受夏朝委派的一个巨人，一头挑着广汉的天竺大鳛帝国都城（夏朝的东亚大西南部分），一头挑着古埃及法老王国（夏朝的北非总部）。当其中一个帝国或王国灭亡，挑子失去平衡，哈拉帕办事处就没有继续存在的价值，等待它的命运就是荒芜的蔓草。兽身人面像实际上是虎身人面像，或曰兽身人面像，其实就是中国历史上的开明兽。鳛人的竖琴传入了古埃及。埃及的太阳崇拜，起源于远古民族“明夷”。权杖文化起源于中国西南夜郎系民族。印度河文字与埃及古文字的相似值得重视，如共同的船葬风俗，以太阳船陪葬和大型船棺葬。古埃及与亚州盟友天竺大鳛帝国和开明大夜郎国的文书联系的证明。天竺大鳛帝国实际上就是夏王朝的中国部分，古埃及实际上就是夏王朝的北非部分。

关键词：古埃及　夏朝　天竺大鳛帝国　开明兽　明夷　印度河文字

＊ 王德埙（1950 年—　），汉族，本科毕业，学士，贵州民族大学研究员（已退休）。研究方向：夜郎学。王长城（1974 年—　），汉族，研究生毕业，贵州民族大学传媒学院党委副书记，副教授。研究方向：文化传播学与夜郎学。

有首歌这样唱道：

尼罗河呀，
我的娘亲！
金字塔映在你的河心。

全世界的古代文明，无一不是在大河奔流的陪伴下发展到今天的。人们称大河为“母亲河”就是这个意思。幼发拉底河、底格里斯河以及长江流域的古代文化都可以为此作证。这可以说是文明诞生的不二法则，尼罗河文明同样如此。

尼罗河文明跟遥远东方的长江上游文明却有着难解难分的亲缘关系，但这却是许多人所不知道的。

我们同意埃及夏朝说。但是，我们目前不准备就古埃及即夏朝问题做全面的展开性论证，我们初探的任务是分若干项进行图像人类学的比较，相信读者自会得出结论。

在地理上，埃及是北部非洲最靠近亚洲的一个板块，从中国的大西南，越过印度半岛，到了西亚的西奈半岛就到了埃及。埃及可以说是属于准亚洲了。

“大约在一万年前，尼罗河周围地区的气候转为干旱，雨量减少，……于是，少量土著人陆续迁到尼罗河两岸定居下来。但后来众多的埃及人究竟是从哪里冒出来的始终是个谜。”[①]这些拥有高文化水平的外来移民与当地土著人通婚，在一个跟中国本土完全不同的地理空间中成长，文化遂发生某些变异和提升，但是，其根源仍然是东方的长江上游文明。事实上，古埃及文明就是困惑史学界多年的夏朝之所在。夏朝实际上是天竺大鳛帝国在北非的扩张，对于实力雄厚的天竺大鳛帝国来说，易如反掌。

传统史学界的困难在于，许多有关夏朝史料的可疑，存在作伪现象。例如，今有关古文《尚书》的千年论争，此不详述。由于秦始皇的焚书坑儒，中国的史书除秦代以外的通通烧掉，这就形成了文化的断层。从夏朝到包括两期大夜郎国在内的史书，也统统被付之一炬！人们发现，在出土的商朝十几万片甲骨文和所有青铜器上面没有任何有关夏朝的记载，而甲骨文里面有许多对商汤功

① 文学的故事［M］. 陕西人民出版社，8.

绩的歌颂，甚至还有攻击东夷和伐蜀的战争，却没有找到推翻夏朝的记录。由此判断，夏朝不存在。

我们认为，国内外学界据此否定夏朝的存在，属于历史虚无主义。

问题的成因在于夜郎系民族建立的夏朝，远在古埃及，因此，夏朝和商王朝在地理位置上相距遥遥，根本就不搭界；其一个在北非，另一个在中原，也根本就没法搭界！夏朝的古埃及顶多为美女干涉到其发源地今中国四川，这手就算是伸到极限了。（屈原《天问》：“桀伐蒙山，何所得焉？”《汲冢书》：“桀伐岷山。”旧注言战争是夏桀为了得到岷山琬、琰二美女而引发）他们压根儿就没心思问鼎黑暗透顶的中原——让你几个醉生梦死、杀人如麻的奴隶主去折腾吧；反之，商王朝的手也伸不到古埃及，这就是甲骨文文献没有记录夏朝的原因。因此，不能因为甲骨文文献没有记录夏朝，就断言夏朝不存在。

司马迁对夏朝的追忆应该从古埃及文化中去比照寻觅，也可以从出自蜀地的《山海经》等可靠文献中去比照寻觅。

由于我们掌握的资料有限，对埃及古文明与长江上游文明的关系这样一个高难度的课题，也就只能提出一些有限的证明。C.W. 策拉姆认为，最早提出古埃及殖民者是中国人的，是 19 世纪初的德吉涅（*Joseph Deguignes*）。他“在‘巴黎铭文学院’做报告时通过对象形文字的比较宣称：埃及殖民者是中国人”①。德吉涅的论证文本我们至今没有读到，只知道他的报告在巴黎引起了轰动，并且引来了伏尔泰的评论，之后，就很快被西方人淡忘了。

近年来，我国网络上对这个问题重新掀起了热议。其中，影响比较大的有网名为“说醉话”所写的《夏朝就是古埃及，是华夏人所创建的铁证》②，文章在引证中国典籍方面下了不少功夫，值得注意。可惜由于缺乏充分论证，故其联系埃及文化之诸多判断似仅凭臆测，显得似是而非，缺乏说服力。特别是什么“西秦”是“秦人经过 56 年征战，消灭了‘诸戎’，建都埃及。秦人在埃及共建都 330 年”完全是无稽之谈！

网络作家苏三也认为，总体上中国夏、商、周“三代”文明起源与中东密

---

① ［德］C.W. 策拉姆．神祇、陵墓与学者［M］．三联书店，2012：103.

② 2014-8-3115:09:31 发布在凯迪社区，网址：http://club.kdnet.net/dispbbs.asp?id=10323780&boardid=1&page=1&uid=&usernames=&userids=&action=。

切相关。

笔者认为，学界应该吸收在野学者中某些可信的研究成果，集思广益。例如，此文在引证中国传统典籍方面的成绩和新材料时，有如下几点值得注意：

1. 世界闻名的金字塔文化起源于古代的中国，作为古代世界政治、经济、文化中心的“中央帝国”来说，这也是很自然的。

《山海经·海外北经》记有：

> “共工之臣曰相柳氏，九首以食于九山。相柳之所抵，厥为泽溪。禹杀相柳，其血腥，不可以树五谷中。禹厥之，三仞三沮，乃以为众帝之台。在昆仑之北，柔利之东。”

《海内北经》也记载有：

> “帝尧台、帝喾台、帝丹朱台、帝舜台，各二台，台四方。”

这里的“相柳”，也叫“相繇”，指埃及法老；这里的“昆仑”，指海外昆仑。这就是说，大禹在古埃及修了金字塔，共四对，台是四方形的，这应是现代金字塔群的一部分。

《山海经》为战国时期大西南的开明大夜郎国学者所作，也无异议。因此，在野学者注意到其中存在古埃及的内容是值得学界重视的。

2. 人们所说的齐夫林金字塔，其一角附近有狮身人面像。是“狮身”人面像吗？《山海经·海外北经》记载：“（共工）台在其东。台四方，隅有一蛇，虎色，首冲南方。”这就是共工氏的图腾。《竹书》中说共工氏的图腾是“人面，蛇身，朱发”。据此，可以认为齐夫林金字塔其一是共工之台；其二，是蛇身人面像，而不是“狮身”人面像；其三，蛇身上绘有虎纹；其四，像的正面向南。

图 1

3.1916年出生于中国开封的外国人（*Dr.Hendon M.Harris Jr.*）亨顿，1972年从韩国的古董商店里买到了这张地图（见图1）。据称，这张地图是明朝时期中国或朝鲜准备送给日本国王的礼物，它在中国已经失传了，但在朝鲜却被保存了下来。而后经学者研究，这张地图就是根据中国神秘古籍《山海经》而作的。

《山海经·大荒西经》：“西海之南，流沙之滨，赤水之后，黑水之前，有大山，名曰昆仑之丘。有神，人面虎身，有文有尾，皆白，处之。其下有弱水之渊环之，其外有炎火之山，投物辄然。有人戴胜，虎齿，有豹尾，穴处，名曰西王母。此山万物尽有。”

西海（地中海）之南，流沙（撒哈拉沙漠）之滨，赤水（红海）之后，黑水之前（黑海的南边，古人常把南称为前），有大山，名曰昆仑之丘。

有神，人面虎身，有文有尾，皆白，处之。

综上，关于“人面虎身”等文化现象为中国远古固有的、原生的，而不是西来的文化现象，应该肯定这一点。我们认为应该吸取这些内容。

现在的研究表明，提出“古埃及是中国人”之说的不止是C.W.策拉姆发现的德吉涅一例。早在17世纪，欧洲天主教会为了在信仰基督教埃及居民中扩大影响，在许多神职人员中掀起了一个研究科普特语言文字的热潮。德国天主教神父基歇尔研究科普特语言文字和象形文字，于1636年出版了《科普特语或埃

图2

及语的先驱》一书。他将埃及文字和中国汉字进行比较，判断中国的汉字是从埃及人那里学来的。1677 年，他出版了《中国图说》一书，其中用专章讨论中国汉字的来由。他认为《创世纪》中诺亚长子闪的子孙曾经率领埃及人来过中国，把埃及象形文字传授给中国人。但是中国人只学到一部分埃及文字，然后自己又创造了一种文字即汉字。他不明白科普特文字早期阶段就是象形文字①。基歇尔发现了象形文字与中国汉字存在着部分的吻合，因此做出了上述想当然的判断。他当然不知道正是中国西南的甲骨文字体影响了埃及象形文字的产生和发展。

在神父基歇尔以后的 170 多年中，欧洲的学者多认为埃及的象形文字是从中国传到埃及的；或者与之相反，也有人认为是中国人从埃及人那里借用了文字符号。基歇尔之后 300 年，德吉涅才道出了历史的真相："埃及殖民者是中国人"。此说代表了西方学者对埃及问题的经典之论。这个已在西方学术界被认为是常识的东西，在中国人中间竟然闻所未闻，这说明了中国在学术信息传播方面存在着严重的人为障碍！

古埃及在中国公认的可靠典籍《吕氏春秋》中被称为"鸣条"，"商汤灭夏，战于鸣条"。埃及遭到来自亚州古中国人的入侵和统治（前 1720—前 1570）。网络作家新伊林人把古籍记载的"商汤灭夏"对应为喜克索人入侵古埃及。如是，则商汤的部族就是世界史中的所谓"喜克索人"。又《书·汤誓序》："伊尹相汤伐桀，升自陑，遂与桀战于鸣条之野，作《汤誓》。"《孔传》："地在安邑之西。"《竹书纪年》："四十九年。（舜）帝居于鸣条五十年。帝陟。义钧封於商。是谓商均。后育。娥皇也。鸣条有苍梧之山。帝崩。遂葬焉。《史记·夏本纪第二》："桀走鸣条，遂放而死。"三国魏·曹丕《秋胡行》之一："鸣条之役，万举必全。"持中原说者喜欢附会，一说在今山西运城夏县之西，另一说在河南封丘东。

第一批中国人是怎样越过西亚的，情况不明。人类最古老的两大文明在那里势必有过第一次碰撞。横亘在前进道路上的幼发拉底河与底格里斯河不但是天然的屏障，而且那里的亚述王国和巴比伦王国也拥有强大的军事力量。因此，鳛人和开明人的商人武装集团必定是凭借着不少于对方武装力量的护卫，方才

① 令狐若明．探索古埃及文明［M］．陕西出版集团，2012：40.

顺利过关，适彼乐土。

由于发现了古埃及与东亚本部的官方报告文书，因此，这条通道不是通过了就了事，它必定还曾经作为信使通道长期存在。人们或许夸大了远古交通的难度，但已经有学者发现在两河流域文书中有与古印度存在商业来往和翻译的线索，保持商业贸易的道路畅通对两河流域的统治者有利无害。

但无论如何，从陆路越过西亚实在是艰难，大宗货物运输困难。

我们已经证明了天竺大鳍帝国在印度河流域峡谷地带的存在，他们在那里建立了哈拉帕文明。笔者推测在印度河三角洲地带应该有一个适当的出海口。在类似于卡拉奇那样的地方，应该设立过一个能够避开风浪潮汐的港口。鳍人从那里开始远航，航行到波斯湾应该是没有问题的。笔者估计他们的海船还沿着阿曼航行到了亚丁湾，又从那里进入红海，到达埃及。这应该是鳍人联系埃及的主要通道。

古埃及的航运和商业贸易是比较发达的。20 世纪 20 年代，法国学者蒙泰在发掘毕布罗斯废墟时，发现了一些涉及埃及与毕布罗斯两国之间关系的遗物，如刻有法老胡夫名字的器皿等。在古王朝时代，从巴勒斯坦和叙利亚的城市贸易而来的大量陶器被发现于埃及贵族的墓葬之中。在第五王朝的萨胡拉王的葬祭庙的浮雕上，有一艘巨大的海船正在开向亚细亚，萨胡拉王进行过地中海沿岸的远征。埃及第六王朝开辟了哈马马特商路，不仅把埃及和红海联系起来，而且还打开了通向西奈半岛和阿拉伯半岛的海路。至今铭文尚在。①

因此，古埃及和印度河流域的哈拉帕办事处存在海路联系已经可以肯定。

赛里斯人即古埃及的鳍人与南方丝绸之路有关系的材料见于 1980 年美国国家地理杂志出版由耶格·比尔所著的《一个凯尔特人墓中珍宝》一书，书中讲到公元前 6 世纪德国一座凯尔特人领袖墓葬中，出土了来自中国的丝绸织物残片。由此证明从古埃及越过地中海到欧洲的海上丝绸之路客观存在。

古埃及跟印度河流域的邦国存在文书联系，从资料介绍来看，似乎是亚洲部分在向埃及做报告。有证据表明，印度河流域城市与西亚、埃及有过海上交通和贸易。因此，天竺大鳍帝国的首府到底是在印度河流域，还是在古埃及，

---

① 丁振宇．六大文明古国历史探秘［M］．吉林出版集团，2015：435.

还需要继续求证。哈拉帕遗址有可能是鳛人主动放弃的。约公元前 1800 年，蜀国旧贵族联合且兰国“诛凿齿”，杀了鳛帝。发生了这样国破家亡的重大变故，哈拉帕办事处的人员纷纷逃离，很可能逃到了古埃及。繁荣的哈拉帕从此空余断壁颓垣。考古学证明，哈拉帕遗址各城市储物库房很多，它在历史上可能就是个物资转运中心和珠宝生产基地。事实上，天竺大鳛帝国就是古埃及法老王国，也就是伟大的夏朝。这个横跨东亚和北非的帝国疆域实在是太辽阔了，以至于它需要一个如哈拉帕遗址这样的中转站和行政办事处。这个就是夏朝存在的最大历史谜团。哈拉帕办事处就像一个受夏朝委派的巨人，一头挑着广汉的天竺大鳛帝国都城（夏朝的东亚大西南部分），另一头挑着古埃及法老王国（夏朝的北非总部）。当其中一个帝国或王国灭亡，挑子便失去平衡时，哈拉帕办事处就没有继续存在的价值，等待它的就只是荒芜的蔓草。

今天，人们对 8000 年前石器时代的人类的造船能力已无须怀疑，考古学家莱恩认为诺亚时代的大洪水源于爱特纳山峰垮塌所导致的大海啸。现代的考古学进一步证明，地中海沿岸的塞浦路斯已经能够造船隔海运送动物，以此证明《圣经》所述的诺亚方舟的确存在过（诺亚方舟传说的另外一个版本是用楔形文字记载的吉尔迦美史诗）。这是爱丁堡大学的保罗克夫特博士在名城帕芙斯发掘的 12000 年前的人类聚落遗址所取得的成果。而塞浦路斯对面就是古埃及。

《圣经》的旧约为太古人类历史之书，《圣经》由历史文献而部分地成为传说，部分传说又成为神话。所以，《圣经》是一部历史文献、民间传说和上帝神话杂糅的重要典籍。其实，这样的情况在全世界比比皆是。中国的正史、民间野史也存在这样的状况。中国的正史如《史记》，在无文字记载的传说时代，就充满了神话故事和美丽的传说。

12000 年前的“方舟”航海技术在产生以后就向四面八方传播。

因此，5000 年前的天竺大鳛帝国除了有西亚的陆桥通道之外，还拥有通向古埃及的航海能力就不奇怪了。

在距今 3600 年前，桀伐蒙山（岷山），是夏朝与天竺大鳛帝国之间爆发的一场战争，是古埃及的夏朝与其中国本土分部的天竺大鳛帝国即夏王朝的一次交集。（屈原《天问》：“桀伐蒙山，何所得焉？”《汲冢书》：“桀伐岷山”。旧注言战争是夏桀为了得到岷山琬、琰二美女而引发的。笔者认为此史料证明系夏王朝内部的一场战争。）

一、兽身人面像（开明兽）的证明

埃及学早已经是世界性的一门显学。但是，由于世界学术界不了解天竺大鳛帝国，故埃及学中天字第一号的问题，即兽身人面像问题，学者们至今仍是一头雾水。电影频道节目中心《世界历史》制作组编著的《话说世界历史》[①]，书中提到制作组曾经就兽身人面像问题采访了埃及史学家卡纳瓦蒂教授，教授说："谁也不知道斯芬克斯到底是什么，普遍的看法是：它是国王哈夫拉在附近采得石料，建造自己的金字塔后留下的一块大岩石。……但最早是如何起源的，我们并不知道，我们也不知道它在埃及神话中的意义。斯芬克斯是什么？国王可以把自己描绘成一头狮子，但在埃及神话里面它并没有神力，也不是崇拜的对象，对此我们确实弄不清楚。"

图 3　兽身人面像（图片取自网络）

古埃及太古老了！古埃及法老的统治长达 3000 多年。埃及是一个多神的世界，从太阳神到动物神的黑胡狼、牛、眼镜蛇，兽身人面像都排不上号。这只能说明埃及学的材料有遗漏或研究不够深入。尽管如此，神化了的传说仍然存在。兽身人面像曾托梦给图特摩斯四世，要求其为它清理积沙，事后，图特摩斯四世果然成为大有作为的国王，他将这个故事刻在石碑上，而使故事广为人知。

公元前 332 年，马其顿亚历山大终结了法老时代，物是人非。此后的埃及实际上已经不是古埃及了。公元 642 年，埃及进入伊斯兰文化范围，其民间宗教传说中更是找不到兽身人面像的影子了。阿拉伯人看到兽身人面像只感到害怕、莫名其妙，称其为"恐怖之父"。

---

① 《世界历史》制作组．话说世界历史［M］．现代出版社，2007：33.

兽身人面像的答案只能在中国的长江夜郎文明中去寻找。

埃及的兽身人面像最早出现于埃及第四王朝时代。第四王朝的第四位法老哈夫拉（*Khafre* 前 2558—前 2532）在吉萨建立了世界第二大金字塔和兽身人面像[①]。该兽身人面像坐西朝东，高 21 米，长 57 米。表现了法老的强悍与威武。从此，后世法老纷纷仿效哈夫拉做兽身人面像。

我们将证明，所谓狮身人面像实际上是虎身人面像，或模糊而言之曰：兽身人面像；其实就是中国历史上的开明兽。

关于兽身人面像的建造，最近又有新说。在开罗的法国考古研究所的研究人员瓦希尔·多布雷夫对吉扎高地上的金字塔和守卫着金字塔的半人半兽的兽身人面像进行了 20 年的研究，他得出结论：兽身人面像是一位被人们忘记的古埃及法老王的杰作[②]。

兽身人面像屹立在尼罗河河畔，面向东方故土，面向明夷崇拜的太阳。有资料证明兽身人面像可能就是太阳神："据某些记载，埃及的历代法老和臣民，视这尊石像为太阳神，朝拜的人往来不绝。"[③]

关于狮身人面像有几点需要讨论：

1. 兽身人面像是斯芬克斯（*Esfinges*）吗？将兽身人面像称为斯芬克斯（*Esfinges*），是晚至 2000 多年以后的托勒密王朝时期的希腊人[④]。埃及神话与希腊神话是两个完全不同的文化系统，且两者形象区别比较大。斯芬克斯本是希腊神话中的带翼狮身女怪，它在欧洲很多国家的古代雕塑中都以类似的形式出现过。因此，兽身人面像不是斯芬克斯。

从 3800 年前到 3250 年前，是以色列在埃及为奴和出埃及的时期。偶像崇

---

① 埃及第四王朝法老哈夫拉在视察刚刚竣工的金字塔工地时，发现有一块巨大岩石没被使用，于是就命人将这块巨石打造成了狮身人面，这只是其中一种说法。

② 多布雷夫认为，兽身人面像是 4500 多年前由德吉德夫雷（*Djedefre*）建造的，德吉德夫雷是哈夫拉的同父异母兄弟，也是胡夫的儿子，而胡夫是大金字塔的建造者。多布雷夫说，胡夫死后，古埃及的人民非常疲倦了，因为他们花了好几个世纪建造金字塔。多布雷夫认为，继承了胡夫王位的德吉德夫雷根据父亲的肖像建造了兽身人面像这座纪念碑，把它看成是太阳神拉，这是德吉德夫雷的宣传手段之一，目的是再次唤起人们对这个王朝的敬畏。

③ 丁振宇．六大文明古国历史探秘［M］．吉林出版集团，2015：570.

④ 韩斯年．尼罗河的赠礼［M］．江苏教育出版社，2013：17.

拜不是犹太人和远古阿拉伯民族的传统，而是一种禁忌。《圣经》说："不可为自己雕刻偶像；也不可作什么形象仿佛天上、地下和地下、水下的百物；不可跪拜那些像，也不可侍奉它；因为我耶和华你的神，是忌邪的神。"[①]说明当时的埃及统治集团中的人是外来殖民者，他们有兽身人面像的偶像崇拜。

在哈夫拉建造之前，"狮身人面"这样重要而特殊的文化事项在埃及未见民俗土壤，蓦然出现，比较可疑。

2. 河北省邯郸市的磁县发掘了东魏茹茹公主墓中有两个人面兽身的镇墓兽，考古学家就联想到这或许跟古埃及的兽身人面像有什么关系。

3. 在中国的宁夏，近年来发掘到唐朝的雕塑作品兽身人面像。

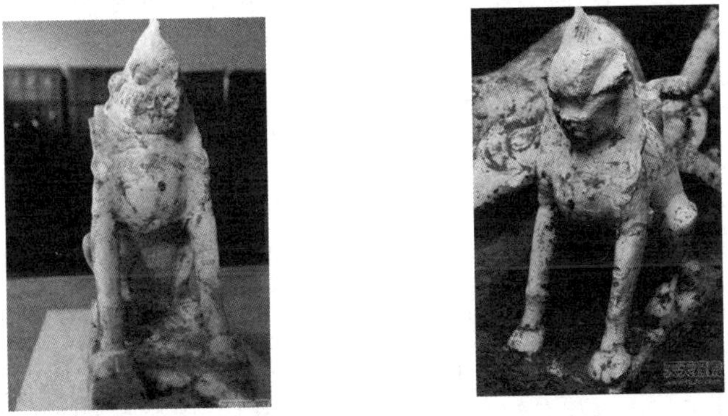

图 4、图 5 宁夏兽身人面像（图片取自网络）

2015 年 12 月，宁夏考古人员对前期勘探的 29 座古墓葬进行了抢救性挖掘。经考古验证有汉代墓葬 6 座、北朝—隋唐墓葬 7 座、明清墓葬 16 座，并出土了狮身人面石雕像和武士俑等一批珍贵随葬品。其中，编号为 M3 的唐代墓葬出土了一组精美绝伦的石刻雕像，共 9 件。考古人员初步确定石雕系汉白玉石质，均带四方底座，内容有兽身人面像、狮兽等，石材光泽圆润温纯，雕刻工艺精巧细腻，线条简洁流畅而不失生动，造型高大厚重且比例和谐。

宁夏出土了唐朝的雕塑作品兽身人面像，尽管这件作品可能来自西域，但也能够说明兽身人面像崇拜并非古埃及独有的文化现象。

---

① 中国基督教协会．圣经［M］．1998：72.

4. 狮身人面像又称为“兽身人面像”，也就是说，该“兽”不一定是“狮”，也可能是“虎”。在虎发威的地区称虎身人面像，而在狮逞凶的地区也可以叫作兽身人面像。

5. 兽身人面像崇拜很可能是来自中国的西南地区。

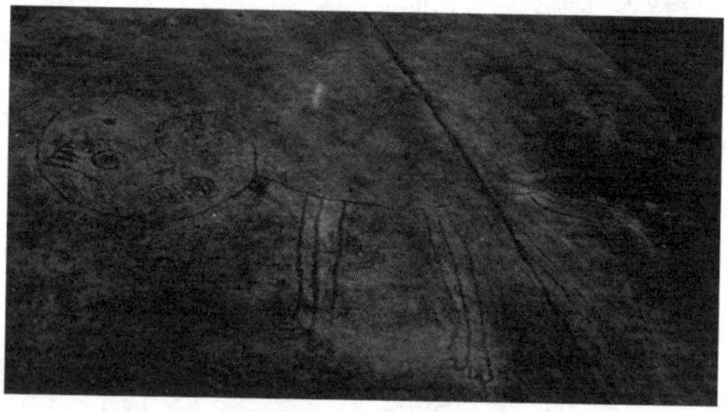

图 6　綦江虎身人面像（图片取自网络）

在长江上游文明的綦江有远古的虎身人面像与之相呼应，见图 6。

虎身人面像被发现于綦江县赶水镇麻柳滩麻沟路段。村民李庆生在上世纪六七十年代，挖出了一块有文字符号的石碑，埋在竹林中。2005 年，李庆生和老文化工作者曾芳煜在距石碑发现地 400 米外的 40 平方米的石滩上，发现了一组绘有动物、人物、天体等图案的岩画。李庆生对这一组 12 个形象各异的岩画图案进行了测量。岩画中居于中心位置的人头虎身图案直径 0.68 米、长 2 米、高 1.68 米（见图 7），人头虎身的右侧有一头高 0.27 米的马，人头虎身下侧还有麒麟，麒麟的后左侧刻有日月图和一条蛇。此外，在人头虎身的右下侧有两个高 0.82 米、宽 0.5 米戴冠人像和戴冠头像，人像图案穿戴与宋代官人服饰相似。

图 7　綦江虎身人面像头部（图片取自网络）

该虎身人面像石刻刀法古拙，应为 5000 多年前的作品。如前所述，此为夜郎系民族的简笔画。简笔画是由图画向象形文字发展的过渡形态。

虎身人面像头部如图 7 所示：

根据 1974 年第 12 期《文物》中李发林的介绍，人头虎身的开明兽在汉画像石中有 11 处发现：山东滕县西户口元光元年画像、滕县辛庄、滕县东戈、滕县黄安岭、滕县刘堌堆、邹县下黄陆屯、安丘县董家庄 42 号画像、沂南县北寨村汉墓第 51 幅画像、江苏徐州十里铺画像石墓第20幅画像、江苏徐州茅村6号汉画像石、曲阜武梁祠东阙南第四层画像。

图8 虎身人面像（图片取自网络）

大量的考古材料证明，虎身人面像即标准的中国西南的开明兽。这就是古埃及所谓的“兽身人面像”的唯一来源。

虎身人面像的想象图，见图8。

在传统典籍中，虎身人面像形象如图9。

图9 虎身人面像（图片取自网络）

虎身人面像在中古播州地区夜郎系民族中的变异——虎身牛面像，见图10、11。

图11、图12为王德埙发现并拍摄于瓮安县的原草堂安抚司署大堂。两图证明了虎身+人面或虎身+其他动物面的确为夜郎系民族的固有文化习俗，全世界独一无二，具有相当于指纹鉴定的功能。

图10

图11

根据本书提出的“文化等价”原理，古埃及的兽身人面像与夜郎地区的虎身人面像文化等价。我们又称其具有民俗学的指纹鉴定功能。

无独有偶。中央电视台拍摄的纪录片《我从汉朝来》，重点介绍了汉画像石头文化。其中也介绍了四川雅安芦山县沫东镇石羊上村的王晖石棺画像，人首兽身开天门迎接死者。

图 12

图 12 中，人首兽身的开明兽腿上有鳞片，后拖一尾巴，背上有翅膀，是远古开明兽的又一形象。我们可以据此推测古埃及的兽身人面像的功能，同样是为去世的法老开天门。

6. 虎身人面像，晋朝的郭璞称之为“开明兽”。《山海经·海内西经》：“昆仑南渊深三百仞。开明兽身大类虎而九首，皆人面，东嚮立昆仑上。”袁珂校注：“开明兽即《西次三经》神陆吾也。”《庄子·大宗师》称其为“肩吾”，亦省称“开明”。郭璞还在《山海经图赞·海内西经·开明》中说：“开明天兽，禀兹金精；虎身人面，表此桀形；瞪眎昆山，威慑百灵。”明代刘基的《述志赋》：“开明怒目而电视兮，貔豹吼而山裂。”在蜀地的传说中，开明兽本为祸害彭国的怪兽，后来被鳖灵降服，并为建国立功，鳖灵感其功，遂在建国后自称开明氏，也有说开明氏乃古蜀国贤王，死后上天才化做开明兽，有人称为之“虞”。民间有传说鳖灵王为蜀王杜宇（望帝）之子，这个说法肯定是谬传，据我们过去的考证，该说法靠不住。

不过，其中也有合理的成分。即鳖灵成年后，治服了彭国的九头虎开明兽，后又治服了蜀国的人面鱼身怪兽，继而当上蜀国宰相。接着，他一鼓作气治服了堵塞天彭门的孽龙，后受蜀王指派，治理了郫邑水患。后祭祖时发生烧庙事件，鳖灵骑着开明兽冲出火海，登上王位。鳖灵为报开明兽救命之恩，定国号为“开明”。一般认为故事中“九

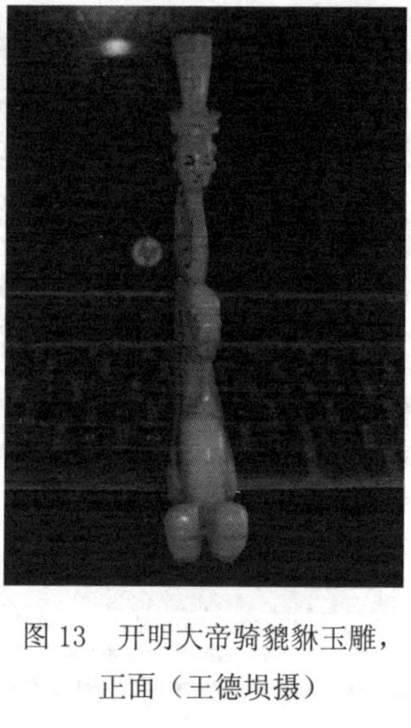

图 13　开明大帝骑貔貅玉雕，正面（王德埙摄）

头虎”是开明氏的图腾，开明氏视虎为图腾。我们同意此说，故判鳖国是以巴族为主导的国家，与鳛国不一样。

我们在《鳖邑与开明大夜郎国通考》中提到的鳖国鳖灵大帝的开明王，其实只是鳖国国王的晚辈人物，是战国时期的领导人。在5000多年前，应该就有开明王与鳛王联手进入四川，然后以四川为根据地，率大军进入印度河流域，在那里又建立了一个中转站（哈拉帕文明）。鳛王在印度河与德干高原建立了天竺大鳛帝国，开明王则兵入古埃及，建立了夏王朝。

图14　开明大帝骑貔貅玉雕，右侧面（王德埙摄）

图15　开明大帝骑貔貅玉雕，左侧面，（王德埙摄）

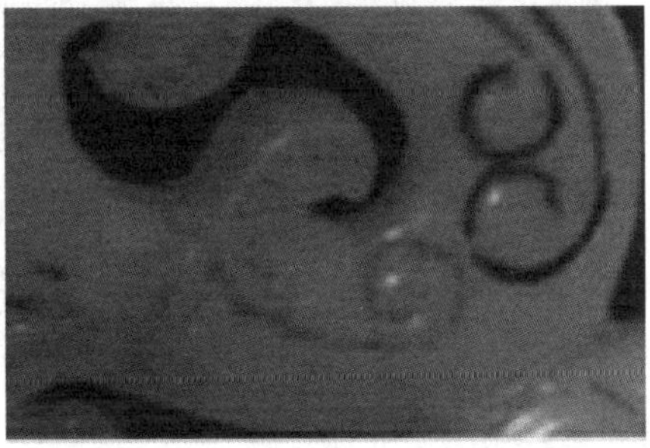

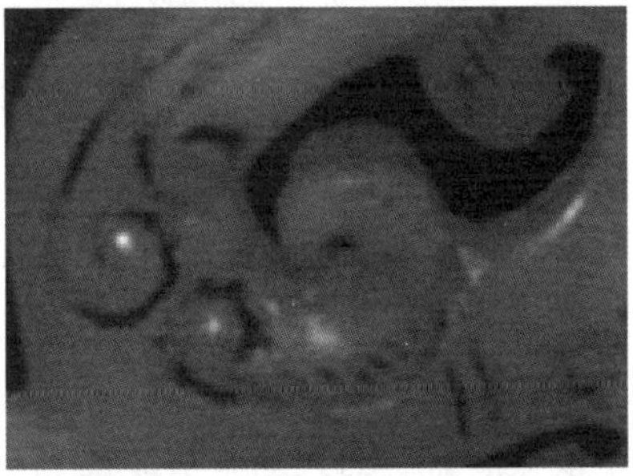

图16　开明大帝肋下生翼左右对比图（王德埙摄）

根据我们的研究，鳖灵骑着开明兽，登上王位以后，他自己也就成为头戴高冠、人面兽身的开明大帝，骑着有翅膀的貔貅巡视辽阔的开明帝国。

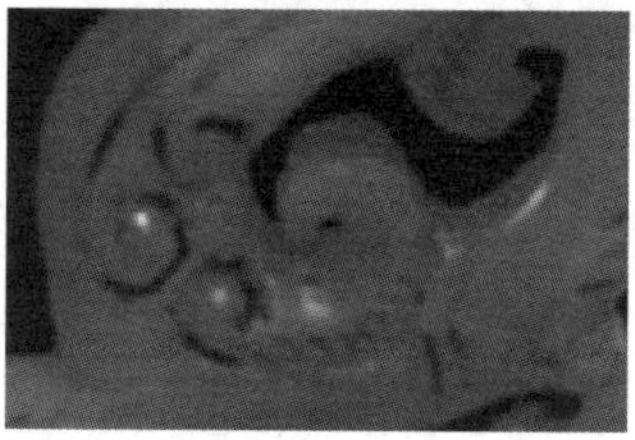

图 17

开明大帝头戴圆盘高耸曲髻式帝冠的玉雕，为历史上首次获得鲜明形象的物证，是为司马迁史书中失载的重要事项，也是通过高古玉研究才得以寻找回来的世界。

因此，前引蜀地传说开明兽本为祸害彭国的怪兽，后被鳖灵降服的说法，不过是战国时期开明大帝骑貔貅的玉雕的民间版本罢了。

图 18

而这个开明大帝不但人首兽身长尾巴，而且还“肋下生双翼”。

原来，开明大帝自己就生有翅膀，能够飞翔。他之所以要骑上同样长有翅膀的貔貅，一是为了增强战斗力，二是为了飞得更快、更高，代表了中国人飞向广阔宇宙的理想，以及建设壮丽太平世界的梦想。

请看开疆拓土，威震南亚、东南亚和古埃及的开明大帝英俊神武的面容，见图 18。

是为高古玉文物与民间传说之互证，也是图像叙事与神话叙事之互证。

7. 狮神人面像很可能与三星堆蛇身人面像文化等价。

四川何如先生的蜀玉馆中搜集了上千件古蜀金器、玉器、青铜器等稀世文物。何先生在修建宝成铁路、成渝铁路就开始搜集古蜀器物，其中就有蛇神人面像。该件为直径 74 厘米的玉圆簋，簋面纹图精美，三方蛇身人面，见图 19。

图 19

该玉圆簋上的人面为典型的三星堆青铜面具的人像风格，见图 20。

该玉圆篮虽系民间收藏，但完全可以将其判断为三星堆文物。

图 20　广汉三星堆遗址的青铜面具（图片取自网络）

虎身人面像是巴人在吸收了蜀文化的蛇身人面像之后进行再创造的产物，这就是古埃及虎身人面像的由来。正如《海外北经》所云：“（共工）台在其东。台四方，隅有一蛇，虎色，首冲南方。”所谓“虎色”，一说系“蛇身上绘有虎纹”。总之，蛇形象与虎形象融合的背后，其实就是蜀民族与巴民族（夜郎系民族）的融合。

还有一说是蛇身人面像有伏羲文化的元素。

何如先生的蜀玉馆中所存玉质蛇身人面像，见图 21。

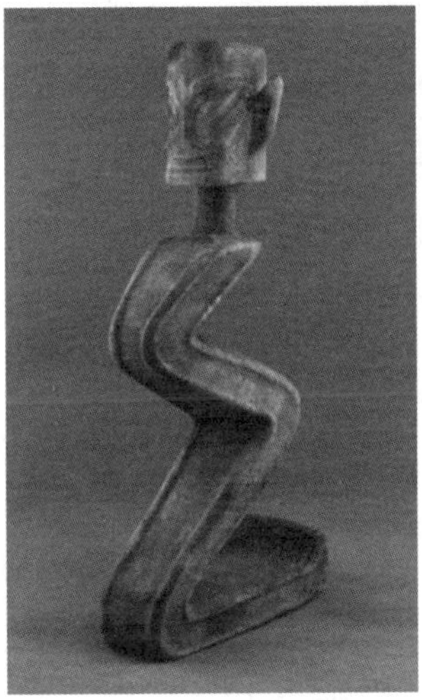

图 21

饶宗颐在《西南民族创世纪》一书中提到，半坡人以人首鱼身为崇拜之像，以及山西长治唐墓中亦出土了人首鱼身陶俑，足见古蜀国与殷商文化之间的联系。

总之，人首（人面）+虎身（蛇身、鱼身、兽身）这样的图腾叠加方式是中国独有的文化现象，即独特的长江上游文化。

无独有偶，中国也有金字塔。吉林的高句丽金字塔在通化集安鸭绿江边，在已挖掘了的陵墓内有壁画、雕塑等。

综上所述，列表归纳，见下表。

兽身人面像比较表

出　处	特点一	特点二	其他特点	年　代	是否实物
古埃及	兽身	人面	面向东方，石刻	公元前 2558—前 2532 年	实物
中国綦江	虎身	人面	岩刻	原始时代	实物

续表

出　处	特点一	特点二	其他特点	年　代	是否实物
中国山东、江苏等地	虎身	九头人面	画像石，开明兽	汉	实物
中国四川雅安	兽身	人首	石棺画像，开天门迎接死者	汉	实物
中国宁夏	狮身虎身	人面	雕塑作品	唐朝	实物
中国贵州瓮安	虎身	牛面	官衙堂画	赵宋贵州土司	平面画
中国四川	虎身九首	九头人面	东向立昆仑上	约战国中期	文献《山海经》
中国三星堆	蛇身	人面	玉圆篮三方雕刻	风格同三星堆	玉圆篮雕刻

兽身人面像是中国西南风格，其正式名称为开明兽，用于墓葬，其功能就是开天门迎接死者。

另外，开明兽又叫镇墓兽方向氏。

中国的人首豹身镇墓兽，有着大鼻孔，身着豹纹服，表情逗趣，见图 22。

图 22　人首豹身镇墓兽（图片取自网络）

这尊唐代人首豹身镇墓兽雕塑是从阿斯塔那 224 号墓地出土的，现存于新疆维吾尔自治区博物馆。该雕塑为人首，形似武士，身体似豹，足如马蹄；全身以浅蓝色为底，并用黑、蓝、白勾勒出豹斑圆点，尾部细长，宛如一条长蛇；整体造型流畅，极富动感。

《周礼》中曾记载一种怪物叫魍象，好吃死人肝脑，但有一种叫方相氏的神兽，有驱逐魍象的本领，所以人们常令方相氏立于墓侧，以防墓主人受怪物的侵扰。有学者认为，使用镇墓兽的习俗，就是从“方相氏”的传说演化而来。镇墓兽起初造型简单，越往后造型越复杂。

二、竖琴的证明

乐器的比较在中外音乐史上都是非同小可的大事件。例如，唢喇和琵琶，于古代中国，只能说是传入，而不能说是自己的原创。

我们先看綦江发现的鳛人乐舞图，见图 23。

图 23　埃及竖琴乐舞图取自网络

图 24 所示，左边第二人头饰夜郎式椎髻，犹如戴着尖顶帽子，正坐着演奏弹拨乐器。该弹拨乐器竖立在音乐家胸前，音乐家左右手同时拨弦，类似于弹箜篌（竖琴）。

现在将其与埃及竖琴乐舞图（图 25）相较，何其相似！

由此可知，是鳛人的竖琴传入了古埃及。

图 24　綦江发现的鳛人乐舞图
（王德埙摄于綦江博物馆）

图 25　古埃及竖琴（图片取自网络）

三、太阳神的证明

关于埃及的太阳崇拜，本书已经用了大量的篇幅证明夜郎系民族即崇拜太阳的远古民族“明夷”，后世称为“太阳蛮”。夜郎系民族建立的开明大夜郎国即太阳帝国，其国徽就是太阳神鸟。

图 26 王德埙摄于金沙博物馆

7000 年前，古埃及出现了王朝，分为 40 个州和下埃及、上埃及两部分。5100 年前，美尼斯统一了埃及，开始了由法老统治的第一王朝时期。法老认为自己是阿图姆大神的后代。第一王朝共有 8 位法老，到第五位法老时，实行专制统治，法老自称为“太阳神的儿子”，就像中国皇帝自称“天子”。埃及虽然这时才明确出现太阳崇拜，但美尼斯的身份也因此而有了出自太阳民族的可能。因为到了中王国时期，法老们自称为“太阳神拉的后代”，而太阳神本来就有“拉·阿图姆”的说法①，故应系同物异名。第四王朝的法老哈夫拉（*Khafre*），名字的意思就是“拉的王冠”。古埃及伟大的“异教国王”阿蒙诺菲斯四世，本名阿蒙霍特普，“阿蒙诺菲斯”是后世学者按照希腊人命名方式给他取的。这位国王称自己为改革者“埃赫拉顿”（*Echnaton*），意思是“太阳神很满意”。他不信奉自古流传下来的宗教，却改而引入了信奉太阳神的宗教。古埃及第十八王朝法老（前 1379—前 1362）阿蒙霍特普四世在宗教改革的最初阶段仅仅将阿吞描述成一个类似于阿蒙—拉的“最高神祇”，以使这种新信仰更接近古埃及的传统宗教形式。但是在其统治的第 9 年，他宣布阿吞不仅是最高的神，也是唯一的神。这使法老本人，成为人民与神交流的唯一中介，从而排挤了在底比斯的阿蒙祭司。不仅如此，埃赫拉顿下令破坏埃及全国的阿蒙神庙，在埃及其他神庙里所崇拜的众多神明也都受到了打击。

古埃及太阳神的发音跟印度《大森林奥义书》所谓的“女神伊拉（*la*）的

① 韩斯年．尼罗河的赠礼［M］．江苏教育出版社，2013：17.

颂歌”的发音基本相同，均为“la”。“女神伊拉”也就是古埃及的太阳神“拉”，在中国则称被为羲和女神，也就是说开明大夜郎国和天竺大鳛帝国即远古印度跟远古埃及都有着同样的神祇——太阳神。

在埃及民间故事中，有拉神和哥哥月神阿赫之间的故事，阿赫为了独吞遗产，不断地虐待和欺负弟弟拉，迫使弟弟拉离开了故国。弟弟拉娶了邻国美丽的公主回国后，哥哥又下毒谋害了弟弟，还企图夺娶公主。公主救活了拉，拉战胜了阿赫，当上了太阳神。这两兄弟之间的故事，与中国舜帝与其弟弟象的故事极为相似，具有文化等价的意义①。舜帝与太阳神拉文化等价，拉的哥哥月神阿赫与舜的弟弟象文化等价。这些材料都证明古埃及的确就是夏王朝。

在埃及赫利奥陂里斯（太阳城），太阳神使用了好几种不同的名字。“凯普利”是“早晨的太阳”，“拉特”是“中午的太阳”，“阿图姆”是指“晚上的太阳”，而“拉”则是太阳神一切表现的精华，并且渗透于天空、大地和冥府。

---

① 关于舜的故事，史书上记载：舜的父亲瞽叟，有天晚上忽然做了个奇怪的梦，梦见一只凤凰，嘴里衔了稻米来喂他，并且告诉他，它的名字叫“鸡”，是来给他做子孙的。后来他生了个儿子，取名为舜。舜的母亲在生产不久后便得病去世了，瞽叟又娶了一个妻子，这个后妻也生了个男孩，取名为象。后母偏袒自己的孩子，把舜视为眼中钉。象在母亲的影响下，变得自私贪婪、目无兄长。舜的父亲听信了后母的谗言，认为舜是个不孝顺的孩子，也看他不顺眼。成家后的舜似乎忘记了从前父母和弟弟是如何对待他的，高高兴兴地带着妻子们去看望家人，送给他们礼物，即使是这样，后母和弟弟的恶毒心肠也并没有改变，反而更贪心了，想把舜的一切都据为己有。娥皇和女英的美貌更是让弟弟象垂涎万分。于是阴险恶毒的象，天天挖空心思地想怎么能把舜害死。象的母亲当然没二话，完全同意儿子的打算，干掉那个不是自己亲生儿子的讨厌的舜，本来也是自己老早就有的愿望。糊涂的瞽叟，对舜素来没有好感，又羡慕舜的财产，也同意设法干掉舜，侵吞他的财产。他们先后两次设计阴谋陷害舜，可是由于娥皇和女英的神力保护，他们的阴谋并没有得逞，舜仍旧安然无恙地生活着。可是象并没有因为哥哥的宽容而悔改，他又想了一个计谋。一天，象对舜说，父母因为以前的事情感到很对不住，特地准备了酒菜，想向舜表示歉意，让舜明天回家吃饭。象走了以后，舜开始发愁了，娥皇和女英对他说：“去吧，不要紧。”她们拿出一包药来，递给舜，让他用这包药泡个澡。舜按照妻子们的话做了，之后安心地去赴宴。象和后母拼命地给舜灌酒，只等他醉了就用斧头砍死他。可是无论喝多少酒，舜还是好好地坐在那里，一点儿醉意也没有。最后，酒都喝光了，菜肴也已经吃完了，舜很有礼貌地向父母告辞，然后扬长而去。娥皇和女英把所有的事情都告诉了正在物色继承人的尧帝。

拉还能够跟其他神结合在一起变成复合神，如拉—阿图姆等（丁振宇本，561页）。同一个事物采用细致的命名法，是中国先秦古汉语典型而特殊的语法现象，如初生的牛、小牛、壮牛、公牛、母牛，名称各不相同。现在，我们知道这样的特殊语法现象正是来源于夏朝，也就是古埃及的太阳神多名称制。

到中王国时期，太阳神改名为“阿吞”，此系后话。

四、古埃及与亚州盟友天竺—开明帝国文书联系的证明

今天，我们能够提供古埃及与亚州盟友天竺大鳛帝国和开明大夜郎国存在文书联系的证明。天竺大鳛帝国实际上就是夏王朝的中国部分，古埃及实际上就是夏王朝的北非部分（材料来自网络）。这些极其珍贵的材料，令人激动！我们没有做加工整理，兹原文引述如下：

阿蒙霍特普四世在位时所做的最重要的事即推行阿吞崇拜的宗教改革。他在登上王位的第一年就开始宣传这位取代以往一切神灵的地位尊贵的太阳神。为了达到这个目的，他与底比斯的阿蒙祭司进行了残酷的斗争，并为了彻底摆脱阿蒙祭司而将帝国的都城由底比斯迁到他新建的城市埃赫塔顿。

有关阿蒙霍特普四世统治后期的关键史料来自于被称为阿马尔奈文书的古埃及文献。这些文献被发现于现代的泰勒阿马尔奈，即阿蒙霍特普四世时代的埃赫塔顿。文献主要是阿蒙霍特普四世王朝的外交通函，信笺中包含了真正的无价之宝：来自亚洲地区的大量泥版文件，它们是埃及在亚洲的殖民地或盟友发给法老的。这些文献显示，由于阿蒙霍特普四世对宗教事务的过度关注，埃及在国外的影响力下降，国力甚至出现了明显的衰退现象。法老对宗教改革以外的政治活动的漠视，无疑为由图特摩斯三世建立起来的埃及帝国带来了大麻烦。

亚洲总督和附庸国的国王们给法老写信，他们经常被无故斥责或欺骗。在即位早期，阿蒙霍特普四世与亚洲主要国家米坦尼的国王产生了严重的矛盾。他因此与赫梯人结盟，而这些可怕的战士在他们的伟大领袖苏庇路里乌玛一世的领导下，进攻了米坦尼以欲建立自己的霸权。许多臣服于埃及的亚洲小王公也受到了赫梯人的威胁，他们只能向远在非洲的法老本人求援，而阿蒙霍特普四世对这些人的求助一概置之不理。总之，在他统治期间，埃及对亚洲的控制力削弱了。很多学者认为，一个全盛的埃及帝国的时代正是在这个时候结束了。

阿蒙霍特普四世的统治时期——有时被称为“阿马尔奈时期”也发生了其他一些重大事件，包括一场瘟疫，也许是世界上的第一次大流感爆发。这场疾病从埃及蔓延到整个中东，杀死了赫梯新王国国王苏庇路里乌玛一世。可能正是这场疾病导致了埃赫塔顿这座城市迅速衰落，在阿蒙霍特普四世去世后不久它就荒废了。

古埃及文献阿马尔奈文书中当然有来自西亚和中亚的盟国的相关资料，应该也有来自东亚的文件。公元前 1379 年至公元前 1362 年，古埃及第十八王朝法老在位期间，正是其亚州盟友天竺大鳛帝国的发展后期和开明大夜郎国的形成时期。前文已经陈述了埃及的夏朝与天竺大鳛帝国即夏王朝（中国分部）存在一次明确的交集（屈原《天问》：“桀伐蒙山，何所得焉？”甲骨文里没有“夏”这个字，也没有“桀”这个字。《汲冢书》：“桀伐岷山。”也就是说，夏朝的埃及部分所关注的不是中原，而是其在中国大西南的分部。“桀伐岷山”的借口是争夺两个美女，也带有宫廷斗争的色彩。而且跟《史记》追忆夏桀沉迷酒色，宠幸邪恶的王后和几个坏人，诸侯甲劝谏被害，诸侯乙先被囚禁、然后被释放等事件吻合。甲骨文卜辞没提到汤武曾经打败过“桀”，推翻过“夏”。《史记》等古籍也并未说过商人曾经臣服于夏朝。

在“桀伐岷山”的战争中，中原地区是“事不关己，高高挂起”。

五、象形文字的证明

组合字符团是史前象形文字体系普遍存在的现象。与夜郎系鳛文字差不多同一时期的埃及象形文字中间的组合字符团已经被埃及学家破解。

下面两个象形文字的组合字符团被发现于古埃及第十八王朝（前 1539—前 1295）阿蒙霍特普三世的妻子，即泰伊王后的父母育雅与图雅的合葬墓中。全部象形文字表达了希望这对夫妇死后在冥界仍然能够尽享荣华富贵。第一个字团，埃及学家称之为象形文字组合。

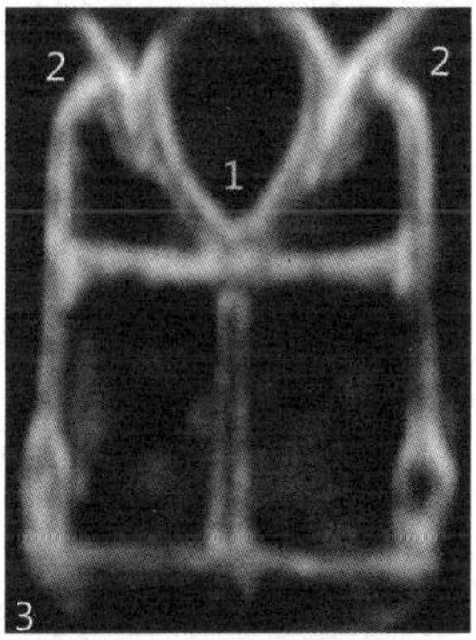

图 27　埃及象形文字图

图 27 中的 1 号符号叫作 T 形十字章。单独使用时代表“生命”，这里由于是三个象形文字的组合，

则代表混乱之神塞特。人形兽首的塞特经常手持T形十字章和权杖，这里是符号意义的引申。塞特又象征统治。T形十字章下方的3号符号是突出的半月形，代表“全部”。因此，整个象征符号的意思是“全部生命与统治权”。

第二个字团，埃及学家称之为椭圆框。

图28符号5所指的专用符号框，唯有法老的名字才可以写在其内。框中间的象形文字1—4是古埃及法老王的名字，是阿蒙霍特普三世①。

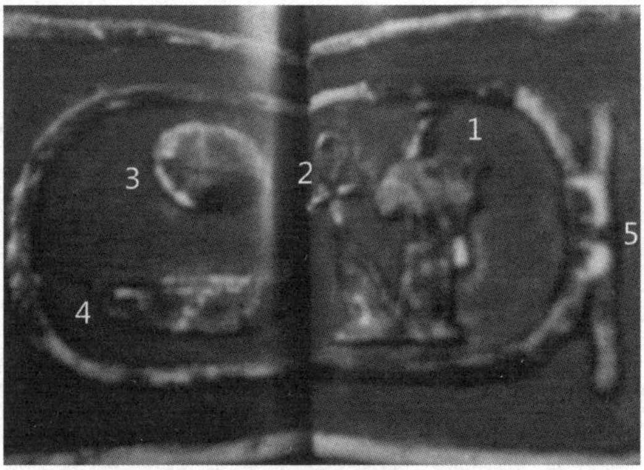

图28　埃及象形文字图

由于夜郎系鳛文字与埃及象形文字的文化背景毕竟存在较大差异，因此，我们不能照搬埃及学家的解读方式，但完全可以将其作为破解夜郎系鳛文字字团的参考。

三星堆博物馆图29中的编码2后的字符则完全同于图的哈拉帕文字第二排第二个那个交叉的字符。

图29　王德埙摄于三星堆博物馆并编注号码

图30第一排第五、第六个符号分别表示数字7和2，第三排第一个符号表示数字3，这跟远古埃及数字写法完全相同。古埃及文字是象形文字，故印度河文字也属于象形文字。又因为天竺大鳛帝国有可能远征到古埃及，所以古埃及有可能就是传说中的夏朝政权所在地。

① 符号与象征［M］．三联书店，2014：305.

图 30　印度河文字（哈帕拉文字）

下面继续讨论有关数学的文字，见图 31，鳛文字与哈拉帕文字之比较。

如图 31 鳛文字与哈拉帕文字的比较图中，哈拉帕文字 A 被怀疑是数字。已经发现的类似于罗马数字棒形哈拉帕文字有 29 个，其中甚至直接出现了罗马数字Ⅶ。棒形哈拉帕文字特别像图 32 的第 2 列古埃及数字。

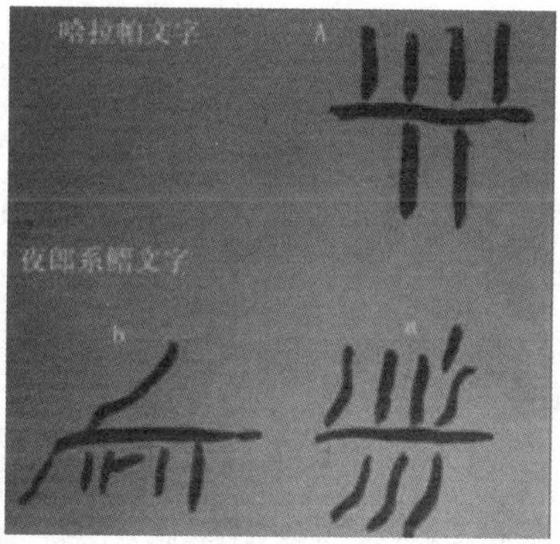

图 31　鳛文字与哈拉帕文字比较图

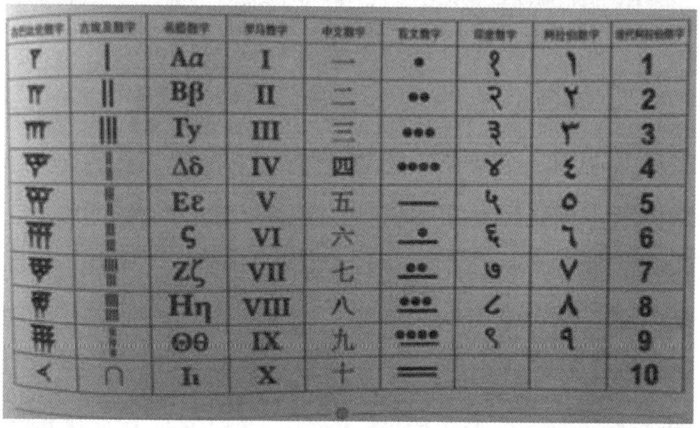

图 32　古代数字比较图

图 33　内容选自吴天恩的学术介绍文章（王长城描）

图 34　印度河文字

如图 34，很明显其 2、3、7、10 这 4 个数字的写法跟埃及数字完全相同！而数字联系着商业、建筑、军事等广阔的学科领域。印度河文字与埃及古文字的相似关系值得重视。可惜的是，我们目前对此还知之甚少，但在远古时期，这两大古代文明即天竺大鳛帝国—开明大夜郎国文明与古埃及文明曾经有过重要的交流和影响则是可以肯定的。

令狐若明在谈到埃及象形文字的“象征表达法”时说，圆圈中加一点不但可以表示“太阳”，也可以进一步引申为“白天”。

圆圈中加一点，是先甲骨文字库中“日”的本字，其含义据《淮南子·精神训》云：“日中有踆乌”。唐朝李阳冰的看法则是“古人正圜，象日形，其中一点，象乌”。这个日字包含了夜郎人神乌载日的观念，既形象，又内涵丰富。传到古埃及则用以表示太阳崇拜，可见“日”字是两地文化一体的有力证据。

六、权杖的证明

逝去的法老手中持有两种权杖，右手持的是“*flail*”，即“连枷”杖，这也是一种古代刑具，通常象征权力；左手持的是“*scepter*”，被称为“赫卡”杖，实际上是一根被缩小了的牧羊杖，代表统治其子民的权力。

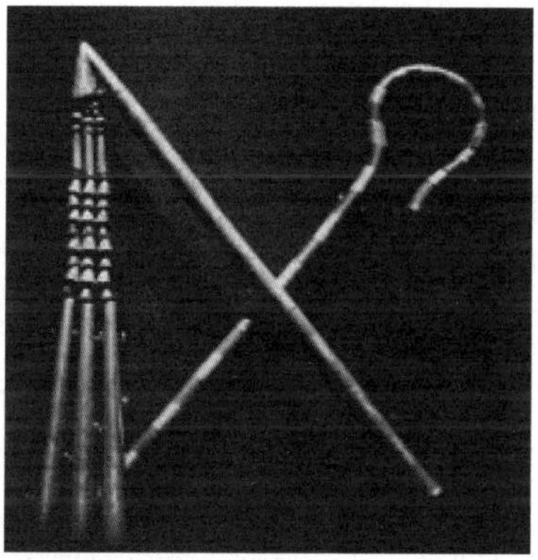

图 35

三星堆出土的权杖（见图 36）：

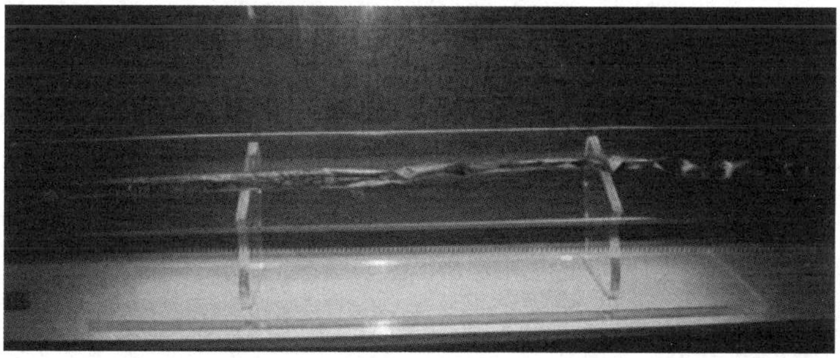

图 36

过去，权杖被认为是欧洲和西亚的产物，与中国无关，这个看法现在看来显然已经过时。权杖文化应起源于中国西南夜郎系民族。

七、共同的船葬风俗：以太阳船陪葬和大型船棺葬

古埃及金字塔法老尸体的木乃伊保存跟中国汉朝贵族的金缕玉衣一样，是为了实现灵魂不朽，虽然方法有所不同，但实质却是相同的，属于文化等价。

在导论中，我们已经指出，大夜郎国贵族有着执着的海洋征服意图，以至于他们死后也要用船棺埋葬。他们对远航和船只有一种深深的迷恋。成都商业街船棺独木棺墓地出土了 17 具棺木，均用楠木整木刳凿而成。在其中 4 具大型船棺中，最长的一具 13 号棺木长达 18.8 米，直径 1.5 米，高 1.12 米。

无独有偶。埃及美国大学的考古学家近年来的考古发掘证明，兽身人面像是法老德吉德夫雷按照其父亲胡夫的样子打造出来的。胡夫金字塔附近的墓坑中发现了有德吉德夫雷题名的精美宏大的陪葬船。考古学家解释说古埃及航运业发达，以船陪葬是为了让法老的灵魂能够乘船追赶太阳神。

由此可以推测，成都商业街远古船棺葬也是为了让死者的灵魂能够乘船追赶太阳神，是为夏朝遗风。

胡夫的陪葬船又叫胡夫太阳船，长 43.6 米，船幅 5.9 米，排水量 45 吨，有指挥室和船舱，两侧各配备 5 只木桨，每只桨长 8.5 米，船尾有转舵桨。传说是这样的：太阳神乘船昼夜在天空和地下航行，而埃及的法老是“太阳之子”，因此，胡夫的太阳船其功能也是保证法老能够像太阳神一样航行。在金字塔的铭文中，有法老乘坐太阳船的记录。

以太阳船陪葬，或者以船的模型陪葬成为埃及的丧葬制度。许多金字塔配备有石坑，其中有些石坑的形状像船形。在这些石坑中还发现了木头船。

成都市蒲江县鹤山镇飞虎村，成都文物考古研究所、蒲江县文管所在配合商建项目文物勘探中，发现施工范围共存在战国墓葬 60 座。从去年 9 月截至今年 1 月中旬，考古人员共清理出 47 座船棺墓葬。随后，他们将进一步把剩余墓葬清理完毕。其中，还有埃及玻璃饰品蜻蜓眼和巴蜀图语印章。

其实，以船陪葬体现了天竺大鳛帝国以航运立国，夏朝是一个海洋王朝。

中国远古时代的海洋文明真正是一个失落的世界！

八、政治制度和人类学的证明

黔北夜郎考古的新发现，认为夜郎系国家非奴隶制国家而为自由人国家。考古学材料也证明了古埃及不是奴隶制。1993 年 12 月 8 日《世界科技译报》的一篇文章报道：“考古学家对三年前在金字塔附近发现的公墓的垃圾、人体骸骨、文字材料、啤酒瓶罐和葡萄酒桶的残片以及面包屑等作了细致的观察研究，发现这些建造者不是奴隶，而是自愿侍侯上帝的自由的埃及人。法老为他们提供衣、食（主食为 12 种面包，每天早、午、晚三餐都有啤酒和少量葡萄酒供应）、住所。他们也不是整天工作，而是白天工作，晚上做一些娱乐活动……”而《中华工商时报》1991 年 10 月 22 日的报道则更明确：“实际参与兴建金字塔的”是“工人”，他们“每 10 天休息一天，并且领取酬劳”，“初步认定该村当时拥有的人口应在 3 万人左右”。

有人认为“侏儒”参加了金字塔修建工程，认为“众帝之台”就是金字塔。在《山海经》中，“侏儒”就是焦侥国，他们是掌握了许多“机巧”的家族，因而不能排除在施工中使用了一些机械。《尔雅》中记载：“丹穴之人智”，就是说居住在中国之南的一些家族，有着相当高的智能，这应该指的就是共工和侏儒。如果依据《海外北经》的记载，大禹到达北非以后“杀相柳”“三仞三沮，乃为众帝之台”，那确实与金字塔有关。本书曾多次强调鳛人（僰人）或今黔西北的“羿人”，“身短臂长，发音如猴，侍奉岳父母超过自己父母。外表憨厚，处事奸诈”。1990 年，申报民族成分时，毕节有 3000 多户申报为“羿人”。我们认为，“羿人”极类贵州远古的倭人，也就是古埃及人。

图 37

法老的相貌跟中国人完全一样，见图 37。

附录：

根据兵策儒剑的博客，其云：《史记》和《国语》《竹书纪年》等记载，关于夏亡至少有三次，一是“伊洛竭而夏亡”，二是“商汤灭夏”，三是“孔甲乱夏，四世而陨”。显然，这三次夏亡对应了古埃及的三大事件，一是古王国因中东大旱而衰亡后，进入第一中间期；二是喜克索人入侵，古埃及进入第二中间期；三是埃赫那顿宗教改革，导致姬周家族出走，步楚人后尘迁徙到东方。但一个很明显的事实是姬周家族出走的时候，古埃及（夏）并没有亡，甚至十八王朝也还没有灭亡。

本书按：其“楚人”之说误。

“传统伦理下的非物质文化遗产传承与利用”国际学术研讨会会议综述

赵尔文达　王明芳*

2016年7月6日至8日，由贵州省文化厅、文化部民族民间文艺发展中心、中国民俗学会、复旦大学、贵州民族大学联合主办，中国华夏文化遗产基金会、联合国教科文组织亚太世界遗产培训与研究中心支持，贵州省非物质文化遗产保护中心、贵州民族大学科研处联合承办的“传统伦理下的非物质文化遗产传承与利用”国际学术研讨会在贵州民族大学召开。

来自俄罗斯、日本、韩国、新加坡等国的文化学者，文化部、中国社会科学院、中国华夏文化遗产基金会和北京大学、清华大学、复旦大学等全国著名的专家学者以及中国非物质文化遗产专家委员会委员40余人出席了此次研讨会，大家深入研讨联合国组织保护非物质文化遗产（以下简称“非遗”）伦理原则对东亚国家非遗保护及利用的重要影响，分享各国在现代社会非遗传承与利用的宝贵经验，探寻非遗保护中的共识伦理与发展路径。

---

* 赵尔文达（1991— ），苗族，硕士，贵州民族大学人文科技学院助教。研究方向：非物质文化遗产保护与利用。王明芳（1995— ），汉族，贵州民族大学人文科技学院在读本科生。研究方向：文化产业管理。

本文系国家民委人文社科重点研究基地“南方少数民族非物质文化遗产研究基地建设项目”（项目编号：民委发〔2014〕37号）阶段性成果。

一、阐释与指引：国际文化组织保护非遗的初衷及其深层内涵

针对非遗的保护与利用，联合国教科文组织等国际文化组织对保护的具体内容、原则以及利用的规则、方法和途径都做出了较为严密的规定。针对这些规定的具体要求和深层次内涵，中外学者从不同专业角度做了详尽阐释，为未来东亚各国非遗传承与利用的发展指明了航向。

结合联合国教科文组织保护非物质文化遗产政府间委员会（IGC）第十届常委会审议并通过的《保护非物质文化遗产伦理原则》（Ethical Principles for Safeguarding Intangible Cultural Heritage），中国民俗学会会长、中国社会科学院民族文学研究所所长朝戈金研究员依次对“相关社区、群体和个人在保护其所持有的非遗过程中应发挥主要作用”等十二条伦理原则进行了阐释和说明，并指出这些伦理原则对非遗保护工作和民俗学学科建设有重大的指导意义。

辽宁大学文学院副院长周福岩教授则认为，联合国教科文组织保护人类非遗的伦理原则问题的提出及相关反思话语的形成，是对保护过程中出现得越来越多的与公约精神相抵牾的商业化、消费品化和去语境化等倾向的一种回应。这种回应实际上承认了公约被曲解和被利用的事实。各相关主体都意识到在对公约的学理性认同之上，还需要完成对公约中预设的价值关怀的认同，也就是要使公约伦理化或在实践意义上规范化。

2007年，为了推动非遗保护，国际博物馆协会（ICOM）修改了博物馆的定义，首次明确将博物馆的工作边界延伸至非物质遗产。云南民族博物馆研究馆员杜韵红从自身的工作实践经验出发，对博物馆开展的非遗保护实践类型进行了梳理，阐述了国内外生态博物馆的非遗保护体现了源生地保护的原则。他认为传统博物馆利用数字化博物馆技术，通过动态展示、场景复原、体验互动等模式导入非遗的保护与传承，并通过创意化手段开发部分非遗产品，取得了显著的保护效果。同时，他以中美博物馆的合作交流为例，认为应当探索不同文化背景下对非遗保护的策略应对与路径方法，以促进非遗保护的持续健康发展。

与以上三位学者观点较为不同的是，韩国首尔大学全京秀教授认为国际文化组织中的部分规定也容易误导各国非遗保护的实践，如联合国教科文组织对文化遗产的不恰当架构，可能会对各国非遗的传承产生良莠不齐的影响。

二、分享与借鉴：国外文化遗产保护的成功经验的总结

针对民俗文化遗产的传承与保护，日本、韩国、新加坡的与会学者从本国的实际出发，选择了各自国内较为典型的成功案例，展示了各国在文化遗产保护领域取得的重要成就，分享了多年以来各国在文化遗产保护领域积累的宝贵经验，对我国传统伦理下非遗的传承和利用有着重要的参考和借鉴意义。

日本国立历史民俗博物馆教授、日本民俗学会理事松尾恒一谈到了民俗文化在日本近年来的学术研究及生活利用中的重要价值。日语中，非遗一般被称为“无形文化财”，对于现代传承活动而言，民俗文化的传承中具有很大的价值，并具有了“财产”“遗产”的价值。这些“无形文化财”包罗万象，囊括了各地区历史发展进程中世代相传下来的歌谣、音乐、舞蹈、戏剧和包含这些在内的节日活动，以及（除高雅而昂贵的美术品等以外的）传统的、民俗性的生活用具、用品和建筑物等的制作技术之类。作为民俗研究、民俗学的资料，“无形文化财”的重要性逐步提高。因此应当在未来的民俗学研究中重视“无形文化财”的传承与保护工作。

新加坡新跃大学研究员、新加坡戏曲学院创院院长、新加坡亚太演艺研究中心主任蔡曙鹏以新加坡陶融儒乐社（1931—2016）（Thau Yong Amateur Musical Association）为例，指出潮州戏作为潮州文化的代表，100 多年来通过业余戏剧社团组成的网络传承了潮州传统戏剧文化，在高科技时代对新加坡的文化做出了重要贡献。在现代文化的冲击下，许多传统职业剧团失去了其支持基础和观众，面临消亡的危险。然而陶融儒乐社在现代都市依然拥有较高的公众认可度，为我国相关传统戏剧的未来发展提供了重要启示。

韩国霞谷学研究院院长李庆龙教授探讨了韩国开国之祖檀君故事由传说到信史的历程，以及朝鲜政府回复檀君祭祀的缘由，认为此民间习俗与国家权力有着紧张的关系。韩国民间有檀君传说，经由高丽末期和朝鲜初期的研究成为一种信史。朝鲜初期由于与明朝缔结宗藩关系，一时停止了檀君祭祀，后来因受到民间的要求，不得不继续祭祀。因此檀君故事所显示出的是民间习俗与国家权力之间的紧张关系。由于明太祖和明朝人上承认檀君故事，就是朝鲜的“自为声教”“独厚朝鲜”，使得檀君故事得到了东亚的认同。朝鲜在学术上采取了排佛护儒的政策，与明太祖宣扬中华文明的文化政策异曲同工，也是明太

祖“以中国治中国、以夷狄治夷狄”的外交政策的最好诠释，从此明朝与朝鲜便能维持友好关系。

东亚文化遗产保护学会纸质文物专业委员会主任、冈墨光堂会长冈兴造阐述了文化遗产修缮的传统技术与传统材料的重要性。文化遗产修缮是由多种材料和技术支撑的。要修缮一幅挂轴除需要装潢表面可看见的材料外，还需要修复用于装裱的纸、从里层支撑挂轴的材料、刷笔、刀等工具以及保存箱等，这些材料与工具是不可缺少的。同时要生产这些材料又需必要的材料和技术。在民众生活发生巨大变化的当今社会，传统原料与技术受到了日常生活和价值观的影响。从所用成本和效果的平衡来评价的现代价值观来看，传统材料的费用过于高昂。用于装裱的纸张，是与文化遗产（真品）直接接触的，所以对文化遗产的保存状况起着非常重要的作用。当下，最重要的是今后如何传承保留下来的传统技术和材料。要实现这一目标，必须理解并认同用货真价实的材料来修缮文化遗产的意义。

韩国国学振兴院尹瑛玑研究员以韩国安东河回村为例，为传统村落的保护提供了韩国经验。河回村作为韩国600余年历史的韩国丰山柳氏宗族村落，它的丰山柳氏儒教传统文化与建筑物以及老百姓的民间信仰活动至今仍然是活态的存在，自1999年英国女王伊丽莎白访问该村以后，旅游的风潮在此村落逐步兴起。旅游开发以后，村民自己开餐厅或者发展民宿业，但这也逐步导致了游客与村民之间矛盾的发生。因此，安东市与文化财厅实行保护政策：村里的餐厅搬到村外，停车场也位于村口；维持草房的草屋顶而特意种传统品种的水稻；由市政府管理门票，并保障村里文化财的维修与保护、提供村民在生活上所需的设备。据统计，现在政府向村民的支援大概是他们收入的40%。通过以上政策的大力推行，游客与村民的矛盾逐渐减少，村民依靠农事以外的民宿业或者体验活动以及政府的支援，生活质量也得到极大提高。

三、探索与收获：传统伦理下中国非遗传承保护卓有成效的实践

早在文化部发布首批国家级非遗代表性项目名录以前，中外学者就对合理保护与利用中国非遗开展了多方位和多层面的研究，探索出了名录保护、生产

性保护、数字化保护、整体性保护等多种保护模式，取得了令世人瞩目的保护成果。结合部分成功案例，与会学者对中国非遗保护的实践进行了多个层面的研究与评价。

中国社会科学院荣誉学部委员、国家非物质文化遗产保护工作专家委员会副主任、中国民俗学会名誉会长刘魁立认为我国通过将“非遗名录”和“代表性传承人名录”作为非遗保护传承工作行之有效的手段和途径，实施十年来已经取得了显著成绩。围绕非遗保护中的传承环节，为使传承更具有效性，应当在今后工作中专注于非遗传承人的责任、非遗传承过程中相关主体间的契约关系、非遗的特征以及基质的本真性问题。

俄罗斯科学院世界文学研究所民间文学研究室主任弗拉基米尔·克劳斯以生活在中国内蒙古自治区呼伦贝尔三河地区的俄罗斯族为例，认为中国在文化空间的保护上取得了重要成果。三河地区的俄罗斯族一些传统节日，如耶稣受洗节、谢肉节、三一节等，虽然在今天并未继续传承，但在口头传统中被很多人当作回忆常常提起；有些传统节日则依然完好地被保留下来，如复活节（巴斯克节）、耶稣升天节、第九个星期五、保罗和彼得节等，这些节日中的某些因素甚至比俄罗斯后贝加尔东部地区保存得更好一些。

中山大学中国非物质文化遗产研究中心副主任刘晓春教授指出，随着生产性保护的开展，传承主体的保护意识和文化自觉意识有所增强，相关企业获得了较明显的经济效益，其生存条件也得到改善，传承人的保护和培养得到进一步重视，参与者的转型和创新意识不断提高，市场开拓有了新进展，在生产过程中适当的机械化有利于非遗的保护，但与此同时还存在着一些问题，主要体现在保护对象有待进一步厘清，现代化生产对传统工艺有明显冲击，原材料危机开始显现，优秀人才断层严重，政府缺乏具体有效措施，支持力度不够。他提出，作为非遗的重要保护方式，生产性保护仍值得提倡，但生产性保护不等同于产业化，而且需要妥善处理本真性、整体性、传承与创新等问题。

贵州民族大学副校长、南方少数民族非物质文化遗产研究基地主任肖远平教授提出，在传承与保护非遗的道路上，我国创新性地运用了整体性保护，在世界范围内首次提出建立文化生态保护实验区并付诸实践，为各国非遗的整体性保护提供了可借鉴的“中国模式”。然而，实验区建设目前还存在着跨区域保护所带来的管理分散、实验区内民众的主体性发挥不足、法制建设不健全等问题，因此应当构建实验区发展协同统一的领导小组，广泛调动社会尤其是民众参与实验区建设的积极性，加大财政支持力度，积极拓宽实验区资金来源渠道，并加快实验区法律法规建设，才能维护实验区内部的文化生态平衡，保护非遗和非遗赖以生存的文化土壤。

哈尔滨师范大学党委常委、宣传部部长郭崇林教授以广泛流传于山东、河北与东北各地的“秃尾巴老李”的传说为例，指出民间传说可以反映历史上人口大规模迁移中文化与伦理冲突、融合化解的过程。“秃尾巴老李”从畸生怪胎到龙种天命、从断尾弃父到惩恶出征、从移民冲突到正义英雄、从偏庇同乡到立庙尊崇，与闯关东人群有着相通之处。因此郭教授提出可将“秃尾巴老李”理解成闯关东人群的形象代表。通过进一步深入挖掘“秃尾巴老李”的典型情节和母题意蕴以及它所呈现的伦理冲突与融合化解，可以看出“秃尾巴老李”传说有着闯关东的山东移民、闯关东的历史事件以及闯关东的文化冲突等诸多所指。因而，一些民间传说对处理传统文化与伦理冲突问题有着重要的借鉴作用，这也是对“国家级非遗名录”加以抢救保护和深入研究的历史意义和现实价值之所在。

中国艺术研究院艺术人类学研究所副研究员杨秀以贵州梭戛生态博物馆为例，指出了梭嘎生态博物馆的建设给当地村民及非遗保护带来的全方位的影响。政府主管部门通过馆址规划建设、充实资料信息中心数据库、搜集展示民俗物件、培训本民族文化“讲解员”、挖掘彰显传统文化并重组、组织排演节目，协助媒体人和学者调研等手段，提高了梭嘎生态博物馆的知名度和受关注度，使长期以来相对封闭的长角苗人门户大开，在经济上和日常生活上都发生了较大改变。一些长角苗人妇女学说汉语，开始兜售原本自用的蜡染、刺绣服饰，并参加村里组织的歌舞表演等，生活水平大大提高。但目前博物馆还存在着缺少必要的持续关注、主管部门经费不足、信息采集处理的专业人员紧缺等问题。在未来生态博物馆的建设中，应在保存保护所在地传统文化基础上，保证所在地民众的生活质量和幸福感的提升。

四、互动与共赢：非遗及其赖以生存的文化生态共同发展的深度思考

非遗的良好保护和有序传承，离不开非遗赖以生存的文化环境，只有与其

他事物和谐共处、共同发展，才能为保护非遗的本真性打下良好的基础，因此保护非遗及包括其在内的文化生态也是目前非遗工作者的重要任务之一。围绕非遗与博物馆、文化空间及传统文化共生共存的问题，与会学者进行了相关议题的探讨。

文化部民族民间文艺发展中心主任李松教授指出，当下中国谋求发展的渴望要求我国必须探寻使文化之河绵延不断的方法，自觉地了解文化的过去和当下成为建构未来有价值生活的必由之路。然而乡土生活传统中存在的非现代性思维，严重地遮蔽了发现传统文化价值的能力。要清除这种遮蔽，不仅是文化保护的基础性工作，更是使用国家公共资源，开展文化保护工作的合法性基础。在价值理念上，它要求国际社会的文化发展理念与我国文化发展目标形成和谐的局面，并为国家和国际社会构建良好的、可持续发展的文化生态。我国文化行政管理系统在基本理念、体制机制、工作方法等诸方面，都将面临机遇和挑战共存的局面，也使得理论思考与社会实践共存。

清华大学社会科学学院社会学系教授、人类学与民族学研究中心主任张小军提出，随着社会的转型，商业化和城市化正在对地方民族文化产生强烈的冲击，特别是过度商业化，正在急剧破坏着我国珍贵的少数民族文化及其文化遗产，由此引发的文化趋同和文化荒漠化，给贫困民族地区带来了更深层次的文化贫困。在这些现象背后，存在着文化自由和文化多样性丧失的问题。因此，他提出要彰显文化遗产的天赋权力和不可侵占的保护原则，以此来促进村民的文化自觉、文化参与。

北京大学文化遗产保护研究中心主任孙华教授以云贵高原四个地区不同的“赛龙舟”习俗为例，解说了其特殊的文化空间。贵州省镇远县舞阳河畔农历五月五日举行的“赛龙舟”，是以汉族为主体族群的端午节活动，是“龙的节日”，并有纪念屈原等历史人物的寓意。贵州省台江县清水江上农历五月二十日至二十七日苗族的“赛龙舟”，使用的“龙舟”是独特的双边驾艇。节日内容与杀恶龙以及托龙保佑的神话传说有关，其渊源则可以追溯到纪念龙形的苗族大神“蚩尤”。云南省景洪等地澜沧江畔傣族的“赛龙舟”，其活动时间是在傣族的新年除夕，相当于农历的三月十七日，该活动传说是为了纪念傣族的抗暴英雄岩洪窝，实际上也包含了酬谢龙王的含义。白族每年农历七月二十三日至八月二十三日举行的“耍海会”，人们要在洱海中扬帆游湖，但这不是严格意义上的“赛龙舟”，而是为了纪念杀死妖蛇的英雄段赤诚，乘船游湖只是纪念的一种方式。四种不同的“赛龙舟”习俗说明，云贵高原上的“赛龙舟”有着非常古老的渊源。孙教授认为西汉前后的石寨山形铜鼓上的竞渡类划船纹的水鸟图案，可能就与傣族的“赛龙舟”有渊源关系，并与古代汉族地区有的龙舟上装饰水鸟头图案“鹢首”有关联。

复旦大学国土与文化资源研究中心主任杜晓帆教授指出了文化景观和文化空间深层次的联系，并提出了城镇化浪潮中两者应在统一规划和保护中实现互动式发展。江苏省非物质文化遗产保护研究所所长陆建芳研究员认为，传统博物馆与非遗馆在硬件配置及运营模式方面都存在一些不同，但也有共通之处，应当在未来的非遗保护中实现传统博物馆和非遗馆的融合与双赢。

通过中外学者的会议发言及后续的非遗项目实地考察，学者们就传统伦理下非遗的保护、传承及利用等议题进行了深层次的讨论和交流，尤其是域外成功案例的经验总结，为中国非遗保护的研究者和实践者提供了全新的视角和启发，必将对未来中国非遗尤其是贵州非遗的持续快速健康发展起到良好的推动作用。

大方白族婚姻文化及消费习俗的变迁

喻晓庆　杨依晨*

摘　要： 大方白族婚姻文化的变迁，具体地表现在恋爱方式、婚礼仪式以及婚礼消费等方面。从晚清之后的媒妁之言到父母包办、再到自由恋爱的转变，彩礼内容，送亲人数，婚礼仪式，以及礼金的数额、结婚内容的变化，大致反映了当代大方白族婚姻习俗。本文以大方县响水乡白族的调查材料为基础，阐述了大方白族婚姻文化的变迁。

关键词： 白族　婚姻文化　消费习俗　变迁

大方县位于贵州省西北部、毕节地区中部、乌江上游六冲河北岸，东与黔西县毗邻，东北抵金沙，南靠六冲河同织金县接壤，西南以瓜仲河为界与纳雍县相望，西部和西北部同毕节市相连。总面积3505.21平方千米，辖36个乡镇389个村（居）委会，是一个多民族杂居的县，少数民族占全县总人口的33.2%，境内居住着汉、彝、苗、白、仡佬等23个民族。截至2014年，在全

＊ 喻晓庆（1982—　），穿青人，硕士，贵州民族大学人文科技学院助教。研究方向：文化遗产；杨依晨（1997—　），苗族，贵州民族大学人文科技学院在读本科生；研究方向：文化产业管理。

县总人口中，白族55230人，占5.35%。宋代水西彝族政权被称为罗氏鬼国，元代为亦奚不薛宣慰使。明代为贵州宣慰使、水西宣慰使，明崇祯九年，镇将方国安筑城，名曰“大方”。在大方这块古老的土地上，随着社会经济文化的发展，传统的白族婚姻文化也受到一定的冲击，不断变迁发展。

一、恋爱方式的变化

大方白族人清代之前的婚姻属于自由婚姻。一般在每年农历三月初三，男女青年上山“扯火草”。所谓“扯火草”，就是在三月三这一天，大家在响水庙里唱情歌，谈情说爱，选择意中人。旧时的“扯火草”实际上就相当于现在的相亲会，男女双方彼此看中后，男的便带着女的回家。之后，女方家要用牛、马去男方家将女方赎回，男方家再请媒人去女方家提亲。

晚清之后，由于入黔的汉族越来越多，封建礼教在黔地盛行，三月三“扯火草”公开社交之类的自由恋爱活动逐步淡化，“父母之命，媒妁之言”的包办婚姻代替了自由婚姻。

解放前的白族人说亲，一定要看八字，是以八字来说亲的，看女方的八字、劳动能力、为人等。早期的白族婚姻，只是族内婚。在大方，只能是赵、谢两家开婚，并不与其他族及姓氏开婚。解放以后，才逐渐同其他民族及姓氏开婚。而早时的汉族也是不与外族通婚的。据当地的白族讲述，他们不愿意与汉族及其他民族开婚，而汉族也不愿意与其开婚，原因是，早些时候的汉族还有裹足的习俗，而白族是没有的，所以汉族人嫌弃白族的女儿脚大而不与其开婚。现如今的婚姻都是“自由恋爱”，只需青年男女彼此相中，八字已经不能成为婚姻的阻碍了。

二、“彩礼”内容的变化

解放前的白族订婚，媒人先用麻袋装一壶酒到女方家，说明去意，将酒挂在女方家门后即回。过一段时间媒人再去女方家，这样反反复复，至少要去三次，称为“三回九转”，即使女方家满意男方，也要等到媒人多去几次以后再允口。若女方家不同意，就将酒退回；若同意，就请家里的亲戚朋友来陪媒人喝光这壶酒，称为吃“挂壶酒”，也叫作“允口酒”。“允口酒”吃过后，即代表女方家同意这门亲事。“允口酒”实际上相当于订婚。

随着人民生活水平的不断提高，彩礼名目数量很是惊人，礼金数额也同样与日俱增。现在大方白族订婚，可不是一壶酒就能敲定的了，要“三金”即“金戒指、金耳环、金项链”。条件好的，还要加上房子、车子及一定数量的彩礼钱，彩礼钱要几万元到几十万元不等。

除了订婚的礼金，女方家的陪嫁也很讲究，除衣物、首饰外，有土地的富人家，还要陪送一亩田或地，但土地在将来女方死后还要退回给女方娘家，俗称“姑妈田，姑妈土，姑妈死后还原主”。女方家的陪嫁还需有“三柜”，即“银柜”“碗柜”“衣柜”。“银柜”打开分上下两层，下层放衣服，上层放酒，目的是让来新房参观的人一打开柜子就看到有酒有物，意喻新娘生活富足。“碗柜”表示女方来到男方家，如果男方的父母要求分家的话，女方也有装自家碗的柜子。而“衣柜”则表示女方不缺衣穿，同“银柜”一样表示女方家衣食富足。三样加在一起有祝福之意，寓意有箱子、有柜子、有儿子。

现在女方家的陪嫁，已从“三柜”发展到“新四件”，“新四件”是冰箱、彩电、洗衣机、摩托车。条件好的已经陪嫁汽车了，有些家庭还会陪嫁房子。

三、婚礼仪式的变化

传统的婚礼程序非常复杂，有迎亲、发亲、进亲、“回喜神”等一系列仪式，每项仪式都有讲究。

（一）迎亲

迎亲前一天，男家要请人到女方家过礼。礼物中有一对“梳头鸡”和用谷草编成一串的6个红鸡蛋。女方家按先生择定的日时和坐向，请一童子结发、夫妻双全、脾性贤惠、属相与新人匹配吉利的中老年妇女为女方梳头。未出嫁的女儿在当时被称为“毛脸姑娘”，梳头的人要用红棉线帮女方剃掉脸上的苦毛，寓意拔掉辛苦。梳头时要摆“梳头鸡”，并在神龛边上供红鸡蛋。还要有梳头菜，梳头菜为一块肉，一般长1尺，重约0.5斤。“梳头鸡”要一公一母，梳过头后，“梳头鸡”中的母鸡要被带回男方家，男方家要把它喂大，不能吃，直至女方生小孩以后，才可以吃。“梳头鸡”和红鸡蛋在用过后均要退回男方家。

迎亲队伍到了女方家，新人动身之前要“哭嫁”。有的人家在订好日期结婚以后就开始哭，大多在新人起身之前哭。有哭几个月的，也有只哭一天的。哭几个月的，平时家里有人来做客就开始守着客人哭，客人走后，又继续下地干活；而哭一天的，就从新人起身之前哭到接亲以后，离开自己家看不见自己家的房屋为止。“哭嫁”时有时还需要有人劝，需男方家来接亲的人劝说，“不要哭了，已经看不见家了”，这个时候女方才停止哭。“哭嫁”时的说词是由姑嫂或姨妈等人早就教好的，也有的不用教，临时发挥。哭词的内容多是不忘长辈的养育教诲之恩，不忘与其他人相互间的友情，对媒人、接亲和送亲人表示感谢等（若是女方不情愿的，哭词便多有对媒人的谴责语）。比如，“头步二步下牙床，三步四步出绣房；出了绣房人又多，姊姊妹妹把我拖，姊姊妹妹放开手，前辈老人新得有”“我的妈，阳雀开声我开声，阳雀开声在树梢，小女开声在房间，篷倒大树好遮荫，篷倒爹娘好宽心，篷倒大树要落叶，篷倒公婆好造孽”。

（二）发亲

接亲人数一般以 4 人、6 人、8 人为主，以 4 人为最佳。接亲的人去接新娘的时候是坐轿子，回来时坐滑竿；去接的时候，接新娘的轿子里要有个压轿娃娃，压轿娃娃胸前要挂个宝壶，宝壶里装些碎银子，接回来的时候宝壶要给新娘挂，意为保平安。

一般来说，男方家去多少个接亲的人，女方家就要来多少个送亲的人。接亲的来了以后，要先到女方家的桃屋进行祭祖仪式。男女双方都有主持人。

祭祖一般在女方家的桃屋举行。

临出门时，先要在中堂拜别神祖、父母及众亲友，再从摆在大门槛上的马鞍（俗称“上马鞍”）上跨过。在迎亲和送亲队伍中，男方家请的本民族乐师一路上要吹唢呐、敲锣鼓。

女方出门的时候，父母不起身相送。出发的队伍顺序是，接亲的人在前，新娘在中间，送亲的人在后面。

如果在接亲的过程中对头碰到另一支接亲队伍，两个新娘要互换手巾帕，以表吉利；如果碰到相向的，需抢路，表示吉祥。如果在接亲的过程中遇到办丧事的，要让路，不能猜测也不能谈论，但亦表示吉利，因为寓意别人已经帮自己把丧事办了，丧事办过后即为喜事。

实际上，在发亲的过程中，会有人“偷喜”，男方家在接亲的过程中会先探路，如果知道有过桥的地方，会事先到桥下查看，看是否“干净”，因为如果有的人家缺少儿女，又知道今天有新人会从这里过，就想“偷喜”，便会找先生画一道符放到桥下，新人只要踏过符，再把符带回家，放到枕头底下，或者是放在身上，就能借到喜气。这种方式不是害新娘，只不过是想借个喜，但是作为办喜事的人家，是不希望被借走喜气的，所以，男方家会找一个精明的人探路，在过桥之前到桥下查看，如果有符，拾起扔掉就可以了，对新娘及办喜事的人家并无影响。

（三）进亲

进亲前，男家要请一对童子结发、贤德、儿孙满堂、属相与一对新人匹配吉利、儿女双全的夫妇，按先生择定的日时和方位安喜床。喜床的四脚各垫一双新筷子，寓意顺顺利利、早生贵子。喜床安好后，安床的人要说“四句”（祝福性押韵的四句话），还要请一耕读人家、父母双全、大概八九岁的童男睡新床，叫“压喜床”，以示吉祥。之后便锁上新房门，不让任何人再进新房。

进亲的过程中，要“回喜神”。“回喜神”时，先生要念：“十七十娘，天地开张；新人下轿，车马回乡”。新娘快到男方家时，在男方家门口的岔路口，要先停下来，男方家会事先在岔路口摆一张凳子，女方到了以后，要下轿坐在凳子上，坐的方位由先生来定，一般是按八字和时辰来测算方位和坐向，坐好后，先生要先倒一杯酒洒到地上，烧点纸钱、点香，然后杀一只鸡，将死鸡从女方的头上依顺时针方向绕三圈后，从女方的头上逆甩向女方来的方向，寓意孝敬女方家过世的老人。传统认为，在进亲的过程中，女方家过世的老人也会一起来送女方，因此，要倒酒洒地上、点香烧纸、杀鸡，这样做的目的是孝敬女方家的老人，以此来招待女方家老人，让他们放心，并请他们回去。

女方脚不能落地，要用席子铺路给女方走，到男方家大门口时，大门口的门上要挂一面镜子，寓意“挡煞”。新郎在这个时候接过新娘，搀着新娘跨过摆在大门门槛上的马鞍（叫“下马鞍”）进屋；再踩过一张装满粮食的斗，寓意五谷丰登、魁星踢斗，希望将来子女能读书上进；斗上摆一杆秤和一把刀，秤寓意新娘心地公平，对待男方一家老小一视同仁，而刀寓意新娘对爱情忠贞不二，刀斩不断。之后新郎与新娘双双站好，按先生的“口令”拜谢天地、神祖、高堂（男方父母）、亲友等，之后进入洞房。在送新人入洞房的过程中，有“抢座”的习俗，即男女双方在进新房后，谁先坐到床上，以后便是谁当家。在这个过程中，乐师们仍要吹唢呐、敲锣鼓，在场的男女老少多随鼓乐声载歌载舞，尽情欢乐。

在过去，传统的婚俗一定要经过说亲、订婚等过程。现在的年轻人，经过一段时间的了解，双方愿意缔结婚姻，又经过双方父母简单的见面应允之后，直接简化为结婚。而酒席也由原来的流水席变为现在的酒店婚礼，省去很多繁杂的过程，婚礼变得简单易办，但是也使传统礼仪中的一些文化礼仪随之淡化并逐步消失。

传统的迎亲，要经过“回车马”等一系列复杂的程序。随着人民生活水平的提高，青年人对婚姻有了更高的追求，用于迎亲的交通工具也越来越先进和高质量。二十世纪五六十年代使用的迎亲交通工具以拖拉机为主，现在的迎亲交通工具以轿车为主，所用轿车越来越豪华，迎亲规模也越来越大，特别是头车，都以红色宝马跑车、奥迪A6、奔驰、悍马等为主，迎亲队伍的排场越来越大，婚礼规模越大越能体现新人家的经济条件优越。

四、礼金数额的变化

早期“礼物”的表现形式：一种是送贺礼，比如毛巾、脸盆、背面、白酒等；一种是送牲畜，比如鸡、鸭、鹅等；还有一种则是送“红封”，数额5—10元不等。随着经济的发展，青年人大办酒桌宴席，送“红包”也随之兴起并成为主流。根据笔者的长辈回忆，“（二十世纪）五六十年代的大方，礼金大致为每人2—5元，到了七十年代10元较多，八十年代后涨到20元，九十年代已达50—100元”。笔者在大方对白族婚礼进行调查时，看到白族老人肖永昌家的“礼尚往来簿”显示了这样一组结婚礼金的数据：“赵明宇50元，赵贤柱50元，彭佳敏500元，何兴武500元，何兴元500元，彭尚书500元，曾庆才50元，曾凡荣100元，赵明磊100元，付卓50元，赵建辉50元，薛洪涛60元，熊明琼100元，赵毅

100元，刘松100元，张明军100元，杨思甫100元，李华100元，赵仲僕100元，孙涛100元，周玉强100元，龙玲琳50元，高安荣100元，赵连俊100元，黄以俊50元，肖发祥30元，赵明全50元，韦应华60元，龙忠文100元，白祝兵50元，赵兵100元，余议华200元，陈永军200元，王长春300元，肖明彤300元，肖明举300元，高成100元”。所来宾客均以红包为礼物，少则30—50元，多则上千元，其中以100—200元为主。红包的多少也间接体现出客主之间的交情深浅。同时，办宴席的一方会将送礼人的名单及金额清楚地记录在专门的“礼尚往来”本上，以寻找恰当的时机予以回报，有的甚至会根据“礼物”的多少适当挂些“彩头”。

五、思考与分析

“文化变迁，就是指或由于民族社会内部的发展，或由于不同民族之间的接触，因而引起一个民族的文化的改变。”①婚姻习俗是随着社会经济结构的变化而变化的。随着社会的发展，人们社会生活水平提高，现代科学技术广泛使用，电影、报纸、电视等已深入人们生活的各个层面，拉近了偏远地区与文化中心区的距离，交通方便了，与外界的联系也多了。大方白族村里的人一部分因为升学的原因，走出大山。接触外面的世界，见识广了；而另一部分则因外出打工等也走出了农村。村里人均年收入大大提高，人民生活水平得到了改善。再加上信息获取成本的降低，女性的解放，婚姻的社会性因素增强，婚姻的选择更加理性，家庭的基础更加牢固。经济的发展对旧的习俗产生了极大的冲击，这里的青年男女从交友谈恋爱到结婚生子，一系列过程都发生了极大的变化。经济的发展加速了人们之间的往来，青年们的视野开阔了，以前婚俗中的一些烦琐的礼节也逐渐被淘汰。

---

① 黄淑聘，龚佩华．文化人类学理论方法研究［M］．广东高等教育出版，1996：211.

参考文献：

[1] 黄淑聘，龚佩华 . 文化人类学理论方法研究［M]. 广东高等教育出版社，1996.

[2] 鲍宗豪 . 婚俗与中国传统文化［M］. 广西师范大学出版社，2006.

[3] 汪玢玲 . 中国婚姻史［M]. 上海人民出版社，2001.

[4] 费孝通 . 中华民族多元一体格局［M]. 中央民族大学出版社，1989.

[5] 绫部恒雄 . 文化人类学的十五种理论［M］. 国际文化出版公司，1988.

[6] 杨昌儒 . 义务馈赠：布依族的一种生活样式［J］. 贵州民族学院学报，2004(1).

[7] 田贤会 . 在交换中沉浮的中国女人［J］. 贵州民族学院学报，2009(1).

[8] 张春艳，李凤英：中国当代婚姻仪式及消费习俗的变迁［J］. 文化学刊，2009(6).

[9] 李树翠 . 滇东南彝族婚姻仪式变迁研究［J］. 文山学院学报，2010(6).

[10] 罗家丽 . 滇哈尼族丧葬活动中"礼物"交换与莫斯的交换论［J］. 恩施职业技术学院学报，2006(2).

[11] 徐文亮 . 豫北婚姻文化变迁［J］. 法制与社会，2012(2).

[12] 桂华，余练 . 婚姻市场要价：理解农村婚姻交换现象的一个框架［J］. 青年研究，2010(3).

[13] 逸民 . 辛亥革命后中国婚姻家庭观念的变迁［J］. 中华文化论坛，2003(1).

浅析麻山苗族的“刀耕火种”

金潇骁 *

摘　要：“刀耕火种”是麻山苗族的传统生计模式，这种生计模式在过去的几个世纪里不仅使这支苗族得以稳态延续，也没为他们的居住环境带来生态危机。民族生存方式是本民族基于自身环境所做出的文化选择。我们必须秉持文化相对主义的观点，不能简单地用“先进”和“落后”、“好”与“坏”这样的价值观去评论某一个民族的文化运作。本文将从土壤的利用、保水技巧、肥料获取等方面探讨麻山苗族“刀耕火种”的文化适应。

关键词：麻山　苗族　适应　刀耕火种

“刀耕火种”，也叫“烧畬”，意为烧荒种地之田，是我国古代文献对烧荒耕种农业的简称，如杜甫《秋日夔府咏怀奉寄郑监李宾客一百韵》中的“煮井为盐速，烧畬度地偏”；刘禹锡《竹枝词九首之九》中的“银钏金钗来负水，长刀短笠去烧畬”；陆游《村舍》里的“山高正对烧畬火，溪近时闻戽水声”。用刀子和斧头砍伐森林或植被，就是所谓的“刀耕”；而将砍伐晒干的树木焚烧之后栽种农作物就是“火种”。“刀耕火种”在古代也被称为“刀

* 金潇骁（1984— ），苗族，博士，贵州民族大学民族文化产业发展研究中心副教授。研究方向：民族学、人类学。

耕火耨”或“畬田”。“耨”是清理杂草的意思，“畬”即烧的同义词。在一些地方（如云南）的古代文献中都使用“刀耕火种”来记录少数民族的这种生计活动。

贵州的麻山地区属于典型的喀斯特山区，很早便定居于此的黔中南支系麻山亚支系苗族的传统耕作方式就是“刀耕火种”。当地苗民称传统的刀耕火种为“烧畬”或“烧小米”“烧红稗”。从事刀耕火种主要是在峰丛洼地的环形石山的山脊上，种植的对象是各种耐旱的作物。要进行农耕必须具备三个条件，一是土，二是水，三是肥。麻山苗族的刀耕火种体系自然也具备这些条件，这其中还蕴含着许多与喀斯特地区环境相适应的生态智慧。

一、土壤的生成与利用

在麻山这样的喀斯特地区地表土壤奇缺，原因之一是石灰岩成土速率慢，而更为重要的原因在于岩石的差异性溶蚀过程造成的双层空间结构引起了土壤的丢失，这里所谓的“丢失”并不是土壤的凭空消失，而是土壤堆积于地表之下或岩石裂缝之中，形成的土被不连续，地表基岩裸露，这就是自然形成的石漠化景观。所以，说麻山地区缺土并不十分准确，该地区实质上是一种石夹土或者土包石的土壤二元赋存结构。在麻山地区峰丛洼地的石山山脊地带都可以发现一些溶蚀坑（洞），里面往往都有泥土堆积。土壤堆积量大多与坑的大小和深度成正比，如果植物种子恰巧落入这样的坑中，就可正常发育生长。当然这种概率非常小，但是生态景观的形成需要一个很漫长的过程，而不是某一个时间点，所以，只要有足够的时间积累，在山脊上这些大大小小的坑（洞）之中形成稳定的植被群落是完全有可能的。而且，植物的茂盛度与坑中的土壤堆积量也成正比，所以在麻山，可以根据植物的生长状态来判断地下的土壤情况。由于山体坍塌，大量的岩石滚入堆积在洼地环形山麓区域，不仅覆盖了坡面原有的土层，而且还形成了厚薄不一的乱石堆积层，其上不可能有土壤覆盖。因而麻山的喀斯特峰丛洼地会出现落水带、盆底带、砾石堆积带、坍塌后所致的绝壁以及峰丛山脊等五种景观。“土壤”被砾石掩埋，岩石封存，基本无法利用。当然，只要土壤不被完全掩埋，它就具有生长活性，能够生长出茂盛的植被。而当地苗族百姓正是很好地利用了这些地下与夹缝中的土壤来维持生计。

麻山地区常见的农作物主要是各种杂粮和豆类，比如，小米、红稗、玉米、燕麦、天星米、薏仁米、南瓜、芝麻、苏麻、饭豆、绿豆、扁豆、马料豆、红薯、菜豆、豇豆、豌豆、荞菜、高粱、苎麻，等等，这些作物真的都是“有机作物”。在转基因食品饱受争议的今天，能吃上这些作物实属难能可贵。选种这些作物，笔者认为也许和苗族的族源有关。在《黄帝内经》中，五谷被定义为粳米、小豆、麦、大豆、黄黍。而在《孟子·滕文公》中五谷则指稻、黍、稷、麦、菽。由此可见，稻谷、麦类、豆类都是最早进入古华夏族食谱的作物。苗族的族源可追溯到黄河下游的东夷部落，其所选取的生计作物自然与古华夏部落有相似之处，虽然经过多番迁徙，这样的传统还是多多少少保留了下来，可不承想，这与麻山这样的喀斯特地区的生态环境却也高度契合。仔细观察这些作物的种子，有的颗粒较小且呈圆形， 比如，天星米、小米的种子，直径都小于 1 毫米，这样，当种子被撒到地上后，便会滚落到岩缝中去。一些豆类的种子虽然直径稍大，但也接近圆形，在地面也容易滚动，对此类作物往往可以进行撒播。观察当地的一些岩缝，便可以看到密集生长于其中的作物幼苗。而且这些作物大都属未完全驯化的品种，野性尚存，即使没有有意识地种植，种子自然落地后也可以长出幼苗，但若为了控制作物的产量和搭配比例则还需人工干预，这倒节省了不少人力。以天星米为例，它的结种量较大，单单是收割中零星散落的种子便已经足够来年出苗的需要了。还有薏仁米，虽然种子颗粒较大，但它的根有再生能力，头年收割后，第二年仍可以自然成苗，事实上只需人工播种一次，不需要每年播种，就可以确保连续几年正常收割。豆科植物成熟后，豆荚会自动裂开，种子散落很容易滚入岩缝，来年自然成苗。笔者在麻山调研时，对苗族人种植的作物特别好奇，如“鸡爪米”，在没有经过“打谷子”前其状如鸡爪，取名十分贴切。又因为其粒很细小，犹如满天繁星，所以它也还有一个比较文雅一点儿的名字——“天星米”。笔者试图了解这种米到底是什么，也许属于地方土特产的缘故，与之相关的文献记载并不多，只是在李心衡的《金川锁记》中找到这样一段记载：“俗喜艺天星米，一名喇嘛苏，米如黍粘，可作粮食，叶茎霜红，如老少年。”总体而言，这种粮食吃起来比大米要黏糯一些，是麻山苗族的传统食物，据说蛋白质含量要比普通大米高得多，并且可以一物多用。

一些作物的种子并非圆形，颗粒又较大，对于这类作物，只能是人为选择岩缝进行播种。例如豌豆、扁豆、南瓜等，要凿开窟穴进行播种，高粱则要戳洞点播等。但不管是撒播还是点播，都需要通过地表岩缝中长出的植物种类及其生长样态，才能判断岩缝下方的土壤厚度，溶蚀坑洞的大小能支持什么样的植物正常生长，搞清之后才能保证农耕的顺利进行。

根据麻山苗族不同人的口述经验，有学者归纳出以下几条苗族百姓判断土壤的经验性条规：

其一，凡是岩缝中能长出块根类的野生藤蔓植物，而这类植物生长状况又相当良好，那么该岩缝下一定隐藏着较为深厚的土层，此处不仅可以播种农作物，还能种植乔木树苗，甚至能长成参天大树。标志性植物有何首乌、藤蔓棕榈、岩豆、金银花、藤竹，等等。其二，关注拔茅草一类的禾本科丛生植物的生长形态，拔茅草丛如果能长成半球形，而且在连续天旱时，茅草叶不会内卷，那么该茅草丛着生的岩缝下方一定有宽大的溶蚀坑，坑内填满了泥土，该岩缝也可以种植作物。其三，观察岩缝四壁的苔藓植物，如果这些苔藓植物不会内卷，不管晴天还是雨天，色彩都呈碧绿色，那么苔藓着生的岩缝下也有深厚的土层。其四，看岩缝的走向，只有纵横岩缝的交错点下方会有较大的溶蚀坑，并储藏着深厚的土层。

有的学者在归纳岩溶地区缺土的原因时认为是成土速率慢，这是由于石灰岩会发生溶蚀作用，坚硬的岩石会以液态形式被流水带走，只有岩石中的二氧化硅才有望成为土壤基质，但二氧化硅在岩石中的含量极低，因此难以成土。但是对于麻山当地的苗族人来说，除了利用岩缝中的土壤，他们还有自己的两种成土方式，一是生物成土，即利用苔藓、杂浆草及很多景天科植物根部分泌的有机酸对石灰岩造成腐蚀来形成有机酸钙和有机酸镁，这两种化合物是土壤形成的重要基质，所以在当地，长着苔藓的地方下面必然积淀着厚厚的土壤；二是火焚成土，即用火焚烧石灰岩岩体，将其表面的碳酸钙转为氧化钙粉末，这样的粉末遇水并吸收二氧化碳后，又会转化为碳酸钙或碳酸镁颗粒，这样的颗粒被冲入岩缝后，也会成为土壤基质的一个构成部分，所以当地有“土越烧越肥、越烧越厚”的说法。

二、水的利用与保水技巧

到麻山调查时，笔者发现，在这样一个被普遍认为极度缺水的地方竟然栽种着水稻。水稻是喜湿润的作物，那么在这样一个缺水的环境下，水稻是怎样存活的呢？这与麻山特殊的气候小环境密不可分。从南海和孟加拉湾吹来的暖湿气流沿着望谟县境内的麻山、乐旺一带的斜坡爬升而形成雾气，有时浓雾会连续四五日不散，秋冬季节更为明显。所以，空气的湿度是比较大的，以至于把收割的粮食晒干显得极为困难。因此，苗族居民只好把玉米留在地里，不收割进粮仓，只是把玉米秆掰弯让玉米吊在玉米秆上，等待深冬天晴玉米晾干以后再收割。地势较高的地方，浓雾天气相对较少，但起露的日子却非常多，这是因为此地带不仅湿度大，而且昼夜温差也大，所以春、夏、秋三季的露水丰富。石头上常常挂满露珠，状如出汗，因此，当地人晾晒的衣物和粮食，也习惯性地要在太阳落山前收回，避免受潮。所以，雾气与露水成为当地作物的水源之一。

麻山地区每年降雨量并不少，达1300毫米以上，但由于地形属于漏斗结构，地表与地下溶洞相通，而含水能力再强的土壤，都不可能储存超过自身重量五分之一的水分。所以，极薄的表土不仅不能有效地储存水分，反而被降雨冲入了地下，因此，降下的雨水落在光秃秃的岩石面上，便很快挥发，根本难以长时间留存于地面之上。在这种背景下，植物只能靠自己来储存水资源。在植物中能够大量储存水资源的主要是苔藓植物，它们生长在裸露的基岩和砾石表面，可以积生得很厚很厚。苔藓植物储集大量水资源的特性不仅可以满足自身的生长需要，还能够供给其他植物生长所需。但是，苔藓类植物的生长往往需要一个屏障，使其避免被阳光直接地高温烤晒，而藤蔓植物、匍匐植物则是这个屏障的最佳选择。在麻山，苗族居民锻造出来的生存智慧之一就是积极地利用藤蔓植物、匍匐植物来增加对地表的覆盖。藤蔓植物、匍匐植物的根系能深深地钻入岩缝中，通过汲取岩缝中的营养而顽强存活，逐渐包裹住裸露的岩石，如同层层绿地毯覆盖于地表之上。苗民们在生产活动中发现，只要有效地增加地表植物的密度和厚度，地表温度就会降低，地表植物层之间的水蒸气饱和气层就会相应增加，在遮荫与水蒸气饱和气层稳定的地带，苔藓类植物生长得比较茂盛，也就非常适宜种植庄稼，并能获得好的收成。所以，他们在种植农作物时，一般辅种大量的丛生类植物，这样既能防止山石下滑，稳定喀斯特地区松散的基岩，又储存了土壤的水资源，较好地缓解了岩石荒山水土难保的生态缺陷。

此外，溶蚀湖也是重要的水源之一。《百苗图》中“克孟牯羊苗”清晰地描绘出苗族妇女在溶蚀湖底部汲水的场景，足以证明早年的麻山地区饮水资源并不像今天这样匮乏。不过时至今日，很多溶蚀湖已被人为排干，这也是导致今日石漠化加剧的重要因素之一。当然，就麻山的作物来说，本身都具有耐旱、耐寒的特性，短时间的干旱只会导致卷叶，不会明显减产，如天星米、芝麻、引子等，即使它们的叶片被晒枯，主干和分枝也可以重新萌发新叶，因而，受旱后不会明显减产。

三、肥料的获取

麻山苗族对肥料的获取，拥有着很明显的生态适应智慧。笔者认为烧畲的最大用处就在于获取肥料。一方面通过烈火的焚烧，可以将石头中的营养元素降解于土中；另一方面利用植物根茎的不同特性进行搭配，使作物能够充分吸收土壤中的养分，当植物被火烧为灰烬，其所含的各类营养元素也自然铺散于土壤里以滋养其他作物。对此，学者杜薇进行了概括与阐释，使笔者在调研中所获得的感性知识得到科学而系统的理论支撑。她认为在贫瘠的土壤条件下，麻山苗族通过多种方式来满足作物对肥料的需求。例如，在同一块地域内将多种作物进行搭配种植。不同作物根系有深浅之分，作物可从不同深度的土壤中吸取矿物质，像天星米等某些豆科作物根系就比较深，它们能从深层土壤中吸取磷和钾等养分，并在枝叶中储蓄；在烧畲过程中，磷和钾附着于灰烬之中又回到表土，从而满足其他作物的需求。同时，通过烧畲，种类繁多的根深野生植物，也能够把从土壤深处吸收到的磷和钾等肥分，通过灰烬提供给其他作物使用。可见，苗族百姓制作肥料的一大智慧就是利用作物根系从土层深处提取所需要的肥分。又如，播种前的烧畲，苗民强调必须烧透，要将地表裸露岩石烧得表层软化或炸裂。焚烧之后的基岩表面可形成石灰，石灰被水溶解后，磷和钾等养分就能被作物吸收。再如，苗族百姓利用轮歇耕作来获取肥分。他们让某些伴生植物，如苔藓类以及蕨类植物尽量生长，因为这些植物在生长的过程中会分泌有机酸，有机酸不仅能够腐蚀石灰岩，还能吸收与储存石灰岩中微量的磷和钾等养分，在烧畲过程中这些微量元素会被释放出来，以满足其他农作物的生长需要。所以当地苗族特别看重灰肥的功能，在耕作时把草木灰和种子混合在一起播种，这样作物能吸收到稀缺的磷、钾等养分。“烧小米”通常在农历二月期间进行，将灌丛、杂草贴地面砍倒，并架空在岩缝上，摆放很有规律，必须形成所谓的“过火通道”。接下来需用几个晴天将其晾晒，使之彻底干透。清明前后，在预测将会下雨的前一天下午，于山脊下方开始点火，柴草的火势顺着“过火通道”蔓延，当把所有架空的柴草烧遍之后，山崖土石基本被烧透。火熄灭后，岩石、灰烬以及土壤逐渐冷却，这时，乡民们赶紧把小米种子直接撒播到过火山脊坡面的灰烬土壤之中，等待大雨降临之后，小米会自然发芽且蓬勃生长。对此，明代江进之有《黔中杂诗》点赞此生计智慧：“耕山处处皆凭火，出户无人不带刀”“绝壁烧痕随雨绿，来年禾肥入春香”。很有意思的是，笔者在与当地的一些苗族百姓交流时，发现他们不喜欢直接使用厩肥，一定要待土地烧过后才施用，这与科学认知相悖。但这正如杜薇解释在高度石漠化的地段，厩肥很难充分降解，不失为苗族百姓获取肥料的智慧。

四、关于“刀耕火种”的争论

在关于生态环境的争论中，环境破坏论者全盘继承了“刀耕火种原始论”的观点，认为其“原始”既是造成森林破坏的根源，也是应该将其取缔的理由。而且，即便承认刀耕火种是“农业”而不是“陋习”，也不能因为少数人的利益而大规模地破坏具有无可替代珍贵价值的亚热带热带雨林。对此，尹绍亭教授在1987年举办的“热带农田与森林国际学术研讨会”上发表了题为《基诺族刀耕火种的民族生态学的研究》的论文，否定了长期以来有关刀耕火种的“破坏论”。然而有学者指出，根据统计资料，西双版纳的森林覆盖率在20世纪50年代以前曾高达65%，如果说刀耕火种不破坏森林的话，那么为什么短短40年间西双版纳的森林覆盖率便迅速减少到28%？这种质问实际上是完全站不住脚的，西双版纳的刀耕火种进行了几千年，迄至20世纪50年代森林覆盖率尚高达65%，而其后短短40年间便下降到28%，原因显然不在刀耕火种，由此可知，认定刀耕火种是“森林杀手”和破坏森林的“罪魁祸首”之说，确实很值得商榷。尹绍亭在1990年出版的《一个充满争议的文化生态体系——云南刀耕火种研究》中，明确提出了“当代的刀耕火种是亚热带、热带山地民族对于其所处生态环境的适应利用方式”，这在当时的中国学界可谓离经叛道的观点；并且他还指出，在尚无新的生计方式可以替代刀耕火种的情况之下，急于禁止和取缔刀耕火种，结果将适得其反，将会造成更为严重的生态和文化的破坏。

笔者非常赞同尹绍亭的观点，民族生存方式是本民族基于自身环境所做出的文化选择。不同的民族生存环境千差万别，生计方式也会形形色色，因为民族生活环境中的生态、地貌、地质以及气候等都会对其生计方式产生极大影响。在不同的生态环境条件下，民族成员共同建构的生计方式，在获取自然资源的过程中，具有保障其生存的专用性与可调适性，不同生态环境中诞生的民族生计方式，在利用或获取自然资源时有各自的特色，所以我们必须秉持文化相对主义的观点，不能简单地用“先进”和“落后”，“好”与“坏”这样的价值观去评论某一个民族的文化运作。从麻山的实际来看，虽然它现在是严重的石漠化地区，但其在历史上却是一派茂林丛生的生态景象，因为就麻山的原生环境而言，降雨充沛，阳光充足，积温较高，算得上是夏无酷暑、冬无严寒，因而可以支持亚热带到中温带的多种植物的和动物生息繁衍，可以形成茂密的常绿阔叶林，针叶、落叶混交林，正如田雯的《黔书》所载，当地人“好依深林荐莽之间”，表明麻山当地人在茂林中的稳态延续了长达几个世纪。再如，麻山地区洞葬中棺木所用的材料都出自构树、栲树，甚至楠木，这些棺木材料质地坚硬、板材厚重。考虑到古代苗族居民只能就地取材，由此也可推知，早年这一地区应该有着茂密的森林。现在，麻山仍存活着一些被当地人当作神树的古树，它们的直径均在 1.5 米以上，这也是一有力的佐证。而麻山地区的石漠化现象，即使到了 20 世纪 50 年代，曾在麻山宗地做调研的陈涛（林耀华的学生），王辅仁的夫人应林等人在民族志调研记载中还表述说：麻山地区的水谈不上秀美，但山依然还是青葱的，那时整个山坡上的植被覆盖率还算厚实，明显的岩石裸露还没有形成大面积成片状况。事实上，麻山大规模的石漠化是 20 世纪 60 年代以后的事情。这与麻山政治、经济变动和其他民族文化要素介入有关，这些都可以说明传统的刀耕火种并不是酿成石漠化等灾变的元凶，相反，在麻山生态体系下的这种生计方式其实蕴含着很多的生存智慧。学者田红认为麻山的刀耕火种利大于弊：

“一方面，通过火焚，可以将石灰岩崩解，将表层烧成石灰，有利于在降水的作用下，迅速分解为土壤基质，能够有效地补充喀斯特山区来之不易的土壤来源。另一方面，在这样的石山山脊，石缝中夹杂的土壤极为有限，野生植物特别是灌丛和乔木，由于需水量较大，根本无法形成茂密的丛林，即使不刀耕火种，长出的树木也是千年不长的‘老头树’。灌丛在旱季时，都会自然落叶。事实上，其生长样态仅是苟延残喘而已。密集的农作物撒播，只要抓住降雨前的有利时机，农作物生长的速度就会比野生植物快，而且长大后，能有效地抑制野生杂草的生长。因而，说刀耕火种会摧毁丛林，在这样的地段缺乏基本事实根据。再一方面，由于这样的刀耕火种没有触动陡坡区段的山地丛林，因而即使强降雨造成水土流失，下泻的土粒会被陡坡丛林完全截留，不断地增厚陡坡地段的丛林，而不会白白地泻入地下溶洞。再者，山脊地段的石山区，土壤都紧紧地镶嵌在石缝中，还有野生植物和农作物的根系护持，一般性的强降雨并不会造成土壤基质的流失。因而指责在这样的区段实施刀耕火种会造成大面积的水土流失，同样缺乏事实根据，因为在这样的地段基本上无土可失。”

文化适应的特性表明，在人类生态系统中，人类通过各种社会组织形式和技术等文化手段谋求实现对自然生态系统的最大限度的控制和利用，而在自然生态系统的反作用之下，又不得不通过文化的手段尽可能地适应自然，并避免使自然生态系统遭受到人为的破坏。从这个意义上来看，人类的任何事物生产方式或生计方式都不是简单的向大自然的攫取，而是“文化”的行为。以此观之，刀耕火种也应是一种文化，是森林民族创造的独特森林农耕文化。所以“刀耕火种破坏论”在麻山地区并不具有科学依据。

五、结 语

一个族群的生计方式作为其文化子系统，必定与该文化体系中所共生的其他子系统，诸如制度、观念等保持密切联系，通过连接，生计方式与相关的文化因子相互配合，相互促进，形成一定的关系网络。在这一网络中，生计方式不仅连接着特定文化，而且相互之间还具有共生互联的文化特质。所以，生计方式一定是文化的重要组成部分。由此推论，当一个族群在模塑一种生计方式时，实际上就是在选择、确定一种适合于该族群生存的文化，而一种族群文化的建立，必然与其生态环境相联系。由此，在面对当前各种生态问题时，从文化角度的介入显得很有必要。在麻山这样已经高度石漠化的地区，若能有效挖掘本土族群文化中的生态智慧，并加以保护、传承与创新，在一定程度上能为我们的生态治理工作开辟新的思路。

参考文献：

[1] 杨继红，王庆．中国试验区——科学发展观的“冶炼炉”［M］．社会科学文献出版社，2005.

[2] 尹绍亭．文化生态与物质文化论文篇［M］．云南大学出版社，2007.

[3] 尹绍亭．远去的山火——人类学视野中的刀耕火种［M］．云南人民出版社，2008.

[4] 杜薇．脆弱生态地区传统知识的发掘与利用——麻山个案的生态人类学研究［M］．西南交通大学出版社，2011.

[5] 吴正彪．贵州麻山地区苗族社会历史文化变迁考述[J]．守护精神的家园，2006（7）．

[6] 吴正彪．论社会历史变迁对地方性知识积累的影响——以贵州麻山地区三个支系苗族生计方式差异为例［D］．吉首大学．

[7] 石建中．《百苗图》与苗族的历史和文化［J］．中央民族大学学报（社会科学版），1997(1).

[8] 罗康隆．论苗族传统生态知识在区域生态维护中的价值——以贵州麻山为例［J］．思想战线，2010（2）．

[9] 罗康隆．麻山地区苗族复合生计克服“缺水少土”的传统生态智慧［J］．云南师范大学学报（哲学社会科学版），2011（1）．

[10] 田红．石漠化带生态恢复的难点及文化对策研究 [D]. 吉首大学，2009.

旅游开发下地方族群文化变迁与涵化理论的社会意义

王砂砂　李肖红*

摘　要：只要社会在发展，文化就会发生变迁。在旅游开发下的地方族群文化中，这种文化的变迁与涵化现象尤为明显。本文通过对旅游开发下地方族群文化变迁的研究，进而分析地方族群文化变迁与涵化理论下的社会意义，对我国地方族群文化传承与经济发展，及各族人民文化团结具有重要的理论价值与现实意义。

关键词：旅游开发　小族群文化　变迁　涵化　社会意义

文化变迁是文化人类学重要的研究领域，涵化是文化变迁的一个重要概念。在弄清楚什么是“文化变迁”之前，首先需要明确“文化”的具体所指。关于“文化”的核心定义，学界各派争论纷纷，始终未能统一观点。本文以人类学之父泰勒的经典文化定义为标准。泰勒认为，“文化，就其在民族志中的广义而论，是个复合的整体，它包含知识、信仰、艺术、道德、法律、习俗和个人作为社

* 王砂砂（1987— ），汉族，硕士，贵州民族大学人文科技学院助教。研究方向：文化遗产、文化产业；李肖红（1995— ），苗族，贵州民族大学人文科技学院在读本科生，研究方向：文化产业管理。

会成员所必需的其他能力及习惯”①。本文所指的文化是广义上的文化，既包括了“看得见”的物质文化，也包含了知识、信仰等“看不见”的精神文化。

文化变迁（culture change），指“或由于民族社会内部的发展，或由于不同民族之间的接触，因而引起一个民族的文化的改变”②；文化涵化（acculturation），指“由个别分子所组成而具有不同文化的群体，发生持续的文化接触，导致一方或双方原有文化模式的变化现象”③。本文主要以旅游开发为背景，从文化变迁与涵化理论的角度出发，对小族群文化进行理论探讨，并从中分析文化变迁与涵化理论的社会意义。

一、地方族群文化与旅游开发

本文之所以选择旅游开发这一视角研究地方族群文化变迁，是因为现今旅游业已上升为小族群地区主要的发展模式，同时也是我国西部地区的重要产业之一。

（一）旅游开发成为地方族群最常见的发展模式

在旅游业的快速发展中，地方族群文化也逐渐发生变迁。旅游开发前，多数地区族群文化未曾对外开放，仍封闭于重重叠叠的大山之中，一定程度上隔断了其与外界的联系。在封闭的环境中经过漫长岁月而延续下来的具有民族底蕴的文化，显得独特且具魅力，但封闭的空间也带来了当地经济的落后。虽然当地人仍能过上并不富裕但自给自足的生活，但也向往着能够享受现代化带来的丰富多彩的生活。在此基础上，旅游开发成为当地快速发展经济最便捷的选择，如郎德上寨。

郎德上寨是贵州黔东南雷山县西北部一个具有悠久民族文化的自然村寨，自1986年实施旅游开发以来，经济收入逐年上升。“据2009年初步计算，村民参与集体分配的收入（主要是歌舞表演所得收入），多的人家每月收入可达

---

① 黄淑娉，龚佩华．文化人类学理论方法研究［M］．广东高等教育出版社，2004：9.

② 同上书，第16页。

③ 同上书，第223页。

一千二三百元，少的人家每月可得两三百元；家庭旅社和‘农家乐’餐饮接待两项，差的人家年收入在两千元左右，好的人家年收入上万元甚至更多；在工艺品销售上，每户农家月收入在200—500元。目前，郎德上寨的生活水平与周围寨子相比是最高的”①。自旅游开发以来，郎德上寨的旅游社区参与就一直采用“工分制”的形式，并且经过近30年的不懈努力，郎德上寨探索出了一套完整的利益分配“工分制”的模式。在旅游接待的表演总收入中，30%留给村委，用于旅游公共设施的开支；其余的70%按劳分配给村民，凭工分计酬。

可见，旅游开发的确能够带动地方小族群的经济发展。在深刻感受到旅游开发所带来的经济效益后，地方族群以选择开发旅游来拉动当地经济已成为一种趋势，同时根据地区人文地理环境来开发适合本民族经济发展的模式。无论是民族文化上的认同抑或“文化自觉”，还是经济上的快速发展，在旅游开发下越来越多的地方族群获得了从未有过的利益收获，这也使他们不再“默默无闻”，而瞬间变得家喻户晓，甚至迈向了国际舞台。旅游开发的优势体现的不仅是当地经济的发展，也逐渐提高了当地的知名度，使当地丰富多彩的民族文化走出大山，走出国门，迈向国际。

（二）旅游开发下的文化变迁与文化保护

旅游开发在带给地方族群经济发展的同时，也不自觉地对地方民族文化带来了潜在威胁。部分地区在发展当地旅游的过程中，频繁出现为更好地迎合游客，把不适宜于舞台表演的民间文化搬上表演舞台、把不适宜对外展现的神秘文化仪式公之于众的现象。比如，贵州黔东南州从江县加勉乡的“鼓藏节”埋鼓仪式，按照传统，在“埋鼓”仪式过程中，除了祭祀队伍，外人是不允许观望的，但现今，为了满足游客或是专家学者的需求，仪式过程已经对外开放。在迎合旅游发展的同时，当地民俗文化随之变得戏剧化，这些从生活中脱离而硬塞在舞台上的文化，形成了一种肤浅的文化表演形式。于是，人们开始呼吁保护地方族群文化，拒绝旅游开发。

---

① 李天翼．民族旅游社区参与的“工分制”［J］．贵州民族学院学报（哲学社会科学版），2010（2）．

在旅游开发过程中，民族文化保护的呼声越来越大。保护是必然的，但是如果认为保护古老文化就是要与现代文化相隔离，认为文化越古老越好，那也就没有了今天侗族大歌在世界上的盛誉。侗族大歌的发展就是一种文化变迁，却没有带来文化的损失与破坏，而是走上了国际舞台。简而言之，在文化保护的道路上不反对文化变迁，也不能因噎废食就此拒绝了旅游开发，开发是当地发展致富的一个有效途径。顽固的保护带来的不仅是文化的停止，甚至还可能是文化的消失，即使不是文化的消失一定是文化的停滞。比如，贵州省六枝特区梭嘎乡。

20 世纪 90 年代以前，梭嘎乡一直保持与外界隔离的状态，属于一个相对封闭的苗族群体村落。1988 年，梭戛生态博物馆在陇嘎寨建成开馆，成为亚洲第一座民族文化生态博物馆。生态博物馆建成以后，梭嘎乡不再有往日的宁静，这里来了一些搞研究的专家，多了一些慕名而来的游客，甚至还有一些来此购买文物的商贩。建立生态博物馆的目的是对文化进行保护。在保护文化的基础上，在遵循生态旅游原则的前提下，适度进行文化生态旅游的开发，让当地人民从中获益，再将经济增长投入到文化保护之中，从而形成一个良性循环的发展模式，以促进博物馆的生存与发展。保护文化，并不意味着反对一切常态的发展需求，然而在梭嘎文化保护中，却出现了一些扭曲文化保护的观念。比如一些专家认为，当地妇女长期下山背水上山的习惯形成的独特站姿与走姿是“长角苗”的特色之一，要保存这样的特色，因而提出拒绝引自来水上山。事与愿违，当初建管的目标并没有成功实现，至少没有做到完全保存专家所谓的“原始文化”。事实上，当地人想方设法向外来者出售本地特色工艺品，甚至出现了强行交易的现象，人们强烈渴望享受改革开放带来的便利，追求经济发展和生活改善。

梭嘎生态博物馆所遭遇的困境表明，文化的生命力在于随生活环境变化而发生的变迁。当地人民有脱离贫穷走向富裕，追寻现代化生活的权利。相反，如果采取一味的文化静止保护方针，不但不会成功，反而会引起人们的极度反抗，这是一种对待文化粗暴野蛮的行为。梭嘎生态博物馆的建立并没有使其拥有更多的文化传承者，相反还出现了文化传承人匮乏的现象。当下，寨子里 16 岁以上的青年劳动力几乎都外出打工，也许在外打工赚不到足够的收入，且因文化水平不高可能导致工作困难重重，生活有诸多不如意，但这些始终没有阻碍他们为走出大山、探索新世界而迈出的步伐。可见，只有给当地带来发展，才能留住准备外出的打工者，培养新的文化传承人。

二、旅游开发下地方族群文化变迁与涵化理论

（一）文化变迁与涵化的过程

涵化是文化变迁中一个重要概念。在涵化进程中，各文化差异程度不同，使各文化在接触时文化变迁走向不同，对不同文化的选择可能导致变迁后果的不同。关于文化涵化可能出现的结果：一是接受，即通过接触、选择、借用，接受了优势或有利的文化因素。在涵化过程中，如果这种接受是自愿的，称为“顺涵化”，反之则称“逆涵化”。二是适应，即引进了其他文化中优秀的或有利的文化因素，并结合自身特点协调发展，把接受过来的各种文化成分同自己传统文化体系的部分或全部协调统一起来。三是抗拒，即在涵化进程中，由于政治上过于强势，或是给文化的改变压力太大，变迁强度过硬，使被改变群体产生反感，表现出强烈的排斥和反抗现象。

经过涵化后出现的文化变迁结果是不尽相同的，两个或多个文化系统在长期相处发展后会出现结合、融合或同化的现象。涵化并不是一个被动的过程，更多体现的是一个文化接受的过程。两个不同系统的文化长期接触后，结合成一个全新的、独立的文化系统，在系统中出现你中有我，我中有你的现象；融合则是两个文化特质相互接触后，形成一个新的文化系统，这个新系统不同于原来的任何文化系统；同化是在两个文化系统相互接触后，其中一方文化被另一方文化所代替。简而言之，涵化属于文化变迁内容，且涵化的过程和结果是复杂、多样甚至是不可控的。

（二）旅游开发下的地方族群文化变迁

由于地方族群大多生活在经济欠发达地区，在文化和社会地位上均处于弱势地位，在与较为“强势”的发达地区相比较时，产生了一定的差距。旅游开发后，对各种异文化有了接触，特别是汉民族文化。面对各种外来文化的“侵袭”，小族群文化将面临怎样的处境？

斯图尔德的文化生态学理论进一步阐述了环境变化对文化变迁的作用。斯图尔德认为，“文化变迁可被归纳为适应环境，包含了技术经济、社会政治和

意识形态的这一核心制度即为文化核心，而在文化系统中文化核心的改变，将导致文化系统的变迁，这种变迁将使较弱文化涵化强势文化的文化特质和文化丛林，随之发生文化的变迁”①。

文化生态学向人们昭示：随着旅游开发的到来，势必带来地方族群环境的改变；为了适应新的人文地理环境，文化变迁成为一种必然过程。值得一提的是，在文化变迁过程中，决不可把边远地区族群、哪怕是小族群看作被动无助的群体，面对社会的现代化，他们必定会根据自己的特点，做出自主的文化解读与抉择，创造出属于自己的新文化系统，如湘西德夯村。

过去，德夯村村民的饮食以酸辣口味为主，饮食结构较为单调，以豆类、苞谷、红薯等为主要食物。村民有做酸汤、酸鱼、酸菜和腊肉等习惯。在做菜时，并不十分讲究食物的搭配和味道，一般煮熟即食。现今，在饮食方面，虽然当地依然保留了喜食酸辣的习俗，仍然会做酸肉、酸鱼和腊肉等，但在做菜的程序上却复杂许多，增添了许多新的内容。突破了曾经的禁令，开始吃狗肉、鸭子等禁食的食物；开始饮用啤酒、可乐和雪碧等酒饮；调味品也逐渐增多，使用酱油、味精、麻油、鸡精和各种香料；食物的来源也从曾经的自给自足转向市场供求。在这样的一种文化变迁下，德夯村食物品种呈多样化发展，村民饮食也变得更加丰富。

旅游开发后，地方族群为迎合主流文化者的文化习惯而对自己文化进行一定的变迁，但却始终保留自己最初的文化本质。正如德夯村饮食文化的变迁，虽然增加了些许东西，但并没有抛弃其传统饮食中最根本文化特征“酸辣”的饮食特色，而是在已有的文化基础之上，吸收了新的文化元素，成为一种文化再生产。

（三）地方族群文化变迁，一种融合后的“第三文化系统”

文化变迁是复杂多样的，也是人们难以预料和不可控制的。正如上文梭嘎生态博物馆的建立一样，建立之初是为了更好地保持文化的“原汁原味”，但

① 黄淑娉，龚佩华．文化人类学理论方法研究［M］．广东高等教育出版社，2004.

最终却没有得到最初想要的效果。任何文化的变迁都不再具有可控性，变化的途径与结果都是多样的。事物在发生文化变迁时，更趋向于选择融合的涵化过程，即两个不同文化系统的特质融合在一个模式中，形成不同于原来两个文化的第三文化系统。

“正如德里达给我们的启示：无论民族国家层面的大系统，还是民族国家内部的亚文化小传统，当面对西方现代化和全球经济化这一异质文化的时候，必定会把自己的文化传统作为‘前见’，带入异质文化的解读之中；于是，解读出来的东西就既不是原有的传统，也不是全盘照搬的西方现代性，而是把两者混杂在一起的第三种东西，即霍米·巴巴所讲的第三空间，也即我们所提出来的文化接触后产生的新差异。”①

旅游开发下的地方族群文化的涵化整合，就是一个“第三文化系统”的形成过程。所形成的第三文化系统，对于地方族群来说，不仅有利于当地旅游业的发展，带动当地的经济收入，同时还满足了游客的旅游需求，愉悦了其身心，也对原有文化的不足之处进行了一定的弥补。正如前文所介绍的湘西德夯村饮食文化的创新一样，在原有基础上为其原有较为单一的食材增添了新的内容，从而带来了味觉上的新体验。当然，这一过程并不是毫无章法的变迁，而是在自己本土特有文化的基础上，融入了“他者”较为先进的文化精髓。

三、旅游开发下地方族群文化变迁与涵化理论的社会意义

通过文化变迁与涵化理论的研究，分析旅游开发后地方族群文化变迁与涵化理论功能带来的社会现实意义。

（一）在旅游开发下社会主流文化与地方族群文化的融合比任何时代都更具活力

在文化变迁中，文化传播具有双向性。我国是有56个民族的大家庭，在文

---

① 陶渝苏，戴庆中，王良范．边界漂移与意义播撒—后现代视域下的地方族群文化变迁［M］．中国社会科学出版社，2011：3.

化上有所不同，并且各具特色。两千多年以来，各民族之间的交往与联系越来越密切，你中有我，我中有你，各个民族的文化都是中华民族共同体中不可分割的一部分，这是民族文化融合的结果。在西方世界已进入后现代社会的今天，地方族群文化不再惧怕与“他者”文化的交融，因为这已不是民族压迫的时代。在今天的中国，有党和政府的大力支持和保护，任何优秀文化都会在接触交流中被吸收、被保留并传承。于是，在内部环境与外部环境的驱动下，文化变迁也变得更具力度和影响力，它比以往任何时代的文化融合更快速、更疯狂且更具不可控性。

地方族群文化从经济、物质生活、语言、婚姻家庭，甚至精神生活等方面进行全方位的融合。经济上不再是原本自给自足的生产生活方式，而是出现了当代经济发展背景下的新型农业、工业和旅游服务业多种混合经济并存的经济格局；物质生活上，无论是服饰、饮食、居住方式都发生了变化，人们多着现代服装，吃现代饮食，住现代居室；在语言上，更多的村民会使用汉语，会讲普通话；婚姻家庭上，响应了当今社会提倡的晚婚、晚育，婚嫁范围也有所扩大，妇女地位有所提高；精神生活方式上，人际交往更看重利益关系，节日的形式及功能也有所变化，如部分节日活动在旅游开发中成为一种表演。

（二）文化变迁与涵化理论先于物质后于精神的变迁

在文化的变迁与涵化理论中，物质文化的变化总是先于精神文化。在社会人自我满足领域中，只有在满足了自身的温饱情况后，才会想要进一步追求精神上的富足。在文化变迁过程中，一般物质文化较易被动摇而产生文化变迁，而精神文化却不易在文化交流中发生变迁。比如，雷山县部分侗族聚居地被苗族村寨包围，两种文化系统长期接触，侗族的生活方式、语言、文化习俗等都似乎和苗族没有什么差别，但却仍旧保存着侗族的祭祖习俗。

在文化变迁中，物质变化先于精神变化是一种社会规律，是运动物质规律的发展。当两个不同系统文化相互接触时，通常会选择对本土民族有优势的文化特质，然后整合文化以适应新的环境并发展经济。在这一过程，通常最容易发生变迁的就是那些“看得见”的物质文化，如民族服饰、饮食、居住等，而精神文化是一种较高层次的文化，它的形成需要时间的沉淀，因而变迁也需要较长的时间去交流融合。

（三）探寻文化变迁中文化“软实力”下的文化产业动力

文化是一种“软实力”，是当今国家发展不可忽视的新兴力量。因文化变迁而所引发的文化产业在国家经济中占有重要地位。

2009年7月22日，国务院通过了《文化产业振兴规划》（简称《规划》）。在《规划》一文中，提出了发展区域和民族特色文化产业群。可见，除了一般意义上的文化产业形态外，国家开始注重地区文化产业的发展，注重挖掘民族特色文化并进行产业化发展。民族特色文化产业在差异性存在的前提下，利用独特优势发展本地区文化是一种明智的选择。面对市场消费需求，当地民族可以利用自身丰富的人文、自然资源，以及民俗风俗习惯，合理有效地整合并适时地推向市场，最终形成一条完整的良性产业链，打造属于自己的特色文化品牌。文化产业作为民族区域的主导产业，要想推动本地区的经济并脱颖而出，须做到“人无我有，人有我优”，这就需要当地民族的人民深入挖掘自身的资源、特色，大力发展旅游、影视、工艺等行业。

四、结 语

通过对旅游开发下地方族群文化变迁和涵化过程的分析，探析地方族群文化变迁发展途径的总趋势，两种不同文化系统的长久接触，使原有的两种文化特质融合发展，最终形成不同于任何一方的“第三文化系统”。文化变迁与涵化理论功能体现了社会的价值及意义，使地方族群经济文化不断发展，在作为一种生产力带动地方文化产业的兴起的同时，也促进了各个民族间的团结与发展。

参考文献：

[1] 黄淑娉，龚佩华．文化人类学理论方法研究［M］．广东高等教育出版社，2004.

[2] 李天翼．民族旅游社区参与的“工分制”[J]．贵州民族学院学报(哲学社会科学版)，2010（2）．

[3] 金星华，兰智奇．中国少数民族文化发展报告(2008)［M］．民族出版社，2009.

[4] 林耀华．民族学通论(修订本)［M］．中央民族大学出版社，1997.

[5] 刘超祥．民族旅游村寨的人口移动与文化变迁 [D]. 中央民族大学，2012.

[6] 陶渝苏，戴庆中，王良范．边界漂移与意义播撒—后现代视域下的地方族群文化变迁［M］．中国社会科学出版社，2011.

[7] 李微．西部文化产业发展的现状与对策 [J]．新闻界，2009(10).

贞丰县岩鱼村“晓谕碑”探析

莫吉照 *

摘　要： 位于贞丰县纳蝉布依古寨岩鱼村的“晓喻碑”，是晚清贵州政治经济和当地政群关系的缩影，也是晚清贵州农村的真实写照，虽只有七百多字，但字里行间却蕴含了丰富的时代信息。通过对碑文的分析和解读，了解碑文所映射出的民族关系、官民关系，挖掘“晓喻碑”价值。

关键词： 岩鱼村　晓谕碑　考论

一、岩鱼村的历史与民族

岩鱼布依古寨位于贞丰县珉谷镇东面，距县城3.5千米，面积11.6平方千米，交通比较便捷，由纳核、纳蝉两个自然村寨组合而成，2008年，村级整合命名为“岩鱼村”，辖11个村民组，共656户，2500余人。主要姓氏有岑、韦、罗、王、蒙、岗、卢七姓，全为布依族。2015年，重新撤村并组以后，现在岩鱼村分为纳蝉和纳核，下辖17个小组，属永丰街道办事处。全村368户，共1401人。

岩鱼是一个典型布依族古寨，已有600多年的历史，是贞丰较大且最古老

* 莫吉照（1991— ），布依族，贵州民族大学民族学与社会学学院在读硕士研究生。研究方向：民族学。

的布依村寨之一，2002年，被世界旅游专家评为“省级民族旅游村寨”。刚进村寨即是岩鱼寨门，寨门上一副对联“紫色河畔风和日丽山奇水秀，布依寨中物阜民安人杰地灵”，这副对联是当地人对岩鱼自然风光的赞美。

村寨在一代代布依人的生活与劳动中，形成了布依族独特的民风习俗，拥有了底蕴深厚的布依文化。特别是通过劳动创作的“纺织舞”“铜鼓舞”等更是深受来访者的欢迎①，成为岩鱼当地最受欢迎也是最具特色的民间活动。岩鱼布依情歌、古歌、山歌、盘歌、八音坐唱，内容十分丰富，这些布依族歌谣，都是由老辈人世代“口传身授”，或由民间艺人师承流传至今。岩鱼古朴浓郁的民族风情及优美的自然风光，使这个布依歌舞之乡成了许多文人墨客采风及省内外游客旅游的胜地。

二、“晓谕碑”碑文考释

岩鱼“晓喻碑”位于岩鱼村纳蝉寨，因碑呈四棱柱状，碑体四面刻字，故当地人称之为“四棱碑”或“四楞碑”。碑位于纳蝉寨中央，由四棱碑体、基座、四角钻头顶三个部分组成。碑高1.37米，底部长、宽各0.36米，碑置于长1.30米，宽0.98米的石基上，但因前几年寨子修路，现石基底座已经被埋在了水泥板之下，不能见其全貌。碑幅为长方形四角钻头顶，碑顶长、宽均0.50米，厚0.187米，四角到钻头顶的距离为0.19米。“晓谕碑”四面均阴刻宋体碑文，但因时间较长，加之保护不善，故有些字体已无法辨认。经过对碑文重新抄录和考证，碑文的大致意思很明确，不影响人们对碑文的解读。

随着时间的流逝，老辈知晓“晓谕碑”背后故事的人均已不在人世，访问有关碑的情况，获得的信息多是片段性的。但在抄录碑文过程中，笔者发现碑体和四角钻头顶衔接的缝隙处，有很多红布和燃烧过后的香插在其中，这说明当地人将此碑视为有灵性的古物，逢年过节或是遇家事不顺时都会带着鸡、米酒、肉、纸、香、蜡烛、红布等到碑前祭拜，祈求平安。由此也可见“晓谕碑”对当地的重要意义。

---

① 贵州民族事务委员会．布依族文化大观［M］．贵州人民出版社，2012：482.

碑文正文：

第一面

钦命贵州分巡贵西威宁等处兵备道加十级记录十五次。

钦命贵州等处提巡按察使兼官驿传事军功加七级附带加一级军功记录十六次。

钦命贵州等处承宣布政使司布政使加十级记录十六次。

钦命贵州分巡贵东古州等处兵备道加十级记录十五次（护理贵州粮储道贵阳正堂加三级记录五次）。

□再行严切晓谕，查禁科以安闾问事，照得此次奉旨编查通道，汉民典买苗寨田土，原设使汉苗永远相安，彼此生计宽裕，同享太平之福。

第二面

蒙□ 抚宪奏明，选派文武公勤大员，发给经费千两，一切夫马饭食，均系自行雇备，不准丝毫。

派累民间，经本司道出示晓谕通省，民苗无不共知共见。乃近有普安厅寨头毛海林及。

贞丰州亭目林美材胆敢不畏法纪。藉称编查户口，勒派钱文。现经本司委员提省行讯，

从重惩办。该二处寨头等，既端科派，别属亦难保必无，

除密访查拿外，合再出晓

谕，为此属亦仰各属书处寨头、土目、约保、民苗人等知悉，无论已查未查之处，倘有书差、寨头、

约保等串同舞弊，藉编查户口之名，勒派钱文，尔等即赴地方衙门申诉，指名禀究。倘地方官徇

庇不肯定究办，许赴本司道衙门申诉，以凭严拿重惩，勿得缄默隐忍，亦不得挟嫌诬告，自干□□。

第三面

从坐再闻，各属备编□□□书役人第亦□□□□□。又民由窃告者多□，□任行胥□

役等延此。总意剥削，应概禁革。此后每年清查户口，该书役、约保等亦勿得仍前需索。如违，并于严究。特示　右谕通知　道光十五年　蒙

特调兴义贞丰正堂加五级记录七次表□□民瘼复

批查州属地方汉夷杂处，

人相稠，客生□，有□法奸民，窝藏匪类，扰害善良，挖告窃盗案件。

难恳请数□年，以清查□□地□□□地民抚旨，携□故处分，□压重上计，饮□往事。

第四面

端者不立而足屡。奉　上宪　转奉

恩旨□令，地方官，编连保甲，逐年清查安民□法，至□

钦鱼肉乡里，是良□□为处政，不但罔雇民瘼，而此前所□

功成矣。□该苗类，遵照各宪谕嗣，俊勿遍清查之期，不抚任听清役、寨头、约保、长澄派钱文，□赴提累旨□□。

道光十六年四月初一日献止二亭　乃祕革半亭违照各□徭□谕册执令

三、“晓谕碑”碑文探析

碑体上的有些字虽无从辨别，但并不影响其大意。碑文反映了有关民族、民族历史、民族制度等方面的信息，具有较高的文史价值。

（一）立碑背景及原因

雍正五年（1727），红水河以北地区划归贵州，置永丰州[①]。嘉庆二年（1797），“南笼起义”后，清廷将安笼府改为兴义府，将永丰州改为贞丰州，立碑时间为道光十五年（1835），道光年间的贞丰州应属兴义府管辖。雍正五年，清廷在兴义府地区实行改土归流，封建地主经济的发展，使不少村寨的田地被封建地主所占有，许多苗民沦为佃户。而这一时期，清廷政府机构管理混乱，各级大小官吏、差役、驻守官兵以及土目等欺凌、鱼肉各族人民，各族人民群

① 《贵州通史》编撰委员会. 贵州通史（第3卷）［M］. 当代中国出版社，2002：84.

众的贫困程度加深，社会矛盾不断激化。正是在这样的社会背景下，“南笼起义”爆发了。这次起义规模之大、持续时间之长，令清廷震惊，清朝花费大量人力物力才平息了这次起义，并对兴义府地区的少数民族产生忌惮和防范之心。道光年间，吏治更加腐败，不法官吏、差役、土目与地主勾结，借编查户口之名，增加课税名目，压榨和剥削当地布依族人民群众。官府惧怕民反，故而多次以官方名义，立碑刻石以告诫人民群众。

（二）关于不法官吏、差役、土目与地方劣绅勾结问题

清嘉道时期处于封建社会的末期，清朝由盛转衰。吏治腐败、政府机构管理混乱等问题普遍存在。兴义府的辖地贞丰州，处于偏远之地，政府不法官员为谋私利，与土目、寨头等串通，中饱私囊。这在当时的贵州是很普遍的。《清实录贵州资料辑录》载：“黔省跬步皆山，凡有差使，不能不役使民苗。各府听州县办法虽有异同，而行之百年，官民相安。请嗣后黔省夫役之法，仍就各处情形办理。其有驿各处设立夫头，如有滥索多派情弊及书夫役扶同科敛，一经查出，即照蠹吏吓诈例严行治罪。”[①]实录记载表明，朝廷对差役借端派科之事有明文禁止之规定，故而碑文中对于地方劣绅、土目、寨头等借编查户口之名勒派钱文之事，立碑公告，拟求严惩一事，实为履行自身职能，响应朝廷法令。而出现“从重严惩”“严拿重惩”等这些强制性词汇，可见当时吏治混乱，官绅勾结的状况影响之大，而“倘地方官徇庇不肯究办，许赴本司道衙门申诉，以凭严拿重惩，勿得缄默隐忍，亦不得挟嫌诬告”，是说有明文规定，如政府包庇不办理此类事件，政府官员需负连带责任。由此也可见，府州对处理这件事的决心。

（三）关于“编查户口”问题

中国的赋税制度有着很长的历史，税种繁多，人丁多寡关乎国家的财政收入。持续二十余年的咸同战乱，使贵州农村经济遭到严重破坏，人口锐减，土地荒芜，生产凋敝。战乱平息之后，恢复社会秩序、稳定生产、增加政府

---

① 中国科学院民族研究所贵州少数民族社会历史调查组、中国科学院贵州分院民族研究所 .《清实录》贵州资料辑要［M］. 贵州人民出版社，1964：364.

收入，是政府面临的重要问题。召集流亡，屯丁受田，编查户口，是这个时期的大事。政府清查人口是为了征更多的税，这是政府稳定秩序的需要，但一些官吏在编查户口之余，弄虚作假。清查户口的官员与寨头、约保等勾结舞弊、巧设名目、勒索钱文，除上缴府库外，多余的则中饱私囊，这无形之中加重了底层农民的负担，使人民与官府之间的矛盾加深，致使社会出现不稳定因素。

（四）碑文反映出的官民关系

碑文落款的时间是道光十五年。嘉庆、道光之际，封建地主经济壮大起来，逐步吞并农民的土地。农民沦为佃户以后，又要受到官府、寨头和土目等的盘剥，致使农民生活艰难，民不聊生。所以，四周苗民群起告状，导致官民关系一时趋于紧张。咸同年间，许多少数民族揭竿而起，多是因政府官员或土目地主搜刮、逼迫所致。在这样的历史背景下，官府为了避免事态扩大，重蹈"南笼起义"覆辙，故才刻碑立文说"倘有书差、寨头、约保等串同舞弊，藉编查户口之名，勒派钱文，尔等即赴地方衙门申诉，指名禀究"，借此以平息事端，安抚百姓，缓和官民关系。

（五）碑文反映出的民族关系

岩鱼村的原住民大部分为布依族，后来才有汉民逐渐迁入，这些汉族人或因经商、或因做官、或因逃难而定居在岩鱼。因此，才有"州属地方汉夷杂处，人相稠"的说法，清朝曾下谕"黔省汉、苗杂处，近来客民渐多，非土司所能约束，自应编入保甲以便稽察；除苗多之处仍照旧例停止外，其现居寨内客民，无论户口、田土多寡，俱注一律详细编查。惟命各该管地方官查办，转致胥役滋扰"①。岩鱼当地以布依族为主体，将汉民编入保甲户口以后，这些极少部分的汉族开始过少数民族节日，说布依语或者本地方言，逐渐被少数民族化。

碑文中出现了亭目、土目、约保、寨头等称谓，这与布依族的社会组织制度密切相关。布依族在长期的生产生活中，形成了自己独特的社会制度——亭目制度，布依族亭目制度是土司制度与封建领主制相结合的一种特殊制度形式，以

---

① 中国科学院民族研究所贵州少数民族社会历史调查组、中国科学院贵州分院民族研究所.《清实录》贵州资料辑要［M］.贵州人民出版社，1964：354.

甲、亭的社会组织为特征。亭是基层单位，有大亭、小亭、半亭之分。大亭辖数寨或数十寨；小亭辖一寨或二三寨；更小的被称为半亭，并以其赋税多寡又有大半亭、小半亭的区别。后来，一些较大的亭又被分为两三亭不等，遂有上、中、下亭名称。因为这种制度的基础是亭，故其首领称为亭目（又称兵目），故习惯上把它叫作“亭目制度”。《贞丰县志》载：“雍正五年，改土归流将泗城土司废除后，设置永丰州，隶南笼府，永丰州直辖8甲，分上江4甲，下江4甲，共68亭半，6村。”①而岩鱼应属于上江三甲下辖的祕革半亭。亭目组织中有总内把事专管催粮、派捐、收税、征夫、传达命令、上达诉讼。老总头则是亭目衙门中的差人、狱头。把事实际上是各寨的头人，也称寨老，但需由亭目委任，可以随时撤换，其职责是征粮、派夫、管理本村寨。正是因为这些头人，土目把事有征粮、派夫和管理本村寨之责，才让他们有了勒索人民钱文、压榨百姓的机会。而这些土目的行为引起了上级重视，上级为了避免事态升级，才不得不刻石严令禁止。

四、结　语

岩鱼作为一个有着六百多年的布依族古寨，是贵州省20个重点建设的民族文化村之一。要想得到长足的发展，不仅要靠秀丽的自然风光和丰富的民族文化，还应有浓厚的历史沉淀作为支撑，而这些历史其实就在人们的身边。“晓谕碑”作为一种看得见的历史资料，是岩鱼村历史最有力的证明，也是岩鱼人民精神上的寄托。通过对岩鱼村“晓谕碑”的形制、立碑时间、缘由、目的等信息进行考证，同时对碑文进行深入的分析和解读，“晓谕碑”是在咸同战乱后，清政府为恢复生产和稳定社会秩序情况而立的，清政府在经济层面采取招抚流亡，恢复生产，整顿吏治，并禁苛宽赋的系列措施，使咸同战乱后遭到严重破坏的贵州农村经济开始复苏，由此即可凸显“晓谕碑”的历史价值。碑文中土目、书役、约保、寨头、民苗等信息，是晚清农村生活的真实写照，对研究当时官民关系、民族关系有较高的参考价值。

---

① 贞丰县史志征集编纂委员会编．贞丰县志［M］．贵州人民出版社，1994：65.

参考文献：

[1] 中国科学院民族研究所贵州少数民族社会历史调查组、中国科学院贵州分院民族研究所.《清实录》贵州资料辑要［M］.贵州人民出版社，1964.

[2] 贵州民族学院民族研究所.中国南方少数民族社会形态研究［M］.贵州人民出版社，1987.

[3] 贞丰县史志征集编纂委员会编.贞丰县志 [Z]. 贵州人民出版社，1994.

[4]《贵州通史》编撰委员会.贵州通史（第 3 卷）[M].当代中国出版社，2002.

[5]（清）张锳修，邹汉勋，朱逢甲，纂.中国地方志集成•贵州府县志辑（咸丰）兴义府志 [Z]. 巴蜀书社，2006.

[6]（清）李其昌，纂修.中国地方志集成•贵州府县志辑（乾隆）南笼府志 [Z] .1965 年贵州省图书馆据湖北省图书馆藏抄本复制油印本，巴蜀书社，2006.

[7] 贵州民族事务委员会编.布依族文化大观［M］.贵州人民出版社，2012.

[8] 雷广正.黔西南亭目领主制度［J］.贵州民族研究，1982（4）.

[9] 史继忠.南方少数民族社会形态比较研究（之四）——封建领主制社会［J］.贵州民族研究，1989（4）.

[10] 黄才贵.贵州世居民族的制度文化［J］.贵州民族研究，1995（4）.

[11] 王玉，周俭，林森.社区参与村落文化景观保护实践框架与方法的初步探讨——以贵州省贞丰县岩鱼村为例［J］.上海城市规划，2013（4）.

[12] 刘桂林.咸同起义后贵州社会的变迁——以碑刻史料为中心的探讨 [D].贵州师范大学，2008.

贵州三都县都江古城《万古流芳》碑探析

潘丽凤 *

摘 要：咸丰四年（1854）到同治十三年（1874）这 20 年的时间内，贵州各族人民在太平天国运动的影响下，纷纷揭竿而起，反抗西方列强的入侵和清政府的压迫，历史上称这一时期的贵州人民运动为咸同时期贵州各族人民大起义。在黔东南和黔南地区，主要有杨元保领导的布依族农民起义、张秀梅领导的苗族农民起义、潘新简领导的水族农民起义、姜映芳领导的侗族农民起义、罗光明领导的斋教起义军等。贵州省三都县都江镇《万古流芳》碑的碑文记载清咸同年间，罗光明领导的斋教起义军反抗清政府统治的史实，具有较高的历史研究价值。文章对碑文内容进行梳理，并结合大量的文献资料进行深入的分析，探讨清代咸同年间各族人民举行的大起义。

关键词：《万古流芳》碑 咸同起义 都江

改土归流的政策自明末清初在贵州推行以来，一方面，加强了中央王朝对边疆地区的统治；另一方面，贵州各族人民深受封建统治阶级长期的盘剥与压迫，人民生活苦不堪言。1840 年，鸦片战争爆发，腐朽的清政府被迫与西方

---

* 潘丽凤（1990— ），侗族，贵州民族大学民族学与社会学学院在读硕士研究生。研究方向：民族学。

列强签订了一系列不平等条约，国库亏空。为偿还债务，清政府大肆对老百姓进行搜刮，人民负担日益沉重，贵州地处西部山区，也未能幸免。面对日益沉重的徭役赋役，广大人民纷纷揭竿起义，反对清王朝的统治。1851年，在太平天国运动的影响下，贵州汉、苗、侗、回、水、布依、彝等各族人民发动了震撼清王朝的“咸同起义”。

一、《万古流芳》碑考释

都江镇位于三都水族自治县东部，距三都县城35千米。经省、州批准，2014年8月9日，撤销原都江镇、打鱼乡、坝街乡、羊福乡、巫不乡，合并建立都江镇。2015年6月，都江镇建立都柳江风景名胜区，区镇合一，明确为副县级单位。都江历史悠久，自唐朝贞观三年（629）建制，至今已有1000多年的历史，历经府、县、区、镇等建制。区位较好，G321、都柳江航道、厦蓉高速公路、贵广快速铁路穿境而过，是黎从榕景区和荔波景区的关键连接点。世居的少数民族有水族、布依族、苗族、瑶族、侗族、彝族等。境内山峰此起彼伏，河谷纵横交错，有“地无三尺平”之称。都江自古地理位置独特，据《黔南职方纪略》载：“都江镇古属都江厅，即来牛寨地，居黔粤之冲，自厅城泝流而上，至打略塘，交独山州界，仅四十里。自厅域顺流而下，至平宇塘，接古州界，亦四十里，溜急滩离，两岸皆危峰绝嶂，无复土田。自厅城下三十里，由坝堦循山沟而进，西南行三日达荔波。自厅城之北而东，抵古州之高排寨七十余里；东以北抵丹江之乔配寨百六十余里，皆羊肠小道，苗寨尚多”①。

《万古流芳》碑位于贵州省三都县都江镇古城“南门”外约60米处的古道边，高1.95米，宽1.04米、厚0.12米，面积12.56平方米。眉横题“万古流芳”，中竖题“城乡义塚之坟墓”大字；右边署都江通判文芳潘与上江协副将张梁撰文，计182字；左边署上江街士绅李莲、刘廷选等撰记，共186字，碑文均楷书阴刻。1981年9月27日，其被三都水族自治县人民政府以三府〔1981〕92号文件公布列为县级保护文物。碑文字迹大多能识别，只有为

---

① （清）罗绕典．黔南职方纪略［M］．贵州人民出版社，1992.

数不多的一些字迹看不清楚（碑文中的残损字或模糊不清字，用“□”表示）。现将碑文整理如下，并附碑文图片。

贵州即补知州，署理都江分府，加五□，纪録五次，文钦加提督衔留，黔总镇署上江协镇，黎平营□，府果勇巴图鲁张。

壬申冬，杪予奉□来斯地重予土也，窃见田土荒芜，人烟萧索，不觉喟然三叹。越明春，复查地方兵燹，以来十有余载，戎马蹂躏，生灵荼炭，枯骨枕野，苦不堪言，惟是董绅等收检失城枯骨约数十担，埋南门外，同封马□，□□忠祠，司事四时，焚楮以隆祭扫呜呼，我民遇此浩劫，衔锋蹈刄，慷慨激烈，耿耿精英光照日月，宜尔子孙饮和食德。

文芳潘 张梁谨记

咸丰乙卯年，我都江苗匪倡乱，人遭浩劫，城厢内外尸骸遍野，无人收检，迄今十有余载矣。至同治壬申春，扫靖锋烟人民渐归故土，越癸酉夏，我等搜寻枯骨□于南门外左山之阳刊立石碑，颜曰：“义塚”。虽未敢云书，妥尔灵殆差胜于暴露与填沟壑也，吁嗟乎！魂依地兮！祭扫维新骨埋此地兮！体魄长存穴结此地兮！水秀山清□封此地兮！子□孙贤。

士绅：李莲 □□□ 刘廷选 □德茂 □炳南 胡德□ □洪元 □炳荣 □□高□□□ 是为记。

工匠 刘廷城

同治十二年秋七月吉日旦 立

图1 碑文图片

都江镇“万人坟”记载了1855年斋教起义义军反清活动的历史。咸丰四年（1854），在太平天国运动的影响下，都江厅罗光明在都江、三脚（今三都）、八寨（今丹寨）等地秘密传播斋教，发展信徒。咸丰五年（1855），他组织发动各族农民武装起义，由于农民起义对清朝统治者造成威胁，清政府派兵野蛮进攻，罗光明领导的斋教农民起义军实力雄厚，仅两个月时间，就把清兵全部歼灭。之后清朝政府又派强兵反复进攻，两军对阵，杀得天昏地暗，尸横遍野，收尸安埋者难计其数，故称为“万人坟”。在“万人坟”旁，立了一块《万古流芳》碑，也叫“城乡义塚之坟墓碑”。上江是历代封建王朝用以剥削镇压人民的重镇之一，咸丰五年（1855）都江苗民罗光明以传教名义秘密组织农民起义，率众攻破都江厅，之后清军与义军反复争夺，战争异常激烈，双方伤亡惨重，城中居民死伤无数，上江街濒临荒芜。直至18年后，同治十二年（1873），都江通判潘文芳（正六品）上任，次年，其与副将（副六品）张樑下令收拾城中枯骨数十担，埋于城南门外岭和北教场外角坑内，并刻碑“城乡义塚之墓”“万人坑”志之（“万人坑”已被建筑湮灭）。

二、《万古流芳》碑探究

（一）罗光明领导的斋教起义

《三都县志》载：万人坟位于都江镇上江，咸丰五年（1855）六月，都江厅罗光明等率众举行反清起义，攻克都江、八寨（今丹寨）、三脚屯（今三都）厅城，与何德顺、潘名杰、潘新简等各族义军配合，转战都匀、独山、古灼（今榕江）等地。同治十年（1871），起义失败，其间都江厅阵亡者难以计数，亦难以全部安埋。同治十一年（1872），潘文芳藩任都江通判，翌年与上江协副将张梁、上江街士绅李莲等一道收白骨合葬于南门城外，立碑曰：“城乡义塚之坟墓”。

1854年3月，布依族人杨元保领导本民族农民在独山的丰宁上司起义，揭开了贵州各族人民起义的序幕。咸丰四年（1854），罗光明受太平天国运动思想影响，以斋教传人，组织农民活动，提出推翻大清王朝的统治。咸丰五年（1855）秋七月。二十六日，罗光明陷都江厅城（都匀属，东南二百二十里，即上江）。署通判周汝椿、署上江协副将佛恩逋坝阶（在都江西三十里，滨江），外围罗廷贵战没，旋陷打略汛（滨都江，独山东百七十里）。咸丰五年（1855）十一月，初二日，罗光明等陷八寨厅城，署同知普定知县马世璜、署游击上江协都司杨廷柱、卫千总明焜、古州千总顾学礼，厅学训导刘烺死之，举人杨超儒，世璜幕友胡有焜、廷柱二子、明焜全家、超儒三子俱死。《平黔纪略》载，黔南农民起义军“都匀以罗光明为最”。起义后，罗光明被义军拥戴为光明王，罗天明称天明王，余老科称余王。下领四王：陈小介为陈王、魏老双为魏王、刘土元为刘王、唐大恒（又名燮理）为唐土。①同治四年（1865）二月，罗光明在水婆、阳安一带遭受清军团练袭击，不幸中弹牺牲于天星屯。同治九年（1870），余老科余王被清军将领蒋贵矩杀害。义军首领陈小介继续领导罗光明义军坚守阵地，同治十年（1871）二月，清军围攻三脚屯，陈小介领导的义军寡不敌众，战败。至此，罗光明领导的斋教义军十年抗清失败。

（二）咸同起义与《万古流芳》碑

1. 外国资本主义的入侵和封建地主经济的瓦解

当清政府还沉浸在“天朝上国”的迷梦中时，西方资本主义国家兴起工业革命，生产工具的改进使生产力大大提升，国内狭小的市场无法满足产品的销售，于是资本主义国家开始寻求国外市场，对外侵略扩张。1840 年，鸦片战争爆发，自给自足的封建地主经济开始瓦解，小工商业也遭受到巨大的冲击，中国开始沦为半殖民地半封建社会。贵州虽地处西部山区，也同样遭受打击。一些官僚地主大肆搜刮百姓，疯狂掠夺百姓田地，人民生活日益恶化，纷纷起来反抗地主阶级的压迫。

2. 清政府的掠夺和封建地主阶级的剥削

鸦片战争以后，清政府把大量赔款转嫁到农民身上，同时，为镇压太平天国起义，清政府在全国大肆加强经济掠夺。地处西部山区的贵州，社会经济落后，

---

① 潘炯晖．三都苗族反清起义英雄罗光明［J］．贵阳文史，2011(3).

清政府仍然巧立名目，加紧搜刮百姓，使农民“数年不能易衣，终岁不得食盐”。贵州天赋，过去征收率为产量的十分之一，鸦片战争后改为征收产量的三分之一，增加了几倍。广大农民的土地被地主、官绅兼并，只能靠租种地主的田地维持生计，忍受着残酷的地租剥削。农民仍旧无法生活，靠借贷求生，高利贷的盘剥更是苛刻。“遇青黄不接之际，借谷一石，一月之内，还至二石、三石不等，名为断头谷。借钱借米亦然，甚至一酒一肉，积至多时，变抵田产数十百金者。”[①] 地主阶级大肆掠夺各族农民的土地，土地兼并严重，大量农民失去土地。据《黔南职方记略》记载，下江、永从、台拱、清江、黄平、八寨、都江、麻哈、清平、古州 10 厅县，共有汉民 8678 户，而典买苗产者占 72%以上，有的 1 户就买苗产数百份。黄平州一些苗族地区“苗产尽为汉有……昔日之苗寨今尽变为汉寨矣”。频繁的徭役更是逼得各族人民走投无路，男子病不能服役，则由女子代役。稍不如意，则遭官吏打骂，“官吏待之如牛马”[②]。广大各族人民为了尊严和生存，不得不奋起反抗。正如黎平知府胡林翼所说：“为盗而死，忍饥而死，等死耳。犯法可以赊死，忍饥则将立死。”[③]

3. 广大苗疆地区深受土司制度所害

中央王朝为加强对边疆少数民族地区的统治，实行改土归流，先后在都匀之八寨、丹江、都江，镇远之台拱、清江，黎平之古州设立苗疆六厅。改土归流初期，取得了一定成效，中央王朝有效地控制了边疆少数民族地区，但是，随着改土归流的日益腐朽，暴露出了许多问题。《平黔纪略》记载：“盖既有以养军，又不致以征敛开衅，法至善也。承平久，苗生齿繁，仅存产不足给，屯军或复侵之。”[④]官兵仗着中央王朝的势力，不断侵扰苗疆百姓，百姓仇恨日益加深。再者，官吏相互勾结，巧立名目，横征暴敛。《平黔纪略》

---

① 姚兰图．略论胡林翼宦黔时的治“匪”策略与措施［J］．船山学刊，2008(2).

② 侯绍庄，史继忠，翁家烈．贵州古代民族关系史［M］．贵州民族出版社，1991.

③（清）罗文彬，王秉恩，编纂．平黔纪略［M］．贵州人民出版社，1988.

④（清）罗文彬，王秉恩，编纂．贵州大学历史系中国近代史教研室点校．平黔纪略［M］．贵阳：贵州人民出版社，1988：26.

又载："官虽不敢公言征粮，或巧设名目相弋取。有曰采买者，名为官发价，买苗民米以养兵。苗民实不得价，而取求无制，害更甚于征粮。"①与此同时，土司官与商人勾结，囤积居奇，欺诈百姓，如《平黔纪略》所载，"猾民奸商，复拥其缺乏而昂其值，乘其急需以炫其奇，诱之称贷"②。土司通事的"一切食米、丧葬、娶嫁、伕马供应之费，无不取之于民"③。官吏压榨不断加深，苗疆百姓怨声载道，"积怨思报复，非一日"。

4. 西方传教势力逐渐从沿海深入内地

随着西方列强在军事上的胜利，清政府被迫签订了一系列丧权辱国条约，通过不平等条约，一些传教士打着宣传西方宗教思想的幌子，在西方列强和清政府的庇护下，作威作福。他们勾结官僚、地主、恶霸，欺压百姓、横行霸道。民众怨声载道，于是出现了一系列的反洋教斗争。

5. 太平天国运动为苗疆百姓的起义提供了一个契机

1851年，轰轰烈烈的太平天国运动爆发，全国上下掀起了反对腐朽清政府统治的浪潮。太平天国运动高举"有田同耕，有钱同使，有饭同食，有衣同穿，无处不均匀，无人不保暖"的旗帜，给深受苦难的贵州苗疆人民带来了希望，广大苗疆民众纷纷组织起来，响应太平天国运动。1857年，太平天国翼王石达开率领军队西征，进入贵州，支援了贵州各族人民的起义。

贵州咸同各族人民大起义的风暴席卷贵州全省，正如贵州巡抚张亮基奏称："黔省环境皆贼""陷贼府厅州县早已十有七处，所存者俱叠遭兵燹，十室九空"④"千里苗疆，莫不响应""全黔遍地皆贼"⑤。战火波及全省，

---

① （清）罗文彬，王秉恩，编纂 . 平黔纪略［M］. 贵州人民出版社，1988.

② （清）罗文彬，王秉恩，编纂 . 平黔纪略［M］. 贵州人民出版社，1988.

③ 侯绍庄，史继忠，翁家烈 . 贵州古代民族关系史［M］. 贵州民族出版社，1991：288—289.

④ 侯绍庄，史继忠，翁家烈 . 贵州古代民族关系史［M］. 贵州民族出版社，1991：304.

⑤ 何长凤 . 咸同年间贵州农民起义的特点［J］. 贵阳师范学院学报 (社会科学版)，1982(2).

无一县瓦全。为镇压叛乱，清政府多次调遣邻省官军镇压起义，其中滇军 1 万余人，川军 3 万余人，湘军 6 万余人，桂军 1.5 万人，共计 15 万军官，此外还有众多的地主武装。[①]大批官军进入贵州，耗费了清政府大量的人力、财力，对财政亏空的清政府来说，这无疑是雪上加霜。

6. 战争给人民带来了深重灾难

清军死伤无数，起义军攻打丹江的时候，《平黔纪略》载：两月来，阵亡官兵百余，饿死男妇数百，草根树皮剥食殆尽。孑余之众，骨立菜色，守既无力，逃亦无路。同时，广大苗疆百姓伤亡惨重，《贵州通志 • 前事志》记载，清政府对付苗蛮起义军“今日不杀少，日后将杀多”“不恭顺者，不计男女老少，通通斩光杀绝”“苗人死者前后不下三十余万”。

7. 咸同各族人民大起义沉重地打击了清朝政府在贵州的统治

据统计，贵州当时的十二府、十四厅、十三州、三十四县，共计七十三个单位，有七分之六被各族起义军占领。只有四府（贵阳、遵义、安顺、黎平）二厅（水城、郎岱）一州（平远），三县（毕节、龙泉、余庆）未被起义军攻占，仅占总数的七分之一。同贵州各族农民起义军的辉煌战迹对比，清政府的损失是严重的，在此 20 年中，清政府拿出上亿银两，调动川、湘、滇、桂、黔五省兵力数十万人。但在洋枪、洋炮和外国侵略者出谋划策参与镇压的情况下，贵州各族人民生命和财产也遭受了极为惨重的损失。

8. 清统治者被迫实行让步政策，社会生产得到恢复、发展

清政府及其在贵州的统治者，慑于各族农民起义军的威力，被迫采取一些缓和阶级矛盾的措施。在黔东南的台江、清江、丹江、古州、八寨和都江，实行减免赋税政策，以减轻农民负担；在一些地区暂停兵粮和差役的征收；对在战争中逃难于外乡的农民，也想方设法动员其回乡生产。

---

① 侯绍庄，史继忠，翁家烈 . 贵州古代民族关系史［M］. 贵州民族出版社，1991：304.

三、结 语

发生在清咸同年间的贵州各族农民大起义，持续时间长，破坏性大，史无前例，在贵州古代民族关系史上占据着重要的地位，然而，对这样一场席卷整个贵州大地的各族人民大起义，人们往往不愿提及。对封建大一统的清政府来说，贵州各族人民的大起义瓦解了它的统治，它无疑会大动干戈，镇压农民起义，因此大一统的封建王朝称这场战事为“咸同之乱”；而对于农民起义军而言，残酷的封建剥削让贵州各族人民生活在水深火热之中，民不聊生，势必激起农民起义，起义军则称“咸同起义”。不论是叛乱还是起义，战争给清政府与各族农民起义军都带来了深重的灾难，清政府为镇压农民起义军，从邻省调集十几万大军，耗费了大量的人力、财力，加重了清政府的财政负担；各族农民起义军由于装备落后，伤亡惨重，战争中出现了如碑文所载“田土荒芜，人烟萧索”“尸骸遍野，无人收捡”的情形。罗光明领导的斋教起义军，作为黔南抗清的重要一支，历经十年奋战，带给清政府以沉重的打击，在一定程度上加速了清朝的灭亡，但同时，起义军也遭受了重创，死伤无数，尸横遍野，最终以失败告终。

学术研究

XUE SHU YAN JIU

法律实务视角下 民事案件执行问题研究

吴 娅*

摘 要： 民事案件执行难是我国司法实务界面临的普遍问题，主要表现在被执行人下落不明、被执行财产下落不明，办理执行案件法官素质参差不齐。民事案件执行困难不仅损害了申请执行人的权益，而且严重影响我国司法权威的树立，阻碍司法公正的实现。造成我国民事案件执行困难的原因是多方面的，主要包括执行法律法规零散、执行工作机制陈旧、执行信息公开不到位、社会诚信体系不健全。针对执行困难的若干问题，我国司法实务界已经采取若干措施予以解决，但是施行效果甚微。解决民事案件执行困难的问题，需要从立法上对现有执行法律法规进行整合，制定民事案件强制执行单行法；创新执法工作机制，补充司法机关力量，提高民事案件执行效率；加强执行案件相关信息的公开；完善社会诚信体系的建设。

关键词： 法律实务 民事案件 执行

随着经济的发展，我国民事领域的纠纷日益增多。在诉讼环节，民事案件已经实现有案必立，这是我国司法改革取得的巨大成就之一。与此同时，重审判轻执行的司法传统在我国司法实务中仍然占据主导地位。民事案件的执行，

---

* 吴娅（1985— ），汉族，硕士，贵州民族大学人文科技学院副教授。研究方向：民商法学。

是保障权利人的最后一道屏障。实践中，往往存在赢了官司，判决却迟迟得不到履行的现象，就是执行难。执行困难，或者判决不能得到全部执行，对申请执行人的权益造成巨大的影响，也给原本脆弱的司法执法环境带来更消极的影响，给社会诚信带来重创。造成我国民事案件执行困难的原因颇为复杂，主要包括执行单行法律的缺位、当事人法律意识的淡薄、执行队伍工作观念的落后、执行方式陈旧。解决民事案件执行难题，需要从立法上完善执行法律法规，创新执法工作机制，加强执行案件信息公开力度，完善社会诚信体系建设。

一、民事案件执行困难的表现形式

民事案件执行困难主要表现在被申请执行人下落不明和执行财产下落不明两个方面。被申请执行人下落不明并不是法律层面意义上的符合宣告失踪或宣告死亡条件的“下落不明”，而是被申请执行人故意藏匿、躲避，不被执行机关或者申请执行人发现；执行财产下落不明是导致执行困难的主要原因，被申请执行人往往将其财产隐匿或者转移，使其名下无任何财产可供执行。

（一）被执行人下落不明

司法实践中，因被执行人下落不明导致执行困难的民事案件不在少数。被执行人下落不明，主要表现在无被执行人有效的联系方式，无其固定住所的相关信息。被执行人下落不明，给执法人员的执法工作带来巨大困难。在执行案件中，对于被执行人下落不明的情形，更多的是依靠执行申请人的私力救济途径来寻找被执行人。然而申请执行人的私力救济力量有限，因此在寻找被执行人的过程中往往心有余而力不足。现阶段，借助网络技术以及天网技术，在搜寻被执行人方面取得了一定进展，在一定程度上解决了执行困难中的被执行人下落不明的问题。

（二）被执行财产下落不明

与被执行人下落不明不同的是，在某些执行案件中，被执行人名下没有任何财产。被执行人财产下落不明，同样是导致执行困难的重要原因。司法实务中，申请执行人一般要提供被执行人的财产线索。申请执行人往往通过查询被申请执行人的房产、车子以及存款等向执行机关提供的财产线索。实践中，申请执行人通过主管部门查询到被执行人名下没有登记任何房产或车子，给执行工作带来巨大的困难。被执行人名下没有任何财产分为两种情况：一种是被执行人确实无任何可供执行的财产；另一种是由于被执行人故意转移、隐瞒其财产，逃避民事案件的执行。

二、民事案件执行困难弊端分析

民事案件执行困难的弊端重重，民事案件执行困难已经成为我国司法实务界必须面对的问题，因民事案件执行困难而引发的社会问题也日益增多。民事案件执行困难，给执行申请人的权益造成巨大影响，使民事案件执行申请人的民事判决书成为一纸空文。民事案件执行困难，在一定程度上使我国司法权威受到极大挑战，进而形成恶性循环。民事案件执行困难，还给我国社会主义核心价值观之公正价值造成破坏，该破坏一旦形成即造成难以弥补的恶果。

（一）损害申请执行人权益

司法是社会公正的最后一道屏障，我国几千年的无讼、厌讼文化，以及中国人乡土中国、熟人社会的背景，使当事人不到万不得已，不会轻易提起民事诉讼。当事人提起民事诉讼，即希望其诉求得以实现。当事人诉求的实现，既依赖于民事审判环节，又依赖于民事案件的执行。民事案件执行困难，使民事判决或者调解成为一纸空文，直接影响执行申请人权益的实现。司法改革要求司法公正在具体的案件中得以实现，当执行申请人的权益难以实现时，其亲身经历会“传染”给其他社会主体，形成恶性循环。

（二）挑战司法权威

民事案件执行由司法机关采取强制执行措施来完成，民事案件执行既是司法机关职责之所在，也是司法机关行使职权的表现。司法权威是通过一个个典型的具体案件予以呈现和树立的，民事案件执行不力无疑会给司法权威造成巨大的挑战。司法权威的树立是一个漫长的过程，而对其的破坏力却是通过一个个具体的案件造成的。司法权威一旦丧失，其结果将是不可逆的，对其的修复也将是一个艰难而漫长的过程。相反，民事案件执行制裁力度的加强，在一定程度上对树立司法权威具有重要的积极意义。

（三）破坏社会公正秩序

公正作为我国社会主义核心价值观之一，也是我国司法改革追求的目标之一。司法公正是我国社会公正秩序的重要组成部分，司法公正是通过具体的个案得以实现的。民事执行案件中，被申请执行人通过转移、隐匿财产等违法犯罪行为逃避强制执行，在给申请执行人权益造成了损害的同时，也给社会公正秩序造成巨大破坏。民事案件公正价值的实现，以审判环节作为基础和前提，执行是公正价值实现的保障。没有强制执行的保障，法院的判决或调解就将沦为一纸空文，申请执行人将对司法公正失去信心。

三、民事案件执行困难原因分析

导致民事案件执行困难的原因是多方面的，主要包括：立法层面关于民事案件执行法律法规的零散，民事案件执行单行法律的缺失；民事案件执行体制落后，执行队伍的执法素质参差不齐；被申请执行人能拖则拖，法律意识淡薄；民事案件执行信息公开不到位。

（一）执行立法零散

执行立法零散是导致我国执行困难的重要原因，针对执行困难的问题，最高人民法院多次出台司法解释予以解决，这些司法解释有的前后矛盾，相互牵扯，造成法律实施的混乱。除此之外，调整我国民事案件执行的法律主要是《民事诉讼法》，尽管经过多次修改，《民事诉讼法》在解决执行问题方面仍未起到实质性改善的作用。综观世界上其他国家的经验，专门制定民事执行单行法律予以调整民事案件的执行，取得的法律效果较为良好。

（二）执行队伍滞后

民事案件的执行，是在司法机关主导之下的强制执行，司法机关执行队伍的素质直接决定着民事案件执行的效果。相较于审判人员，我国执行法官的素质参差不齐。笔者在办理执行案件的过程中，常常听到执行法官以工作太忙、人手不够为由推诿对案件进程的了解。被申请执行人下落不明或者财产下落不明是导致执行困难的重要原因，但是执行法官办事效率低下、对法律法规的解读存在盲区、执行案件的积极主动性不够，同样是导致执行困难的重要因素。在民事案件执行困难的背景下，加强对民事案件执行队伍业务素质的培训，提升执行队伍办理案件的水平至关重要。

（三）法律意识淡薄

被申请执行人法律意识淡薄同样是造成执行困难的重要原因，在民事纠纷中，被申请执行人法律意识淡薄，在履行判决或者调解时能赖则赖。现阶段，在治理民事执行案件中普遍存在老赖问题，我国从立法以及司法层面通过设置重重关卡，诸如将老赖列为黑名单，禁止其乘坐民航、高铁，禁止其高消费等。对老赖进行制裁的措施在一定程度上对被申请执行人产生警示以及威慑作用，也给社会其他群体间接普及了法律知识。

（四）执行信息公开不充分

司法公开是司法改革的重要内容，执行信息公开是司法公开的重要组成部分。阳光是最好的防腐剂，执行信息公开在一定程度上能解决执行困难的问题。现阶段，我国执行信息公开不充分，申请执行人在获取被申请执行人财产线索、查询被申请执行人财产状况、了解执行案件办理进展的过程中存在巨大难度，申请执行人难以查询到相关信息，又或者在查询信息的过程中需要花费巨大时间成本，往往还面临诸多部门的责难。执行信息不公开，同样给执行案件留下灰色地带以及暗箱操作的空间。

四、解决民事案件执行困难的对策

民事案件执行是保障申请执行人权益的重要途径，也是实现社会公正秩序、维护司法权威的重要内容。民事案件执行困难的问题不是我国独有的，民事案件执行困难也不可能在短时间内就被彻底解决。解决民事案件执行困难的问题，需要从立法层面整合有关执行法律法规、立法上为执行工作保驾护航。对于司法机关的执行工作，应当改变传统执法方式，创新执行工作机制。我国诚信体系不健全，同样是导致民事案件执行困难的因素。因此，民事案件执行工作同样依赖于社会诚信体系的建设和完善。与此同时，加强执行信息的公开，是杜绝民事案件执行领域暗箱操作、防止执行领域司法腐败的重要途径。

（一）整合执行法律法规

我国调整执行案件的法律主要为《民事诉讼法》，《民事诉讼法》中关于执行程序的内容是司法实践中处理执行案件的重要法律依据。细观《民事诉讼法》历次修改背景，民事案件执行困难是其背景之一。除此之外，最高人民法院针对民事案件的执行工作，发布了一系列司法解释，旨在解决执行困难的问题。现阶段，我国仍未出台针对执行工作的单行法。因此，为了解决民事案件执行困难的问题，整合现有的零散的执行法律法规以及司法解释，制定民事案件执行的单行法至关重要。

（二）创新执行工作机制

执行工作机制是解决民事案件执行问题的突破口，我国执行工作机制陈旧在一定程度上导致民事案件执行困难。执行工作机制陈旧包括执行方法落后、执行效率低下、执法力度不强。随着网络技术的发展，传统陈旧的执行方法已经不能满足民事案件执行工作的需要。现阶段，我国部分法院执行机构在创新执行方法方面颇有成效，诸如，在互联网上进行司法拍卖、建立法院诉讼资产网等。目前，全国性的人民法院诉讼资产网已建成并投入运行，这是我国执行工作机制创新的重要内容。在民事案件执行效率方面，仍然存在效率低下的问题。执行效率的低下，一方面是执行程序的烦琐复杂，另一方面执行队伍办理执行案件的业务水平有待提高。现阶段，我国民事案件执行力度不够的现状有所好转。通过对被执行人制裁力度的加强，在一定程度上对被执行人形成威慑。

（三）完善社会诚信体系

诚信作为社会主义核心价值观的重要内容，也是实现司法功能的主要途径。现阶段，由于社会经济的转型，我国社会诚信状况受到一定的挑战。社会诚信体系不健全在一定程度上给老赖的生产和生活并没有产生重大影响，使老赖在不执行相应判决或调解时仍有喘息的机会。随着我国信用制度的建设与完善，失信被执行人名单即黑名单制度的实施，使民事案件执行困难的现状有所改观。社会诚信体系的建设，还需要包括被执行人在内的社会成员的参与，形成诚信司法环境。

（四）加强执行信息公开

执行信息不公开的弊端不胜枚举，执行信息不公开也是造成民事案件执行困难的重要原因。执行信息的公开透明是解决执行困难的重要途径，执行信息公开应保证整个执行程序全流程的公开，被执行人财产查询结果的公开。执行信息的公开以执行信息公开平台作为保障，在执行信息公开平台上，应保证公众对执行案件中被执行人的知情权，诸如，了解被执行人的相关信息以及财产线索。目前，通过最高人民法院建设的中国执行信息公开网，公开全国失信被执行人名单信息，限制名单上的人员乘用民用航空器以及高铁，限制失信被执行人高消费的行为，以此形成对被执行人的制裁，并对潜在的老赖形成威慑。

随着经济的发展，我国民事案件的数量呈逐年上升的趋势。与此同时，民事案件所涉标的额以及社会影响力空前。民事案件的妥善处理同样关系着社会的稳定与和谐发展，民事案件的处理不仅需要重视审判工作，同样需要重视执行工作。因此，改变当前重审判轻执行的司法传统至关重要。民事案件执行困难不仅影响申请执行人权益的实现，对我国司法公正的实现同样构成挑战，是我国司法改革过程中必须解决的问题。导致民事案件执行困难的原因是多方面的，如立法上执行法律法规的零散、执行工作机制的陈旧、执行信息公开不到位、诚信体系不健全等。解决民事案件执行困难的问题并非一朝一夕之事，需要长期不间断地改革才能化解。整合现有民事执行领域零散法律法规，创新执行工作机制，加强执行信息公开以及完善社会诚信体系刻不容缓。

破坏与治理：论生态环境资源保护路径构建

——以G省生态环境资源犯罪为视角

张 婷*

摘 要: 生态环境资源的重要性日益凸显，它关系到经济社会可持续发展等问题，党的十八大把生态文明建设提升到治国理念的战略高度。目前，我国生态环境资源犯罪情况严重，形势令人堪忧，究其原因，有思想因素、体制因素、立法因素和司法因素。在思想上，要有环境保护意识；在体制上，加大司法监督、管理力度；在立法上，要科学、规范立法；在司法上，加大生态环境犯罪治理的查办力度，多方位进行保护生态环境资源路径构建。

关键词： 生态环境资源 犯罪分析 资源保护路径

随着社会的发展，生态环境资源的重要性日益凸显，它关系到经济社会可持续发展等问题，党的十八大把生态文明建设提升到治国理念的战略高度。然而，脆弱的生态环境被经济发展过度攫取，导致生态环境资源保护的任务更加重要和艰巨。

---

* 张婷（1989— ），汉族，硕士，贵州民族大学人文科技学院教师。研究方向：刑法学。

一、G 省生态环境资源犯罪的基本状况分析

（一）样本选取说明

G省位于我国的西部，生态环境良好，山色葱茏，满目苍翠，空气清新，被誉为“天然氧吧”。文中所选取的样本和数据由G省的一些司法机关提供，样本主要是判决书，涵盖了从2005年至2012年G省全省生态资源犯罪的基本情况。为了使研究客观准确，在分析样本时没有刻意去筛选，没有挑肥拣瘦，基本上保证了样本的随机性。同时，选取的样本存在一定的局限性：第一，样本的种类单一。样本主要来源于G省各级法院提供的判决书，但卷宗及相关的证据没有被提取，也未能被分析，所以假定法官在客观公正的情况下，遵守法律程序，证据确凿充分，排除一切外在因素的干扰；第二，样本来源范围狭窄。样本只来源于G省，未包括全国各省、直辖市、自治区；第三，有些判决书法官的推理粗糙。在分析研究样本判决书时，发现法官对案件的推理相对粗糙，表述简略，令人匪夷所思的是根据这些判决书我们不能准确判断法官在审理案件时的真实想法，对案件中部分问题的法律适用分析很难把握。但总体上讲，这些局限并不影响我们探析环境资源犯罪的基本规律。

（二）生态环境资源犯罪的特点

1. 生态环境资源犯罪总体呈上升趋势，到峰值后下降趋于平缓，盗伐、滥伐林木罪所占的比例高。

表1 生态环境资源犯罪案件情况统计（单位：件）

生态环境资源犯罪罪名	2005年	2006年	2007年	2008年	2009年	2010年	2011年	2012年	合计
非法采矿罪	3	5	5	9	7	6	5	6	46
非法占用农用地	10	11	10	16	13	11	10	12	93
非法捕猎珍贵、濒危野生动物罪	5	5	8	12	7	6	5	6	54
非法收购珍贵、濒危野生动物罪	6	7	8	10	8	9	9	7	64
非法出售、收购重点保护植物罪	12	11	15	18	13	15	13	10	107
非法收购、运输盗（滥）伐林木罪	4	6	7	8	5	6	5	6	47

续表

生态环境资源犯罪罪名	2005 年	2006 年	2007 年	2008 年	2009 年	2010 年	2011 年	2012 年	合计
滥伐林木罪	28	29	35	36	30	31	32	35	256
盗伐林木罪	65	68	72	80	76	75	73	79	588
合计	133	142	160	189	159	159	152	161	1255

由表 1 所示，2005 年至 2012 年，G 省生态资源犯罪案件总数为 1255 件。从 2005 年开始呈上升趋势，到 2008 年犯罪形势达到顶峰，2009 年又呈下降趋势，2010 年至 2012 年犯罪形势基本保持平稳状态。生态环境资源犯罪形式多样，有盗伐林木罪、滥伐林木罪、非法收购、运输盗（滥）伐林木罪、非法出售、收购重点保护植物罪、非法占用农用地、非法采矿罪等。盗伐林木罪共 588 件，占整个环境资源犯罪的 46.9%，几乎占一半；滥伐林木罪共 256 件，所占的比例为 20.3%。盗伐林木罪、滥伐林木罪是生态环境资源犯罪打击的重点。非法占有农用地犯罪和非法出售、收购重点保护植物罪所占的比例为 0.8%、0.95%，这两种犯罪虽然所占比例很小，但也不能忽视，其破坏力度不可小觑，应严加防范。从 2009 年开始，生态环境资源犯罪形势趋于平稳，但盗伐林木罪、滥伐林木罪在数量上并没有下降，原因可能与 2008 年开始我国实施集体林权改革有较大关系。改革后，一部分林农成为林木或林地的主人，因其缺乏对林木、林地管理的认识，导致其采伐意愿与林木的限购政策发生冲突。

2. 生态环境资源犯罪具有破坏性，损失严重

生态环境资源犯罪造成损失统计图

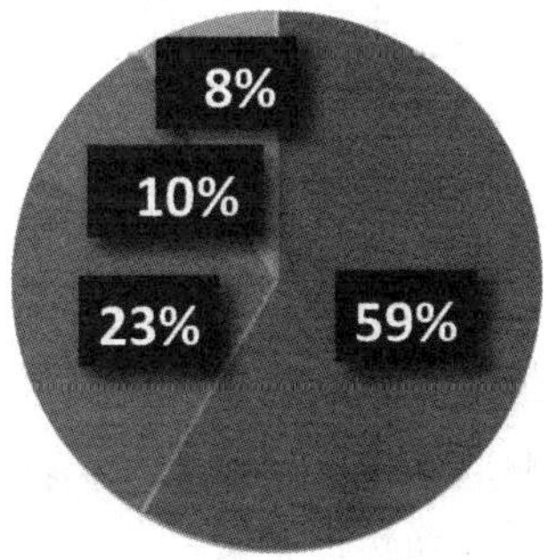

生态环境资源犯罪具有破坏性，对我国资源造成巨大损害，生态环境资源一旦受损，则无法恢复。由上图可知，从2005年至2012年，G省生态犯罪造成的损失非常严重。盗伐、滥伐林木犯罪、非法收购、运输盗（滥）伐林木罪造成的损失所占比例为59%，对珍稀动植物的犯罪所造成的损失占比为23%，其他形式的犯罪所造成的损失所占比例为18%。仅2010年以来，从受到严重损坏的森林资源来看，直接损坏林木达9003立方米，受损林地达460公顷，珍稀树木和野生植物达2604株，幼树56498株，因生态环境资源犯罪造成的经济损失难以估算。矿产资源因非法开采而造成的直接经济损失达892.62万元，同时对地质、地表结构造成的破坏也相当巨大。

3. 犯罪主体大多数为农民，且文化程度较低

表2 犯罪主体基本情况统计

类别		样本数（个）	所占比例（%）
犯罪主体文化程	大专以上	15	2.4
	中专	18	2.9
	高中	30	5.0
	初中	240	39.6
	小学	260	43.0
	文盲	42	7.2
犯罪主体职业	村委工作人员	28	10.2
	职工	15	5.5
	个体户	13	4.8
	农民	200	73.5
	无业	16	6.0

如表2所示，G省在生态环境资源犯罪中，农民犯罪所占的比例最高为73.5%，可见生态环境资源犯罪的主体多为农民，村委工作人员犯罪所占比例为10.2%，这两者加起来的比例就达到83.7%。导致这种状况出现的原因是：一方面，中国的农村经济发展缓慢，农民经济收入低，收入渠道不多，砍伐林木马上卖钱的短线赚钱意识还笼罩着他们；另一方面农民认识不够，法律意识和环境意识淡薄，了解程度不够。农民、村委工作人员在生态环境

资源犯罪中所占的比例说明，对这两类犯罪的有效治理是我国今后惩治和预防生态环境资源犯罪的重点。然而在理论上，有学者认为村委会并不是《刑法》第三百四十六条规定的单位犯罪主体，不能成为森林砍伐罪的主体。在司法实践中认定村委会是否该罪的单位犯罪主体时存在不同的判决。从犯罪主体的文化程度来看，初中文化程度所占的比例为39.6%，小学文化程度所占的比例为43%，文盲所占的比例为7.2%，高中以上文化程度所占的比例为10%左右。由此可见，文化程度与生态环境资源犯罪成反比，文化程度相对较高的，生态环境资源犯罪的概率相对较低；教育水平相对较低的，尤其是中小学文化程度，生态环境犯罪的概率较高。

4. 共同犯罪所占的比例较大

表3 共同犯罪情况统计

是否共同犯罪		人数	所占比例（%）
共同犯罪	两人以上共同犯罪	182	32.1
	其他形式	122	21.5
单独实施犯罪		262	46.4

由表3所示，法院以共同犯罪论处的人数为304，所占比例为53.6%，其中两人以上的共同犯罪人数为182，所占比例为32.1%，其他形式的共同犯罪人数为122人，所占比例为21.5%；单独实施犯罪的人数为262人，所占比例为46.4%。这些数据表明，在实践中，共同犯罪实施破坏生态环境资源犯罪行为所占比例较大，尤其是滥伐林木罪。统计表明，其共同犯罪有三种形式：第一种，林木所有人将林木卖给他人的行为；第二种，林木所有人或承包人共同实施滥伐；第三种，雇主教唆被雇佣人实施的滥伐林木行为。

5. 在查办生态环境资源职务犯罪中，涉嫌渎职犯罪的比例高

表4 涉嫌渎职犯罪统计

类别	案件数	比例（%）	人数	比例（%）
贪污贿赂罪	20	10.8	42	15.4

续表

类别	案件数	比例（%）	人数	比例（%）
环境监管失职	2	1.0	2	0.7
违法发放林木采伐许可证犯罪	2	1.0	3	1.1
非法批准征用、占用土地犯罪	5	2.7	5	1.8
徇私舞弊不移交刑事案件	38	20.7	66	24.2
滥用职权犯罪	30	16.3	52	19.1
玩忽职守犯罪	86	47.5	102	37.7
合计	183		272	

从检察机关提供的资料来看，G省在查办生态环境资源职务犯罪案件中，涉嫌渎职犯罪比例较高。在G省检察机关查办的生态环境资源职务犯罪案件中，渎职犯罪有183件，涉案272人。其中，涉及贪污贿赂犯罪20件，涉案42人，占查办此类职务犯罪的10.8%和15.4%；环境监管失职2件，涉案2人，占查办此类职务犯罪的1.0%和0.7%；违法发放林木采伐许可证犯罪2件，涉案3人，占查办此类职务犯罪的1.0%和1.1%；非法批准征用、占用土地犯罪5件，涉案5人，占查办此类职务犯罪的2.7%和1.8%；徇私舞弊不移交刑事案件38件，涉案66人，占查办此类渎职犯罪的20.7%和24.2%；滥用职权犯罪30件，涉案52人，占查办此类渎职犯罪的16.3%和19.1%；玩忽职守犯罪86件，涉案102人，占查办此类渎职犯罪的47.5%和37.7%。从这些数据可以看出，在查办生态环境资源职务犯罪案件时，要加大监督的力度。

二、生态环境资源犯罪的原因

生态环境资源犯罪屡禁不止，主要原因包括涉案人员的思想、体制、立法、司法等。只有弄清犯罪原因后，才能找到相应的解决措施。

（一）思想因素：涉案人员存在认识偏差

一是法律意识淡薄。前文分析到生态环境资源犯罪主体多为农民，且他们的文化程度较低，“私欲”观念较强，存在心理学所讲的“公地”心理，见其他人在砍伐森林、破坏生态资源，便产生了“不砍白不砍”的意识，于是自己也想方设法地肆意破坏生态环境资源，所得利益归自己所有，将法律的规定弃之不顾。还有些人不知道自己破坏环境资源的行为要承担相应的法律责任，如G省某县城一木材加工厂老板利用天气原因，浑水摸鱼，高薪金地雇用李某等劳动力为其盗伐林木，3天盗伐了近12立方米的国有林，李某等受雇者始终认为他们是在帮助木材加工厂老板，盗伐国有林的责任应由木材加工厂老板承担，他们自己不负任何责任。

二是受利益驱使。近年来，一些不法分子见市场需求大，为利益所驱使而孤注一掷，非法捕杀珍稀动物、濒危动物，导致国家保护动物的数目急剧减少，以致有些动物在某些地区灭绝。如G省某县东坪镇村民赵某、王某进入自然保护区捕捉珍稀动物野猪和穿山甲，被人赃俱获，这样的例子数不胜数。随着经济的发展，我国对木材、林产品、土地的需求快速增长，一些商贩只顾眼前利益，无视国家法律、法规的规定，滥（盗）伐树木，非法毁林，造成生态环境的严重破坏。例如，G省某县曾某以发展茶叶经济为名承包荒山，白天雇请民工上山砍伐林木，夜晚偷运木材，还雇请专门的护林人员阻止当地百姓上山。不仅造成大量青山变成荒山、秃山，而且造成当地水土严重流失，沙土污染了饮用水源。

三是对生态环境资源漠不关心，保护意识淡薄。生态环境资源犯罪所侵害的对象较为宽泛，犯罪行为没有具体的被害人。一部分人对生态环境资源犯罪造成的损失持“事不关己，高高挂起”的态度，认为没有危及自己的利益，逢生态环境资源犯罪发生时，往往采取听之任之的态度，不主动报告。还有一部分人没有环保意识，认为人类可以征服自然、改造自然，破坏生态环境对生活空间带来的危害不大，这种认识加大了犯罪的发生机率。

（二）体制因素：管理、监督不到位

一是相关职能部门在治理生态环境资源问题上配合默契程度不够。对生态环境资源问题的治理涉及众多部门，很多部门隶属不同、分工不同，有的部门以追求利益为目的，有的部门以打击为目的，在治理生态环境资源问题时，各自采用的方式不一样，出现各自为政，相互推诿、扯皮的现象，在工作上彼此

不配合，合作难度大，很难形成统一的互动机制。

二是生态环境资源管理法规执行不力。目前，无论是国家层面，还是地方政府都已制定了多部生态环境资源法律法规，相关规定都较为详细，遗憾的是执行不力。例如，G省先后出台了《关于推动绿色发展建设生态文明的意见》《G省大气污染防治条例》《G省煤电机组超低排放和节能改造实施方案》等一系列规章制度，但这些规章制度没有被很好地实施，执行力度需进一步加强。再者，尽管生态环境资源相关法律法规的制定较为成熟，但没有得到很好的宣传，许多老百姓全然不知，导致破坏生态环境资源的事件屡屡发生。

三是监管保障力量、经费需加强。从整体上看，我国生态环境资源保护还是取得了可喜的成绩，但生态环境资源监管力量和经费保障相对薄弱。特别是一线基层监管单位的问题严重，监管队伍人手不足，老龄化现象突出，在补充新鲜“血液”时，要通过层层筛选和相关的考试才能上岗，很难招聘到合适的人员，即使招聘到人员，由于待遇低，也很难把人员长久留在基层监管单位。此外，是监管保障经费不足。G省林业公安人员每人年均办案经费要比全国平均水平低，基本上要“负债”办案。G省基层护林人员人均看护森林面积达4000亩，其待遇和补助却低得可怜，难以养家糊口，不少护林员辞掉工作外出务工，总之，监管保障力量和保障经费亟待加强。

（三）立法因素：现行法律规定不科学

一是立法理念滞后。就《环境保护法》而言，治理的重点是污染防治，其只考虑到眼前的利益，没有充分顾及未来一代。例如，对湿地的保护等没有相关的法律规定。已出台的单行法存在内容重叠和冲突的情况，自然资源保护法的规定只注重自然资源的经济价值，而忽视自然资源的生态价值。在刑法中，刑法的价值取向是保护国家和个人的权利，而不是考虑整个社会生态环境的可持续发展。

二是现行刑法对环境犯罪构成的规定和标准设置不规范。在传统的环境犯罪罪名中，多数罪名是情节犯和结果犯，没有对危险犯的规定，行为犯更为稀缺。事实上，对环境的污染和危害土地、水、动植物的行为具有潜在的特征，在危害结果发生后，损失是不可估量的，此时虽然处罚了相关责任人，但犯罪行为所造成的损失并不能完全被挽回。因此，刑法中生态环境资源罪必须体现“预防为主”，必须设置举动犯、危险犯，增加行为犯的相关规定。

三是法律规定不科学，操作性不强。现行法律法规对生态环境资源犯罪的规定不科学，欠缺相关司法解释。在刑法中，一些环境资源犯罪规定是不协调、不完善的。环境资源犯罪刑法的规定主要体现在社会关系的保护上，因此它往往被规定在不同的类别，从而造成刑罚适用衔接难的问题，使刑法的实施遭遇很大困难。

（四）司法因素：打击力度不够

一是以罚代刑的现象严重。有关执法部门监管不力，或者因有关方面的压力，而对生态环境资源犯罪只采用罚款的形式进行处罚，且罚款的数量和标准不一样，在罚款过程中又存在徇私情、做样子、走过场的现象，不把应接受惩罚的犯罪分子移交给司法机关，从而使犯罪行为未受到相应的打击，给普通老百姓造成一种错觉，以为犯了生态环境资源罪，只需交罚款就可以了事。

二是轻刑化问题严重。此处所指的“轻刑化”，包括法定刑罚较轻和渎职案件的轻刑化。现行刑法第三百三十八条至三百四十六条，规定了破坏环境资源保护罪的相关内容，从条文的内容来看，破坏环境资源犯罪的后果无论怎样严重，法定最高判刑也只有七年，在后果特别严重的情形下，才处财产刑，即单处或并处罚金，对于罚金处罚的标准和数额，没有做出相应的规定。由此可以看出，我国刑法对破坏环境资源犯罪的处罚力度较轻，有些坏境资源犯罪造成的危害巨大，与刑法规定对其惩罚的力度不相匹配，难以体现刑法罪责刑相适应的原则，不足以发挥刑法的威慑作用。前文中我们已经分析过，在G省检察机关查办的生态环境资源职务犯罪案件中，渎职犯罪有183件、涉案272人。在涉案人员中，有些人员没有被判以实体刑，有些案件的最终处理结果引起了社会的强烈反响，与人们的意愿相悖。这些渎职案件的轻刑化会产生负面效应。

三是获取相关证据困难。对于生态环境资源犯罪，有关行政管理部门采取漠然的态度，任其发展，或者采用另一种处理方式，即以行政处罚、赔偿等方式进行处理。生态环境资源犯罪的侦查线索主要是靠环保部门发现或者提供，往往会涉及专业性很强的知识，目前我们公安队伍中比较欠缺这方面的人才，所以环境资源犯罪的取证较难，这也是惩治生态环境犯罪不力的重要因素。

三、保护生态环境资源的路径构建

上文中我们分析了生态环境资源犯罪产生的原因，只有找到原因，才能找到合理化的解决措施。实践证明，要想治理生态资源环境犯罪，只有将保护环境的意识摆在突出位置，才能从根本上进行治理，才能实现社会的可持续发展。

（一）思想上：树立生态资源司法保护意识

一是充分利用电视、广播、网络、宣传画册等手段向群众宣传保护生态环境资源的意义，向群众普及环保知识，讲解环保法律和环保政策，引导群众牢固树立保护环境的意识，构建人与自然和谐相处的平等关系，加强人们生态环境保护的责任意识、法律意识。

二是教育人们淡薄利益，在法律允许的范围内，正确、适当地进行开发、利用资源，让环境、资源法治文化逐渐被人们认同，使环境法治、生态文明、可持续发展相互配合，三者和谐布局。

三是号召人们树立强烈的环境保护意识，充分发挥舆论的作用，并提高公众参与环保的积极性，鼓励公众勇于同生态环境资源犯罪的行为做斗争，同时提高群众的法制意识、环保意识，促成广大群众环保价值体系的建立。

（二）体制上：加大司法监督、管理力度

一是完善衔接机制，多方位形成生态环境资源犯罪的合力治理。治理生态环境资源犯罪，要加强环保、土地、林业、水利、通信等有关职能部门之间的配合，在行政执法和刑事司法信息化等方面建立共享平台，拓宽监管方式和途径，加强与纪检监察、审计等部门的定期沟通，对生态环境犯罪进行专项治理，及时惩治和预防职务犯罪的发生。

二是规范执法，打破执法不力的局面。严格执行中央、地方已出台的保护环境资源的法律法规，在普通民众中间宣传和普及保护环境资源的相关法律，号召人们依法办事，坚决同破坏环境资源的行为作斗争，打破传统执法不力的局面。

三是加强生态环境资源的监管保障力量和保障经费。及时补充监管保障力量和保障经费，特别是要加强基层生态环境资源管理队伍的建设，为基层管理

团队人员提供更好的福利。建立起一支政治素质、业务技术、作风纪律等方面经得起考验的管理队伍；建立严格的奖惩制度，为先进、勤恳的管理人员提供晋升空间，对消极工作的人员，依法追究责任。同时，加大生态监管队伍的经费保障，提高人员的待遇，让他们安心工作。

（三）立法上：制定科学、规范的法律

一是立法理念上要与时俱进。就《环境资源法》而言，改变以往的做法，让环境权变成公民的基本权利，可以支配，让人们享受和拥有良好的环境权利，法律生态化的观念逐渐被人们所接受，唤醒人类环境保护的意识，让他们认识到保护环境是应该做的事，是道义上的事，让环境保护的观念在大众的意识中得到实质性改变。同时兼顾生态与民生，让经济发展、社会进步，生态文明需要协同发展。现行刑法对环境犯罪的规定，在自然资源和环境的合理开发、利用、保护和改善等方面发挥了重要作用，在一定程度上促进了社会经济的可持续发展。但对水、国土、生物等安全规范，保护人民的利益，保护自然利益，保护后代人的利益，最终实现人与自然和谐相处，也应成为刑法在保护生态环境资源的立法理念。

二是扩大行为犯、增设危险犯、过失犯的刑事责任。如环境污染、对土地、水、生物的危害行为和危害结果，具有潜在性等特点，一旦危害发生，后果不堪设想，损失不能挽回。为了防止犯罪，在刑事立法时要考虑，只要有破坏自然资源、污染环境的犯罪行为发生时，就应当依法追究其刑事责任。只要具备污染环境、破坏资源的行为，不管实际的危害结果如何，只要犯罪行为是真实的，且达到了一定的限度，就应当追究其刑事责任。这样做的目的是更有效地保护生态环境，同时增设危险犯、过失犯及其相应的刑事责任。

三是科学立法，增强其操作性。完善现行法律、法规对生态环境资源犯罪的规定，出台配套的司法解释。在刑法中，完善环境资源犯罪的规定。生态安全应被纳入刑法规范，成为刑法保护的法益，使刑法立法适应惩处生态环境资源犯罪的需要，完善刑罚衔接机制，更好地发挥刑法功能。

（四）司法上：增强打击力度，加大生态环境犯罪治理的查办力度

一是在生态环境资源犯罪中，坚决杜绝“以罚代刑”的现象。强化检察机

关审查批捕、审查起诉职能。依法严厉打击破坏生态环境犯罪，检察机关要加大监督力度，深查职务犯罪，深挖“保护伞”。严厉打击社会影响恶劣、损失后果严重的生态环境资源犯罪中的职务犯罪。对于生态资源犯罪案件的查办，要纠正违法、违规的乱象，综合衡量发出检察建议通知，督促有关行政执法部门依法履行职责，帮助违法犯罪主体深入分析其违法犯罪的原因和特点，预防和减少新的犯罪发生，把犯罪扼杀在萌芽之中，促进法治建设，做到文明行政。为防止生态犯罪领域中职务犯罪的产生，需建立犯罪预防咨询机制，开展有针对性的预防和精准性的预防，以减少或预防职务犯罪。

二是提高生态环境资源犯罪和生态领域职务犯罪的刑罚幅度。针对我国环境保护和生态领域渎职犯罪的严重情况，应提高其刑罚幅度，发挥刑法的威慑作用，达到预防犯罪的目的。现行刑法规定环境资源犯罪可以单处或并处罚金，应该明确罚金刑的标准和数额，达到遏制环境犯罪的目的，从而增强刑法的适用性和操作性。

三是加强与有关行政执法部门的配合，减少取证难的问题。与关部门和专家相互配合，向他们学习、了解、熟悉、掌握系统的行业法律法规和业务知识，在遇到技术问题时，主动邀请有关部门和专家来消除疑虑，解决取证难的问题。建立相关行政调查和相关部门的通报机制，了解情况，掌握破坏生态环境资源犯罪的相关线索，及时查处涉嫌生态犯罪的渎职行为，遇到棘手问题向有关部门咨询。应对生态资源环境的破坏行为进行及时干预，运用行政调查和检察调查相结合的方式，相互合作、相互制约。

参考文献：

[1] 李剑，蔺学文.危害生态环境犯罪的成因及惩防之策［J］.人民检察，2013（10）.

[2] 邓文莉.环境犯罪的成因及其控制对策的经济分析[J].法学评论,2007(6).

[3] 杨帆，任洋，佘冬梅.生态法专题研究［M］.中国政法大学出版社，2015.

[4] 贵文.贵阳清镇办了个“环保法庭”［N］.中国渔业报，2010（5）.

[5] 蒋兰香.环境犯罪基本理论研究［M］.知识产权出版社，2008.

[6] 陈兴良.刑法的价值构造［M］.中国政法大学出版社，1998.

速度与激情——浅析刘呐鸥《都市风景线》

方守永*

摘 要：中国现代文学在外来影响下出现了一个新的流派，那就是刘呐鸥等人开创的“新感觉派”，刘呐鸥的创作受到了日本新感觉派的影响，其作品中描写的场景充满了异域的风土民情，同时也展现出了20世纪30年代上海丰富多彩的社会和生活图景，他在作品中将城市人民生活的现代性特征以及骚动的灵魂表现得栩栩如生，用一种先锋性的姿态来审视和描述新的都市男女故事，让作品摇曳生姿。本文试图从“速度”与“激情”这两个方面，来探讨其作品中所表现的都市人的现代焦虑感以及生存困境。

关键词：刘呐鸥 《都市风景线》 速度 激情

刘呐鸥的写作走的是现代主义路线，他与施蛰存等文学家有过交往，在创作中借鉴了日本的新感觉派的表现手法，日本的新感觉派作家通常用主观的变形来描写客观存在，并且很重视艺术至高无上的地位，还描写了变态的心理以及超出现实世界存在的幻想等内容。《都市风景线》是刘呐鸥的代表作，它是

---

* 方守永（1989— ），汉族，硕士，贵州民族大学人文科技学院讲师。研究方向：中西比较文学。

一部由多篇小说组成的小说集，作品里包括了“都市风景线”“游戏”“两个时间的不感症者”“A Lady to Keep You Company”等十几篇小说，这些小说通常以都市中男欢女爱的爱情游戏为主要的描写对象。在写作中，作者在日本新感觉派表现手法的影响下描述了许多疯狂的城市面貌，同时，《都市风景线》这部作品也成为中国现代文学中“新感觉派”的奠基之作。本文以刘呐鸥作品中所体现出的“速度”与“激情”作为出发点，对作品进行具体的分析和研究，试图探讨其思想内容的独特性。

一、速度——人是坐在速度的上面的

“速度”是工业革命宣告现代社会来临的重要标志，一切都在急速发展的变动中，而且其变动的频率是以往任何一个社会类型无法比拟的，而这种现代社会的“速度”之感被具有敏锐洞察力的作家们率先感知，并大胆地引入他们的文学创作中，刘呐鸥便是作家中独特的一位，“速度”在他的作品中就有很好的体现，它不仅代表着社会发展的“速度”，而且代表着人类被快速异化的程度。

文学中的“速度”体验为现代人无法消除的观念之一，正如李梵欧所言及的“速度问题实际上是一个现代性问题”，它的确裹挟着巨大的社会变革、思想变革，将人们抛向了无垠的精神旋涡里徘徊、挣扎……

雨后春笋般林立的现代摩登大楼、路上川流不息的人群、嘈杂喧闹的滚滚车流、舞厅里舞姿的摇摆节奏、酒杯里晃动的彩色液体、男男女女互相挑逗的眼神、炫目的霓虹灯闪烁、跑马场的急促韵律……速度在让现代城市充满动感之余，也让匆忙成为时代的特征。马歇尔·伯曼曾经在《*All That is Solid Melts into Air: The Experience of Modernity*》（《一切坚固的东西都烟消云散了：现代性体验》）里提到：“迅速增长的街道和车流并不知道任何空间或时间的限制，于是蔓延至都市的每一个角落，将自己的节律强加于每个人的时间，把整个现代环境转变成了一团‘运动的混乱’。”[①]在这个社会中，个

① ［美］马歇尔·伯曼著，周宪，等译．一切坚固的东西都烟消云散了：现代性体验［M］．编商务印书馆，2013.

人和个人之间的社会关系已经超脱于稳固单一的存在方式，并且这样一种关系也随时随地处于变动不安之中，变成了模糊不清、瞬息万变的不确定式的存在。

人们是坐在速度的上面的。原野飞过了。小河飞过了。茅舍，石桥，柳树，一切的风景都只在眼睛中占了片刻的存在就消灭了。……燃青是为要得到下星期月曜日将在新都开的一个重要会议的智识，被赶出了那充满着油味和纸嗅的昏暗的编辑室，到这早晨大特别快车上来的。

——《风景》①

《风景》这篇小说描写的是一个要坐车到城里去和丈夫一起过周末的妇女与一个不认识的男人媾和的故事。英国“拓荒者号”，第一辆在中国运行的火车，从此带来了现代派所礼赞的“现代速度”，人们是坐在速度的上面的，而这个“速度”首先就表现在技术层面，或者更直接点就是交通工具上——火车。刘呐鸥向我们展示了乘客、报纸以及火车的窗外原本静止着的景物，三个皆有关系的人与物，当火车在轨道上飞速地往前走时，一开始处于相对静止状态的人与物，便慢慢地按照自己的节奏相对运动起来。飞驰的景物让乘客的眼睛应接不暇，看似这只是生理层面的感受，而更深层的实际是火车所代表的现代都市文明给现代人所带来的心理层面的体验——快速、不安又骚动的心理体验，这为之后故事的发展埋下了伏笔。正如笔者所言，一心只讲速度和直线的工业文明在给人们带来切实便利、提高效率的同时，实际上也使人们逐步丧失了驻足欣赏的闲情逸致。在标榜效率至上的同时，其实暗含了放纵与不安的因子。在节约时间与花费时间中，“快”置换掉了所有对人类终极价值的“慢”思索。这时候的刘呐鸥便在车水马龙的喧嚣之下，用自己充满情感和欲望的双眼扫描着藏在都市中各色人等内心深处的强烈欲望：

男女的肢体，五彩的灯光，和光亮的酒杯，红绿的液体以及纤细的指头，石榴色的嘴唇，发焰的眼光。……空气里弥漫着酒精，汗汁和油脂的混合物，使人们都沉醉在高度的兴奋中。有露着牙哈哈大笑的半老汉，有用手臂作着娇

---

① 刘呐鸥．都市风景线［M］．上海科学技术文献出版社，2015.

态唧唧地细谈着的姑娘。

——《游戏》①

作品《游戏》描写的是一位女士在结婚前夕和她的情人在一起的场景。小说中，刘呐鸥用简短的句子营造出了一种人际关系微妙的颤动之感，斑驳庞杂的场景，将现代都市男女醉生梦死的奢靡、荒芜的精神态势勾勒得丝丝入扣，将上海这座建在“地狱上的天堂”打造得诡秘而妖娆，这就必然带来了物欲与情欲的入侵，男女之间的传统禁忌被打破，人们不再扭捏，反而在酒精的刺激下，在舞姿的缠绕中，寻求身体的快感，及时行乐的人生哲学弥漫其间。“速度”，又一次以情欲的方式侵占了都市人的内心，在冷漠的繁华下，多少痴男怨女沉溺其中，迷失在都市情感的旋涡中，闪电般的相恋，又火速地转身离去，分分合合，来去匆匆，感情仿佛真的成了一场昼生夜死的“游戏”，是一场权力与肉欲的角逐。

《方程式》这篇小说更是将这种速度感发展到了极致，那就是在高度秩序化、物质化、实用化的社市中，人们不再追求细水长流的感情、你侬我侬地相守一生，主人公密斯托Y把太太的存在视作“青菜沙拉”，感觉平淡乏味，而对于太太的早亡，他并没有表现出过分的哀伤，在选新太太时，他想如果有人愿意在两日之内和他完婚，他便会娶她，这样的描写蕴含了一些讽刺的手法，作者以轻松的笔调讽刺了都市男女的婚姻关系。我们可以从主人公的观念中感知到他的生命以及处事方式已被异化成了固定的模式。都市里的每个人都在追求利润化以及商业化的生活方式，并且本应作为人生中最重要事件的婚姻和爱情却已脱离了个体生命的中心，越来越不被重视。

二、激情——热情之骨

在中国传统儒家文化中，男女之间的交往通常被称为“男女之大防”，甚至孔圣人在《论语·第十七章·阳货篇》里摇头兴叹：“唯女子与小人为难养也，近之则不孙，远之则怨”②。而在刘呐鸥的小说里，爱情中原本高尚的品

---

① 刘呐鸥．都市风景线［M］．上海科学技术文献出版社，2015.

② 论语［M］．中华书局有限公司，2006.

质已经消失殆尽，女人和男人之间的情爱关系已经凌驾于简单的“灵”和“肉”的结合之上，纯真的爱情已被男女之间每天每夜不间断的放纵、玩乐所代替，信奉快乐至上，哪怕与道德相违背、与世俗相冲突，难以控制的情欲之火也会将饮食男女的激情点燃。

在刘呐鸥的笔下，未婚男人和女人在“恋爱”时，首先想到的是如何能够把自己体内的欲望释放出来，而根本不会想谈恋爱的目的是结婚，因此便有了这样的描写：

——你真瘦哪！

一会儿，她抚弄着他的头发说。

——你怎么这样地战栗，真不像平常的你。你怕，是不是？

——不，我不怕，你爱我吗？

——怎么！这不是证据吗？

——那么，他呢？

——他？啊，我知道了。你这个小孩子，怎么在这会儿想起他来了？我对你老实说，我或者明天起开始爱着他，但是此刻，除了你，我是没有爱谁的。你呢？你爱我吗？

——你知道的。

——那不是好了吗？还有什么话说。你我都有权利的哪！

——《游戏》①

这是小说《游戏》中的一段男女之间的对话。都市女子移光即将结婚，按常理来说，此时的她应该对即将到来的婚姻生活充满着美好的幻想，然而令众人错愕的是，此刻的她竟一头扎进了情人步青的怀抱，婚姻的神圣感顷刻瓦解，只剩下激情的狂欢，甚至在这样的身体愉悦之后，她都分不清自己到底爱谁？这类女人表达出了一种不同于过去的爱情观，在她们的思想中，爱情和婚姻是不统一的，与爱情和婚姻相关的爱和性当然也是分开的。这种爱情的不确定性，或者说不负责任的做法，表达出在欲望的城池中，道德价值体系中原本坚固的

---

① 刘呐鸥．都市风景线［M］．上海科学技术文献出版社，2015.

东西是有多么不堪一击。正如她自己所说的那样，她可能会从第二天开始爱她的未婚夫，而此刻除了眼前的情人她没有爱任何其他人。这样的例子在刘呐鸥的作品中比比皆是。

未婚人士是这样，然而已婚夫妇就会老老实实地经营家庭、呵护彼此了吗？不，刘呐鸥用他带有讽刺意味的眼光描写了夫妻感情生活中各种琐碎的小事，平淡的日子让他们的生活被无趣和烦躁包围着。此时，亲情及爱情都是被异化了的产物，婚后的生活让他们看不到任何希望，他们的生活不再用感情来灌溉，却时时刻刻被金钱物质所窥视，金钱在这样一个冷漠的社会中被当成了最重要的东西。当所有人都处在追求金钱的欲望洪流之中时，所有的事物都可以被金钱所左右，这个时候的家庭生活就已经不是让他们欢喜的源泉，而是让他们厌恶的地方：

如果你愿意，我倒很想和你做点小生意，因现时什么一切都可当作商品规定价值的，就是说……你肯的话。我就把k路角我那家古董店里所有一切的东西拿来借着几年的艳福也是愿意的。这不是故意侮辱我所敬爱的你，我现在是商人，所以讲点生意话。我那些东西虽不见有什么珍品，但综合起来也不下数拾万两……

至于我不在家中你的寂寞我早已料到了，这小小的事件在你当然是很容易解决的，可是当心，容易的往往是非卫生的。所以我已经跟然说好了来陪你了。然是我世上第一个亲爱的（你只好算第二），希望你好生地爱护她……

——《礼仪与卫生》①

都市人的情爱在金钱面前，变成了你买我卖的龌龊勾当，故事中的普吕业与姚启明做了一笔“买卖”，但买卖的对象却是一家古玩店和一个人（可琼），而作为可琼丈大的姚启明竟然不假思索地应允了，同时可琼被当作商品一般“出售”给了普吕业，她非但没有觉得气愤、羞怒，反而欣然接受，还“殷勤”地给丈夫又觅得一位佳人作陪。在这样的描写中，丈夫和妻子的行为都让人感觉非常惊讶，然而这一系列让人错愕的行为，实际上是金钱腐蚀人心的结果。被

---

① 刘呐鸥．都市风景线［M］．上海科学技术文献出版社，2015.

金钱异化了的人已经被物质架空，爱情也好，婚姻也罢，已然不再需要双方情感维系，只要手头上有源源不断的钞票即可。传统的道德情操、礼义廉耻都已经在快节奏的都市社会中灰飞烟灭，所有人都以金钱的获得以及物质的享受作为追求目标，这样的人生已完全被金钱腐蚀。

刘呐鸥在《都市风景线》里还有大段的关于男女激情场面的描写，他对这些画面渲染至极。《赤道下》这篇小说中的描写甚至跨越了文明和种族的界限。故事中去海岛度假的妻子，与其说是恋上了那拥有古铜色肌肤的土著人，还不如说她被土著人所代表的原始的、粗野的情欲所征服。《风景》中两个陌生的男女，仅仅凭借着在火车车厢里几句试探性的暧昧聊天，就迫不及待地选择中途下车，把地上的小草当作床单，在青山绿水的郊外旷野中释放积压许久的情欲，然后仿佛一切都没有发生似的，他们各自前往不同的目的地，一个代表报社去开会，而另一个要与自己的丈夫度过一个闲暇的周末。当他们各自踏上列车的时候，他们之间所谓的情与爱便就此结束，如此随意，激情来时有如排山倒海不可抑制，激情去时便如两条平行线一般冷漠、孤立。城市就像一个高速运转的陀螺，生活在其间的男男女女都在高速地运转，恋爱不过是一件小事，过度刺激、瞬间快感、情欲宣泄才是最直接的拨动着他们敏锐神经的那根弦。什么家庭伦理、什么爱情忠贞，于他们而言，都不过是些沉重的负担。

刘呐鸥将现代都市的各种生活场景作为描写的对象，把西方的现代主义观念融入“上海”这个中国的大都市中，对 20 世纪 30 年代上海的人、事与物都表现出了非常敏锐的洞察力，他用自己异于常人的叙述笔调，率先拉开了“海派”文学的帷幕，那就是对世间纯洁的爱情、婚姻始终心存怀疑，用冷漠甚至是嘲讽的眼光打量着这些外表五光十色、实则藏匿着肮脏的勾当，欲望横流，金钱、背叛、复仇的尘垢，人们用速度置换对彼此的理解，用激情荡尽人间的温润情感，在残忍、残酷之余，却道出了 20 世纪 30 年代旧上海的万种风情、万般无奈。

浅析网络经济与互联网金融

周涵妮*

摘　要：自1993年国际互联网由军事领域向商业领域扩张以来，一种全新的经济形态——网络经济随之产生。网络经济的出现，标志着人类社会开始由工业社会向信息社会迈进。在信息技术、数字技术的大环境下，互联网时代已经到来，网络经济出现，并为世界经济发展做出了重要贡献，促进了人类经济活动的信息化、网络化，使传统的金融业出现重大的变迁。可以说，网络经济已经成为互联网金融的命脉。本文主要通过在网络经济、互联网金融的理论和发展的基础上，分析网络经济和互联网金融的辩证关系，进而分析网络经济下互联网金融发展中所存在的问题。

关键词：网络经济　互联网金融　辩证关系

一、前言

进入信息化社会以来，科技的发展已经显示出其对经济发展不可替代的作用。1969年，美国国防部高级研究计划管理局因军事上的需求，建立了最

* 周涵妮（1989— ），汉族，硕士，贵州民族大学人文科技学院讲师。研究方向：电子商务、互联网金融。

初意义上的互联网——供军事用的计算机实验网“APRA”。随后，在政府的资助下，美国科学家基金会于1986年成立了NSF网络，这是一个新的以网络经济为主题的大众网络，三年后面向大众市场全面开放，而此前的APRA网络则被取缔，NSF网络的地位日益凸显，成为主要的通信网络之一。到了20世纪90年代中后期，国际互联网由军事领域向商业领域扩张，网络经济随之产生。自90年代向商业领域扩张以来，其发展就呈现出指数的发展趋势，每年都有好几百万个新的站点加入。互联网的高速发展促进了网络经济的快速发展，进而引起了人类经济活动方式的深刻变革。

网络经济，顾名思义就是借助互联网开展的经济行为，它是相对于传统经济而言的，以计算机为现代信息技术的网络经济发挥着日渐突出的作用。①在现代生活中，网络活动已经占据了我们大部分的时间，人们的日常生活已经离不开互联网，由此电子商务就孕育着巨大的商机。电子商务的发展带动了一系列传统行业的转型，传统的金融市场在电子商务的环境中已经不能满足市场的需求，商业银行要想维持长远利益，在激烈的市场竞争中立于不败之地，必须投身于互联网，拥抱互联网。因此，从某种意义来上说，互联网的高速发展促进了网络经济的发展，网络经济的快速发展不可避免地引发了传统金融行业的变革，互联网金融是网络经济发展的产物。

二、文献回顾

（一）网络经济

网络经济具有多重属性，从不同的角度理解有不同的含义。从广义上看②，网络经济就是以现代信息技术为支柱，以计算机为工具，以数字化为基础，不仅包括新技术产业，还包括传统产业在经济部门上的创新和推广。从狭义上看③，网络经济是网络产业的重要组成部分，包括网络企业、网络银行和网

① 吴和玉．论网络经济与网络金融［D］．对外经济贸易大学，2010.

② 秦靖伟．网络经济与网络金融分析［J］．硅谷，2012（21）.

③ 王玉．网络经济的博弈论分析［J］．情报理论与实践，2001（24）.

络贸易等商业运行活动，同时也包含网络生产与提供、网络建设服务、网络产品输出、网络设备经营、网络基础设施建设等经济程序。从广义的角度来看，网络经济是实体经济发展的必然趋势；从狭义的角度来看，网络经济代表着新媒体时代技术创新与产业创新的综合结果。[①]从经济形态的角度来看，网络经济是数字经济、知识经济、信息经济，与实体经济有着本质区别，传统产业的农业经济、工业经济都无法与网络经济相比。从投资、居民消费和企业营销的视角来看，网络经济是一个巨大的虚拟市场，它方便了人们的生活，更多的人通过互联网来学习、工作，交易额几乎每百天增加一倍。

关于网络经济的理解因研究的目的和研究的视角不同而有所不同。就目前文献关于网络金融的理解，本文较认同的一种说法是，网络经济实际上是互联网经济，是基于互联网、依赖互联网的一切经济活动的总称，是与电子商务紧密相连的网络产业。网络经济更多的是一种虚拟经济之外，但并非独立于传统经济，而是在传统经济基础上，信息化高速发展的经济状态。

（二）互联网金融

针对互联网金融，马云曾表示，“互联网在未来必然会成为纯粹的外行领导，作为未来金融的两大机会之一，与金融互联网共同打造新型金融行业”。然而在互联网金融内涵的界定问题上，至今国内外学术界并没有一致的认识和界定。谢平认为[②]，现代信息技术让互联网成为金融业的新格局，以互联网为代表的云计算、搜索引擎、社交网络、移动支付等将会颠覆传统的金融模式，短短 20 年可能会出现第三种金融融资模式，它不同于资本市场的直接融资，也不同于商业银行间的相互融资，而是一种新的模式，称为“互联网直接融资市场”或“互联网金融模式”。

互联网金融与互联网经济的概念类似，都可以从不同角度来研究和理解[③]。从广义上看，互联网金融包括金融电子商务、金融中介、信用评价审核、销

① 王玉．网络经济的博弈论分析［J］．情报理论与实践，2001（24）．

② 谢平，邹传伟．互联网金融模式研究［J］．金融研究，2012（12）．

③ 周华．互联网金融对传统金融业的影响［J］．南方金融，2013（11）．

售在线理财产品、第三方支付等，但又不限于这些方式。从狭义上看，互联网金融特指依靠互联网进行货币支付和信用流通，以降低时间成本和交通成本。

目前国内外文献尚不能对互联网金融的内涵做出全方位界定，因为受经济形势和市场环境的影响，互联网金融的未来发展趋势很难推测，本文认为，互联网金融是借助互联网平台为用户提供便利服务的平台，如提供银行、证券、保险等金融服务。

三、网络经济与互联网金融的发展及其辩证关系

（一）网络经济与互联网金融的发展

自 20 世纪 90 年代由军事领域向商业领域扩张以来，互联网就呈现出了指数性的发展趋势，每年都有几百万个新的站点加入。接入互联网的国家和地区从 1993 年的 60 个迅速增长到了 2000 年的 214 个和 2008 年的 255 个。[①] 据 100EC.CN（即中国电子研究中心）的数据显示，我国有着庞大的互联网用户群体，截至 2013 年年底，我国互联网用户已经达到 6 亿人，无论是规模还是增长比例都创下同比新高。由下图可以看出[②]，截至 2013 年 12 月 31 日，我国电子商务平台的交易额达到 10.2 万亿元，同比增长 30%；我国通过互联网进行购物消费的用户达到 3.12 亿人，同比增长 26.3%，远远超过上一年度的 2.47 亿人。从全球互联网接入的国家及地区、我国互联网用户的人数以及电子商务交易规模的数量及增长速度上来看，网络经济以及电子商务发展迅速，发展和上升的空间巨大。

互联网金融服务在早期的发展中主要通过第三方支付，为顺应电子商务的需要而产生。互联网金融在我国虽然起步较晚，但是却在短短的十余年间显示出了蓬勃的生命力，尤其是 2013 年 6 月阿里巴巴集团的余额宝上线更是促进了互联网金融在我国非常态的高速发展。纵观互联网金融的发展趋势，

---

① 盛科荣．全球互联网技术扩散的地理格局及其潜在影响研究［J］．世界地理研究，2010（19）．

② 中国电子商务研究中心．2013 年度中国电子商务市场数据监测报告．

网络银行、虚拟货币、信用支付、移动支付、众筹投资、金融超市，可以说是呈阶梯状发展，对保险、证券以及银行业产生了十分深远的影响。①从某种意义上来说，电子商务的高速发展刺激了互联网金融的发展，互联网金融的出现就是为了满足电子商务的需求。

2009—2014 年中国电子商务市场交易规模

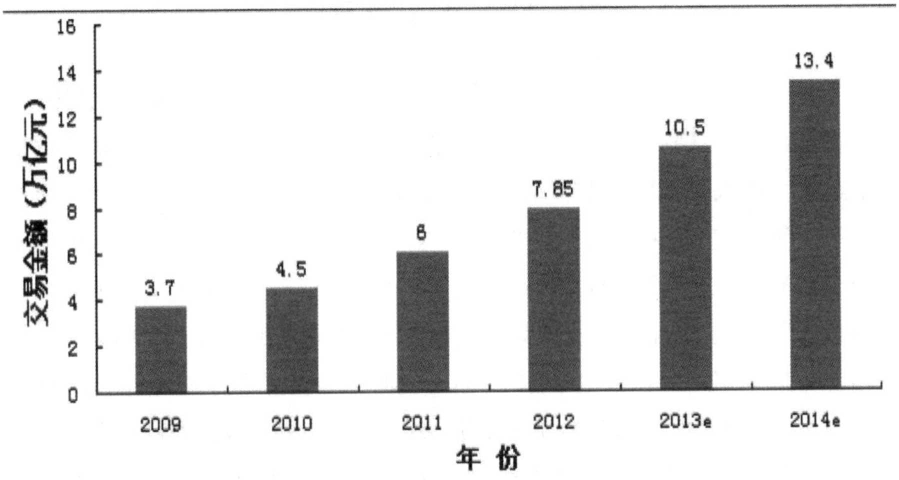

◎图表编制：中国电子商务研究中心　　◎数据来源：WWW.100EC.CN

（二）网络经济与互联网金融的辩证关系

网络经济和互联网金融的关系在网络横空出世之时就成了专家学者持续研究的重要问题。首先，要认清两者的区别。所谓金融行业，是指在市场经济下活跃在各大投资市场、证券市场上的各类经济活动的总和构成的一类行业。这类行业专门和金钱打交道，是高智商人群的集聚地。网络的出现将金融自然而然地引入了新的平台。网络平台与金融行业的结合便诞生了互联网金融。具体而言，互联网金融相比于网络经济更为具体化。当前社会中许多电商平台就是为互联网金融服务的，如支付宝等，借助互联网将金融业的投

① 牛禄青．互联网金融大博弈［J］．新经济导论，2013（10）．

资理财植入千家万户，使高级的理财活动趋于平民化，具有很大的社会意义。而互联网经济更多的是对利用互联网进行的全体经济活动的统称。

从网络经济的内涵上来看，网络经济不仅是电子商务，还是借助互联网的一系列的数字经济，如网络游戏产业等。但是从交易规模上来看，电子商务的交易规模远远超过了包括但不限于网络游戏产业的数字经济，因此，从一定程度上来说，对于网络经济的研究重点应该放在电子商务上。由此可知，对于互联网经济和网络金融之间的探究，其本质就是对当前活跃发展的电商与网络金融之间辩证关系的研究。

互联网金融经济的出现得益于互联网技术的快速发展和电商的迅速崛起。为了保证各个电商平台的客流量、访问量，金融行业下了不少功夫。而在满足电商运行的同时，互联网金融经济也腾空而起，闯出了属于自己的一片新天地。而电子商务也为互联网金融开拓了更为广阔的发展前景，金融行业也逐渐成为了电子商务发展的巨大受益者。在金融贷款方面，据电子数据交易方面所产生的信息表明，一些小额贷款在市场上占有更大的比例，是发展的方向之一。在证券市场上，各经济主体之间通过网络进行交流，在大大降低了交易费用的同时，也减少了交易信息不对称带来的一系列问题。虽然互联网经济在网络上具有各种各样的优势，但始终离不开现实生活中的信息流，仍需要现实的物质作为支撑。这也表明网络、经济、金融三者之间的相似之处。另外，互联网金融中没有物流环节，其本身就可以独立地通过网络平台来完成交易。①

四、网络经济与互联网金融中存在的问题

互联网金融作为网络经济的基础，是网络经济的保证，互联网金融的不断发展推动着信息产业以及整个网络经济的不断前进；同时，网络经济为互联网金融提供了更为广阔的发展前景，与网络金融密切相关的电子商务的迅猛发展所产生的大数据、支付结算的需求等，都给互联网金融来带了无限的商机。

---

① 吴和玉．论网络经济与网络金融［D］．对外经济贸易大学，2010.

此外，互联网用户以及电子商务交易规模的指数型增长给网络经济和互联网金融的飞速发展提供了外部可能。网络经济与互联网金融的良性发展改变了传统经济活动的运行方式，极大地促进了经济社会朝着数字化、虚拟化和全球化的方向迈进，更好地适应了互联网时代经济全球化和一体化的发展。然而，在互联网金融与网络经济的交织中，问题和风险也日益突出，主要表现在：

1. 网络经济与互联网金融是产生泡沫经济的温床

所谓泡沫经济，就是指资产价值超越实体经济，极易丧失持续发展能力的宏观经济状态。由于缺乏实体经济的支撑，因此其资产犹如泡沫一般容易破裂。网络经济是虚拟化的经济，其强调的是无形的数字化经济，而互联网金融可以通过网络平台筹集大量的资金。在这样的数字化经济的条件下，互联网金融筹集的资金很难与实体经济联系起来，缺乏实体经济的支撑，很容易产生泡沫经济。

2. 网络经济与互联网金融将削弱传统货币的作用

网络经济与互联网金融的相互配合将导致一种新型的货币——电子货币的产生。电子货币的出现极大地便利了货币的支付活动，部分替代了实务货币，商业银行的部分货币发行在一定程度上得以实现，打破了央行长期垄断货币发行的格局。

3. 网络经济与互联网金融容易引发安全问题

由于网络经济与互联网金融服务方式的虚拟性，使网络经营活动突破了传统经济活动方式的时空限制，打破了传统经济活动的地域限制。用户只需要注册交易信息和开通网上银行就能够全天候、全方位地接受网络经济与互联网金融带来的实时服务。互联网使经营者或客户能够随时与世界上任何一家客户或金融机构办理金融业务，实现了交易与金融业务环境的开放。网上交易以及支付的便捷性不可避免地将会带来一系列的安全问题。网上黑客可以利用网络漏洞和缺陷非法进入主机、窃取信息、发送假冒的电子邮件进行诈骗等。此外，计算机网络病毒可以通过网络进行快速扩散，一旦某个程序被感染就会导致整台机器感染，甚至是整个网络。因此，网络经济与互联网金融在带来便利性的同时，也容易引发一系列的安全问题。

五、结论

自 1993 年国际互联网由军事领域向商业领域扩张性应用产生网络经济以来，网络经济的发展已经对当今世界的经济和人们的生活方式产生了深刻的影响。与网络经济密切相关的电子商务从阿里巴巴旗下的淘宝网上线以来就呈现非常态的高速增长态势，互联网金融为了满足电子商务的需求也随之出现。网络经济的发展极大地推动了网络银行、虚拟货币、信用支付、移动支付、众筹投资、金融超市的发展，实现了阶梯式的转型。同时，互联网金融的发展也对网络经济提出了更高的要求，如信息产业的真实性和有效性。通过互联网金融和网络经济的交织互动共同推动了社会经济的发展。在网络经济和互联网金融发展过程中不可避免地存在着一系列不可小觑的问题，因此要积极面对，及时找到问题存在的原因并有针对性地完善和发展，实现互联网金融和网络经济的可持续发展。

参考文献

[1] 吴和玉 . 论网络经济与网络金融 [D]. 对外经济贸易大学，2010.

[2] 秦靖伟 . 网络经济与网络金融分析［J］. 硅谷，2012（21）.

[3] 王玉 . 网络经济的博弈论分析［J］. 情报理论与实践，2001（24）.

[4] 谢平，邹传伟 . 互联网金融模式研究［J］. 金融研究，2012（12）.

[5] 周华 . 互联网金融对传统金融业的影响［J］. 南方金融，2013（11）.

[6] 盛科荣 . 全球互联网技术扩散的地理格局及其潜在影响研究［J］. 世界地理研究，2010（19）.

[7] 牛禄青 . 互联网金融大博弈［J］. 新经济导论，2013（10）.

贵州茶文化传承有关问题探析

芳 若*

摘 要：经过近几年的不断努力，贵州茶文化传承工作取得了较大成果，但离省委书记陈敏尔提出的“做深做透做足茶文章，以茶兴业、以茶惠民、以茶养文，将茶产业发展进行到底，使茶文化成为贵州新优势”的茶文化传承工作要求还有一定距离。要进一步做好贵州茶文化传承工作，对贵州茶文化传承中存在的有关问题进行深入探析，并予以解决非常必要。本文立足贵州茶文化传承实践，从全新的茶文化概念出发，对贵州茶文化传承的重点对象、路径等重要问题进行探讨，提出对策，厘清贵州茶文化传承工作思路。

关键词：贵州 茶文化 传承 对策

贵州省省委书记陈敏尔在都匀调研时指出，“要把大力发展茶产业作为守住发展和生态两条底线、发挥后发优势的重要举措，坚持创新发展、融合发展，延长产业链、提升附加值，做深做透做足茶文章，以茶兴业、以茶惠民、以茶养文，将茶产业发展进行到底，使茶文化成为贵州新优势”。中国是世界茶和茶文化的发源地，1980 年贵州晴隆县出土的迄今为止唯一一块 100 万年的茶籽化石，证明了世界之茶源于中国，中国之茶源于云贵，贵州是茶叶的故乡。茶产业也

* 芳若：原名王芳，汉族，硕士，贵州民族大学人文科技学院茶与茶文化研究院院长。

是贵州省委省政府重点打造的传统产业五张名片之一。2016年，贵州全省茶园面积突破700万亩，茶企业达4000家，产量28.5万吨，直接产值299亿元，综合产值500多亿元。[①]许多新兴业态不断涌现，茶产业发展活力明显增强。与此同时，茶文化薄弱，品牌小、散、弱，深加工不够，附加值不高，让贵州离全国茶叶强省还有不小的距离。古茶籽化石和高山云雾出“贵茶”是贵州的福气，但如何把它打造成贵州的一张名片，还需要不断地对茶和茶文化进行探索、挖掘和传承。因此，立足贵州本土对茶和茶文化进行研究，推动贵州乃至中国茶和传统茶文化的传承和发展，宣传和打造贵州茶产业，是当前贵州茶界的重要课题。本文将从以下几个方面对贵州茶文化传承问题做简要探析。

一、近几年贵州茶文化传承存在的问题

近几年，贵州省委省政府采取了一系列方式传承茶文化，培养贵州省人民“知茶、爱茶、饮茶”的良好习惯，大型的活动如茶艺大赛、茶人会、茶博会、斗茶会等，小型的有茶文化进机关、进学校、进军营、进企业、进社区的“五进”活动等，使茶文化走进千家万户，让更多人民了解茶文化和茶品牌，推动贵州茶产业的发展，引起了较大的反响。但从总体推进上还存在以下问题：

1. 重点不太明确。茶文化博大精深，我们不知道在贵州应该重点传承什么，以什么作为支撑和立足点去辐射整个茶文化的传承工作。存在普遍撒网、收效甚微的问题。茶叶博览会？茶人会？茶艺大赛？斗茶大赛？好像样样都在做，却始终没有确立一条主线，没有突出重点内容。

2. 路径有些单一。这几年来，在贵州茶文化传承的路径上我们只关注政府集中推广传承和“走出去、请进来”的传承模式，忽略了对民间口口相传、手手相传氛围的培育。贵州省茶办主任胡继承说，福建基本上人人讲茶、人人爱茶、人人喝茶，谈事聚会先喝茶、先斗茶，所以铁观音风靡中国，这与福建政府的推广是分不开的。但其实福建民间茶文化如此发达、饮茶之风如此浓烈，也与民间老百姓口口相传、手手相传是分不开的。因此，我们在做大型茶文化推广

① 《贵州第五届茶业经济年会报告》。

活动时，更要注重调动本地市民喝茶的积极性，营造人人爱喝茶、人人会泡茶、人人对贵州茶有自信，培育推荐贵州茶、宣传贵州茶的茶文化氛围，茶叶的消费才会迅速增长，从而助推整个产业的发展。

3.特色不很明显。特色没有体现出来。茶艺都是一些年轻小姑娘的舞蹈表演，静心泡一杯茶、宁静愉悦地享受喝茶的过程的茶道精神被忽略了。对有贵州特色的茶文化特质也没有进行很好的挖掘，提到贵州茶就是一个身着苗族或侗族服饰的小姑娘在表演舞蹈加茶艺，而日本茶道都是由一些年龄偏大、气质优雅的人士来掌握茶席，更好地体现出茶人的内在修为和茶道精神内涵。贵州茶文化研究会传耀会长也曾提出，“高素质的人士都喝茶，爱好茶喜欢茶，文人离不开茶”。我们完全可以推出文人和名人饮茶来展示茶文化内涵，慈祥的少数民族老外婆也完全可以泡茶和做茶，她们做的茶和冲泡的茶才能带给我们更多的亲近感、可靠感，才能勾起很多人的乡土情怀。

4.效果不太理想。这几年的茶文化传播工作，业外人士较少参与，有些人员是从外面请来的专业人士，主要还是业内人士参与，市民属于少数围观群体，总体来说还没有参与茶文化活动的主动性和积极性，更不要说形成市民自觉传承茶文化的氛围。

5.实践不算深入。一线传播的机构有多少？我们没有进行过统计，没有进行过引导、培训、孵化和提升，茶文化培训市场比较混乱。大多是单打独斗，资源没有共享，大家都很盲目，培训质量不高，都浮于表面，没有进行深化，没有形成一个有较大影响力的品牌茶文化传承机构。但这些一线的茶文化传播机构其实是最重要的茶文化传播单元，对茶文化社会的形成起着至关重要的作用。

要解决以上问题，我们必须要明确贵州茶文化传承的传承重点是什么？怎样传承？即厘清传承重点和路径。

二、从“三境”茶文化概念出发明确贵州茶文化传承重点

（一）什么是“三境”茶文化概念

现在的茶文化有很多概念，比如：

1. 茶文化就是人类在发展、生产利用茶的过程中，以茶为载体，表达人与

自然，以及人与人的各种理念、信仰、思想情感和文化形态的总称。

2. 从广义上讲，茶文化分为茶的自然科学和茶的人文科学两方面，是指人类社会历史实践过程中所创造的，与茶有关的物质财富和精神财富的总和；从狭义上讲，着重于茶的人文科学，主要指茶对精神和社会的功能。由于茶的自然科学已形成独立的体系，因而现在常讲的茶文化偏重于茶的人文科学。

3. 以往的茶文化意为饮茶活动过程中形成的文化特征，包括茶道、茶德、茶精神、茶联、茶书、茶具、茶画、茶学、茶故事、茶艺等。茶文化的含义应该包括茶叶的物质生产、流通活动和人类各种饮茶方式的精神内涵，包含茶领域物质和精神两个方面。

这些定义确实很具体也很准确，但要从这些定义出发去找出传承和发展的具体路径，确实有些困难，所以定义必须再具体化一些，才能明确茶文化的传承重点。笔者认为，所谓茶文化，无外乎是从古至今，在以茶为载体的各种人类社会活动，呈现的是物境、人境和心境的一切总和。物境，包含从古至今，各类以茶为中心开展一切茶事活动的物质环境，比如茶、茶园、茶席、茶具等呈现的环境；人境，主要是以茶为中心展开的各类人类活动行为的总和，如茶叶种植、茶的加工、茶的冲泡技艺等；心境，主要指茶事活动中人们精神状态，最高层次是形成的特有的茶道精神，如日本的“和、敬、清、寂”，中国林治主张的“和、敬、怡、真”。

如果从物境、人境、心境三个方面来定义，我们就可以很快确立贵州茶文化传承的重点。

（二）从“三境”茶文化概念出发，明确贵州茶文化传承重点

1. 积极发掘物境，促进融合，形成贵州特色的茶文化。

首先，挖掘史料，呈现贵州茶文化传承的历史面貌。说起贵州茶的历史和文化，如贵州是世界茶与茶文化的发源地这一提法，很多贵州人都不知道。这就需要挖掘整理以后进行传播，让人人都能知道，都能有自豪感，然后传播开去。首先，要大力挖掘和传播贵州是世界茶和茶文化发源地。经中科院南京古生物研究所和贵阳地球物理化学研究所专家初步考证，距今百年的茶籽化石、贵州苗族古老饮茶习俗及“野生大茶树”三者，再加上当地民族的茶方言，就足够证明贵州是世界茶和茶文化的发源地，这就是贵州民族茶文化

最具特色的面纱，这些都要进行深入挖掘和传播。其次，挖掘贵州历史上的“贡茶”区。如宋代贡品“黔州都濡月兔两饼”，就产在黔北务川仡佬族苗族自治县；明清贡品“贵定云雾茶”产于黔南州贵定云雾山区仰望苗族聚居地；历史上享有威名的“镇远天印茶”产于黔东南州镇远县天印山区；解放初期享有盛名的“都匀毛尖”和“独山毛尖”均产于黔南州布依族地区；清代贡品“施秉毛尖细茶”产于黔东南州舞阳河风景区高碑湖五里外的王家山、桎木山一带苗族地区等。再次，挖掘和传播少数民族至今仍然保留着较为原始的制茶工艺和饮茶习俗。如贞丰坡柳苗族和布依茶农，将茶树嫩梢采回，经炒揉后再理直，用棕榈叶将茶捆扎成火炬状的小捆，然后将其晒干或挂于灶台上使其干燥，最后用红绒线扎成别致的“娘娘茶”“把把茶”，因茶叶形如毛笔头、故又称“状元笔茶”。又如盘县彝族茶农，将茶炒揉后捏成团饼状，用棕片包好挂在灶上或火炕上炕干，这种茶古时叫“苦茶”，团饼茶盛产于唐代，距今已有千年。贵州西北高寒地区的威宁、毕节、赫章、纳雍、大方等彝族同胞，从古至今沿袭吃“罐罐茶”的习惯，黔东南州侗族的“煮油茶”更是闻名遐迩；黔西南州晴隆、普安一带苗族，在元宵、端午等节日，家家户户均不可少“擂茶”，再放些糯米丸子，煮熟后一并食用，尤以晴隆县碧痕山区普安县地瓜区、青山区的山寨最盛，当地俗称“擂茶面”。绚丽多彩的民族茶俗，还包括黔东南州苗族的“三道茶”和侗族的“未花茶”“俺鱼茶”。黔北山地道真和务川仡佬族苗族自治县，至今仍沿袭吃“油茶”的嗜好，尤以道真视“油茶”为“干颈汤”，“一日两未断，不吃周身软”。有当地民众顺口溜为证：“碗碗油茶香喷喷，男女老少都能饮，不吃油茶没精神，吃了油茶有干劲”。黔北汉族地区湄潭、风岗、余庆、正安等地受道真、务川油茶的影响，至今还沿袭吃“油茶汤”“油茶汤巴”“油茶稀饭”等习惯，湄潭县点西来庵，有一道特色菜就是天香“油茶汤巴”。黔北地区的油茶历史悠久，即源自晋代的“茗粥”、清代的“擂茶”。黔北沿河一带土家族以及黔中、黔南各族同胞的“煨罐茶”，是当地人民生活中不可缺少的必需品。还有就是浙大西迁湄潭办学对贵州茶文化的影响力等。这些都是值得我们去深入挖掘和传播的。对贵州乃西部地区茶文化影响最大的当属浙江大学西迁贵州湄潭办学时期，把贵州茶文化推上了顶峰。自 1940 年 5 月浙大农学院第一批学生抵湄至 1946 年 8 月返杭，浙大在湄办学长达 7 个年头，加上先到一步的农林部中央农业实验和实业部中国茶叶公司于1939年9月共同派出专家在湄潭等建中央实验茶场，是当时我国最早建立的三个茶叶科研机构之一。在1940年至1944年任中央实施茶场首任场长兼任国立浙江大学农学院病虫害系教授刘淦其，其从清华大学毕业后赴法勤工俭学，攻读美国埃俄威州立农工大学硕士，又攻读哈佛大学昆虫博士，回国后任农林部中央农业实施所技工。他不仅是贵州和中国茶界学位最高，也是贵州茶科学和茶文化的开拓者。抗战时期，曾在湄潭讲学或就读的院士有41位，有的在海外成为世界顶尖级科学家，如世界著名物理学家诺贝尔奖得主李政道博士，曾就读于湄潭永兴镇浙大新生部，他的一篇论文就是在茶馆里完成的。李政道回忆“白天到茶馆看书，做习题，泡上一杯茶，目的是买一个座位，看一天书，茶馆再闹也不管。”①这些都值得我们铭记。

展示贵州茶文化的当代特征。如寻找贵州的最美茶园以及它所体现出来的文化特征；贵州最美的茶器以及它所蕴含的文化特征；贵州独特的品饮环境及文化特征等。这些都是我们应该去寻找、整理和传播的。

体现贵州茶文化的民族特色。如完全可以将贵州茶与贵州人文环境、银饰、蜡染、刺绣、石头、陶器等进行融合展示，打造贵州独具特色的茶境、茶席、茶服饰、茶器等。

2. 努力培养人境，创新传承，奠定贵州茶文化传播基石。

要不断培养贵州茶在种植、加工、冲泡、文化推广方面的各类人才，发掘和总结推广优良的贵州茶种植、加工、冲泡的相关技法、工艺和流程。

3. 积极提升心境，继往开来，铸就贵州茶文化的独特品格。

要确立贵州茶文化的精神特质体系。如贵州茶文化独特的精神特质是什么？种植、加工、冲泡、推广过程中我们应该坚守的精神是什么？贵州茶文化建设和传承的社会价值在哪儿？这些都是需要我们进行提炼和刀华的，否则茶文化传承就会因为找不到支撑点而偏离方向。

---

① 《贵州茶人张其生谈贵州茶文化》.http://www.doc88.com/p-901857569724.html。

三、关于茶文化传承路径的具体建议

明确了贵州茶文化的传承重点对象后，我们接下来还必须对传承的路径进行总结。陈敏尔书记强调，要坚持创新发展，用现代理念、现代技术，做深做透做足茶文章，切实做到“四个融合”，将茶产业发展进行到底，使茶文化成为贵州新优势。一要做好茶与文化旅游的融合。大力加强平台建设、内容建设，广泛开展斗茶、茶艺表演、茶具展示等丰富多彩的茶文化活动，增强品牌活力，推进茶旅一体化新业态发展，增强游客的体验性、参与性，让大家感知茶、认识茶、喜欢茶。二要做好茶与电子商务的融合。加快推进网上茶城建设，不断拓宽“黔茶出山”的销售渠道，带动线上线下交易量稳步增长，让贵州好茶在网上叫得响、卖得火，更好地促进农业增效、农民增收。三要做好茶与创意产业的融合。广泛搭建创客空间平台，让更多年轻人、有想法的人投身茶产业，做更有故事、更有“味道”、更有内涵、更有文化的好茶。四要做好茶与专业力量的融合。推动茶叶研究机构、教育机构、茶文化名人与茶产业发展紧密结合，在茶叶种植销售、产业提升、品牌塑造、文化培育等各环节、全过程，多出好主意、多出好成果，不断增强贵州茶产业的市场竞争力和文化魅力。陈敏尔书记已经从大的方面指出了贵州茶文化的传承路径，现从具体方面提出几点建议。

（一）坚持全面了解和突出重点相结合

茶文化从来都不是割裂的和局部的，一个茶文化传播者必须全方位了解中国茶和茶文化，而不是局限于了解贵州茶文化，若没有开阔的视野很难真正搞清楚什么是贵州茶文化？我们的优势和劣势在哪儿？独特点在哪儿？当然也不能准确、高质、高效地进行传承。不能就贵州论贵州，应该在历史观和全局观的基础上进行对比、总结，进而传承贵州特色茶文化。同时，应突出贵州传承的重点内容，上文已经谈及，在此不再赘述。

（二）坚持政府主导和民间传承相结合

要坚持政府主导推动传播，继续办好大规模的集中传播活动，但在方式上可以做进一步改进，邀请以市民为主体的对象参与，提高市民参与的积极性。让市民感知喝茶、玩茶的种种乐趣和好处，将他们转变成茶文化的传播主体，从而发挥政府集中传播的重大效应。另外，要积极推动民间茶文化传播团体的传承，对民间茶文化传播团体进行统计、培训、提升和监管，使其按照贵州茶文化传承方向从事传播活动，出台相关鼓励政策，调动其传播茶文化的积极性。

（三）坚持线上传播和线下传播相结合

利用一切媒体网络平台进行线上传播，经常录制与茶、茶文化相关的节目，并在各类媒介上播出，将贵州茶文化传播出去。让国内外真正了解和参与贵州茶和茶文化活动。线下要做好立足贵阳、辐射全省的茶文化具体传播工作，使茶文化传播看得见、摸得着，提升传播工作的公认度。

（四）坚持运动传播和固定传播相结合

坚持走出的运动传播模式，以“一带一路”为契机，以“多彩贵州风”推介活动为载体，将贵州茶文化嵌入对外传播之中，依托研究茶文化的科研机构、其他具有研究和传播能力的机构等打造固定传播和展示平台，对贵州茶文化进行不间断的发掘和传播，筑牢贵州茶文化传播基础。

（五）坚持高端传播和一般传播相结合

要坚持组织以茶艺和茶道为主题的大型茶文化传播活动，但同时也要坚持组织类似“五进”传播模式的一般传播活动，以教会基层市民泡茶、品茶和知茶为目的，形成市民人人传播、口口传承的茶文化的传承氛围。

（六）坚持理论探讨与深入实践相结合

要定期组织召开贵州茶文化和茶文化传承方面理论和学术研讨会，不断总结理论，提出建议。同时要注重基础实践工作，将理论和实践相结合。基础实践工作中特别要注重形成合力，整合和发挥团队力量进行实践，编写基础贵州茶文化普及教程，积极宣讲，积极实践传播等。

大众旅游时代铜仁市文化旅游业的发展路径探析

王月月　符雪林 *

摘　要： 铜仁市历史悠久，文化资源丰富，为发展文化旅游业奠定了坚实的基础。近年来，铜仁市入境旅游人数持续增加，旅游收入不断增长，文化旅游业取得了长足发展。在旅游信息化、交通网建设、打造特色品牌、科学规划等方面都取得了一定的成果。然而，铜仁市文化旅游业在资金投入、文化旅游企业建设、旅游产品品牌建设、人才培育等方面还存在着一些问题需要解决。在全国进入大众旅游时代之际，铜仁市今后应该在完善旅游规划体系、打造旅游精品、加大资金投入、壮大旅游企业、培养专门人才等方面努力，积极推进铜仁文化旅游业的全域发展。

关键词： 铜仁　全域旅游　路径

近年来，文化旅游产业发展如火如荼。贵州省铜仁市委、市政府高度重视文化旅游产业的发展，明确提出争取在“十三五”期间将文化旅游产业培植成重要支柱产业，把推动文化旅游业发展放在重要的战略位置。2015 年，全

---

* 王月月，女，硕士，贵州民族大学人文科技学院教师。研究方向：文化资源与文化产业。符雪林，女，贵州民族大学人文科技学院管理学部本科生。研究方向：旅游管理。

市全年旅游收入240.18亿元，共接待游客3100多万人次，增速连续三年排全省第三名。[①]2016年上半年，全市共接待游客1934.27万人次，旅游收入162.96亿。[②]2017年仅春节假日期间，全市接待游客436.11万人次，同比增长55.8%，实现旅游总收入26.29亿元，同比增长57.09%。铜仁市文化旅游业取得了长足发展。

一、铜仁市文化旅游资源概况

铜仁市位于贵州省东北部，有“中国西部名城”“黔东门户”的美誉。境内不仅有丰富的自然资源，还有灿若星河的文化资源。

（一）自然旅游资源

铜仁市境内有山川、河流、溶洞等得天独厚的自然资源，风光宜人、景色优美。境内著名景区有梵净山、九龙洞、石阡温泉、沿河乌江峡谷、凯峡河原始生态漂流等。梵净山景区是国家4A级景区，被列入联合国教科文组织国际“人与生物圈”保护区网；九龙洞拥有奇特的溶洞地貌，被收录至《中国名胜大辞典》，是国家级重点风景名胜区；石阡温泉景区拥有丰富的地热资源，是世界罕见、全国独有的既能洗浴又能直接饮用的温泉，至今已有400多年的历史，具有独特而传统的洗浴文化。总之，铜仁市境内的自然资源丰富，且各具特色，具有很高的旅游价值。

（二）历史文化资源

铜仁不仅自然风光优美，而且历史文化遗产资源也十分丰富。铜仁市历史悠久，最早可以追溯到殷商时期，唐代开始设县，明初设府。城市文化遗迹是

---

① 谌思宇．铜仁市旅游改革助推产业新突破．铜仁市政府官网，2016-1-23，http://www.tongren.gov.cn/2016/0123/109188.shtml.

② 铜仁市人民政府．一业带动多业兴——铜仁市奋力推进旅游全域化发展．铜仁市人民政府官网，2016-9-11，http://www.trs.gov.cn/news/2016911/n57558.html.

重要的历史资源，如东山古建筑群、黔东特区革命委员会旧址、石阡万寿宫、沈从文祖居、德江傩戏、松桃苗王城、石阡木偶戏、思南土家族花灯等。铜仁还拥有佛教文化资源，梵净山是中国五大佛教名山之一，佛教文化底蕴深厚。

（三）民族文化资源

铜仁地区居住着汉、土家、侗、苗、回、羌等29个民族，各民族间和睦相处，共同创造了极具特色的黔东民族文化。各民族文化各异，共同构成了铜仁的民族文化资源，如土家族的哭嫁习俗，苗族的山歌、情歌，侗族的采茶歌，仡佬族的傩戏等。思南的土家花灯是著名的国家级非物质文化遗产，思南也因此被评为“中国民间文化艺术之乡”，还建立了中国土家花灯艺术之乡陈列馆。江口县也有土家民俗文化村，经过几年的发展，现在已经初具规模。

（四）红色文化资源

红色文化遗产是中国共产党在特殊的历史时期，领导中国人民长期革命所遗留下来的文化资源。铜仁属于革命老区，红色文化遗产资源丰富。境内红色革命遗迹如黔东特区革命委员会旧址、周逸群故居、旷继勋故居等都较为典型。其中，周逸群故居在2016年入选《全国红色旅游景点景区名录》，成为我国“十三五”时期全国旅游发展的重点景区之一，为铜仁市增添了一张特殊的文化旅游名片。此外，境内还有一些关于红军的故事、歌谣、传说等红色文化资源。

二、铜仁市文化旅游业发展的主要成果

近年来，铜仁市文化旅游业取得了快速发展，成绩斐然。每年的入境人数、旅游收入都持续增加。在旅游信息化、交通网建设、打造特色品牌、科学规划等方面都取得了一定成果。

（一）实施“互联网+旅游”，推进旅游信息化

贵州省是国家级的大数据产业发展中心，铜仁市在近几年的发展中着力尽快融入“云上贵州”战略体系，依托贵州省的大数据资源，加快实施“互联网+旅游”战略，切实推进旅游的信息化进程，加速打造“智慧旅游”。目前，

铜仁市15个重点景区“智慧旅游”平台建设也逐步完善，开启了“全域旅游铜仁”模式。如梵净山景区、石阡温泉景区、九龙洞景区等国家4A级景区都进行了大数据建设。景区在指挥大厅、数据中心、票务系统、监控系统、门禁系统、WiFi覆盖系统等方面实现了大数据的应用，加快了铜仁市智慧景区的建设，使越来越多的游客享受到了大数据带来的便利。2015年，铜仁红色文化数字博物馆——周逸群烈士故居数字博物馆上线。近日，“智慧梵净山”建设又取得一大进展，实现了全景虚拟游，并且可在线上预购票。此外，铜仁市正在探索“大数据+现代山地特色高效农业+旅游业”融合发展的农村电商模式，促进乡村旅游、精准扶贫的发展。

（二）旅游交通网日益完善，提升了景区通达性

通过近几年的发展，铜仁市目前已经形成了立体化的综合交通网，尤其是凤凰机场、铜仁南站的开通，将铜仁的交通引入了新时代。铜仁凤凰机场的通达范围日益扩大，目前可当天到达国内近20个重点城市；铜仁南站当天可到达北京、杭州、上海、福州等发达城市。此外，铜仁地区还有高速公路、城市快速干道、旅游公路、乌江航道等水陆交通。旅游交通网的完善，为游客入境旅游提供了便利条件，促进了铜仁地区旅游业的发展。

（三）充分利用优势资源，建设特色品牌

近年来，市委、市政府以活动为载体，大力加强文化旅游资源宣传推介力度，成功举办了中国铜仁“游钓锦江·魅力铜仁”大型活动、“中国·贵州铜仁国际龙舟邀请赛”等，提升了铜仁市对外影响力和知名度。重点培育铜仁地区的“梵天净土桃源铜仁”“一山两江四文化”“一山一城一寨”等品牌，突出“人无我有，人有我特”的品牌特色，创建了一批知名度较高的精品景区景点。“梵净山珍·健康养生”“梵山净水·健康水都”等系列品牌逐渐被打响，推动了铜仁市旅游产业的稳步前进。

（四）规划体系日益完善，提供政策支持

铜仁市各级各部门高度重视旅游业发展的科学规划，截至2016年，编制完成《梵净山旅游景区旅游总体规划》《环梵净山“金三角”文化旅游创新区发

展规划》，并且启动了《铜仁市温泉产业发展规划》《铜仁市全域旅游规划》的编制工作。规划体系的日益完善，为文化旅游业的发展提供了发展方向及政策支持。

三、铜仁市文化旅游业发展存在的主要问题

铜仁市文化旅游业虽然取得了很大的进展，然而在资金投入、文化旅游企业建设、旅游产品品牌建设、人才培育等方面还存在着一些问题需要解决。

（一）专项资金不足，阻碍旅游发展

铜仁市虽然是贵州省内经济发展状况较好的城市，但经济总量比较小，地方财政收入较为有限，能够投入发展文化旅游业的资金不足。资金短缺限制了景区基础设施的建设，使铜仁市丰富的文化旅游资源没能得到充分的开发及利用。招商引资渠道还较为单一，没能全方位地引入发展文化旅游业的专项资金。因此，铜仁市的文化旅游业还没有完完全全地迈入国际、国内市场，铜仁市的文化旅游业的发展与周边旅游景区（如张家界、凤凰古镇等）还存在一定的差距。

（二）缺乏竞争力强的文化旅游企业

文化旅游企业是旅游市场竞争的主体。铜仁市旅游企业的发展规模还不够壮大，限制了铜仁旅游业的发展。铜仁旅游企业中的“散”“弱”“小”“浅”“差”等问题明显，缺乏龙头企业及市场主体，竞争力不强。另外，旅游企业的经营管理较为混乱，没有真正走向市场化轨道。因此，铜仁市并没有形成大旅游、大市场、大产业的格局，旅游产业规模化、市场化程度低，无力参与激烈的旅游市场竞争，在一定程度上削弱了铜仁市文化旅游产业的竞争力。

（三）旅游产品缺乏特色，品牌影响力不强

目前，铜仁市的旅游产品不新、新品不精、精品不强，在所开发的旅游产品中，静态的文化观光占了主要地位。在旅游的过程中，游客大多是匆匆而过，在旅游过程中缺乏体验。这样的现状在民俗文化旅游方面体现得尤为明显，民俗旅游的核心应在参与，游客通过体验真正了解当地的民族文化，但是就目前而言，

铜仁的民俗文化旅游多停留在向游客展示的层面。铜仁市旅游商品存在着设计缺乏新意、生产工艺质量差等问题。一直以来，旅游纪念品都是铜仁市旅游业的薄弱环节，管理者对于旅游商品的理念过于传统和保守，没有充分利用大数据时代提供的便利条件，应与科技结合，生产出融汇文化、科技的特色文化产品。因此，铜仁市的旅游产品整体上还缺乏竞争力，不具备品牌优势。

（四）专业人才缺乏，缺少旅游发展的智囊库

对于任何行业来说，要想取得长久的发展，人才是不可或缺的，旅游行业也不例外。作为一种新型的旅游模式，文化旅游相较于传统的旅游有着更高的要求。文化旅游行业所需人才除了应具备旅游相关的知识外，还应该兼具文化和创意。目前，铜仁市这方面的人才很少，现有的人才数量不能够满足当地的文化旅游发展需要。铜仁市文化旅游行业人才的短缺，必将会造成未来铜仁市文化旅游创意产业劳动力的短缺，束缚和影响铜仁市文化旅游创意产业的发展。

四、铜仁市文化旅游产业的发展路径探析

在全国进入大众旅游时代之际，铜仁市今后应该在完善旅游规划体系、打造旅游精品、加大资金投入、壮大旅游企业、培养专门人才等方面努力，推动铜仁市文化旅游业的进一步发展。

（一）进一步完善旅游科学规划体系

铜仁市虽然制定了一些旅游发展规划方案，然而，面对当前国内外旅游市场的激烈竞争，应该立足当前的发展实际，进一步做好铜仁市文化旅游业的发展规划。铜仁市各区县应当做好统一规划，打破行政区划的限制，咨询相关机构及专家，制定出一系列科学的、符合铜仁实际的文化旅游业发展规划体系。只有有了科学规划体系的指导，铜仁市今后的旅游发展才会一帆风顺。

（二）整合优势资源，打造独具特色的旅游品牌

铜仁市内具有丰富的文化旅游资源，为发展文化旅游业提供了丰富的资源条件。为了旅游业更好的发展，铜仁市应深入挖掘文化旅游产品，促进资源整

合。整合独特的历史文化资源、民族文化资源、红色文化资源、佛教文化资源等，提升铜仁旅游产品的文化内涵，走内涵式发展道路，打造旅游精品，形成独具特色的优势旅游品牌。这样，铜仁市旅游产品才能够有实力参与国际、国内的旅游市场竞争，并占有一席之地，独领风骚。

（三）多渠道招商引资提供资金支持

铜仁市政府应该在文化旅游开发工作中起好带头作用，加大招商引资的力度，拓宽资金筹集的渠道，尽可能地为文化旅游的开发提供更多的资金，足够的资金是促进旅游发展的保证。铜仁市还可以由政府牵头，与国内外优秀的旅游公司进行合作开发，合作企业不限于旅游企业，与旅游相关的周边企业也可以引进，如饭店、旅馆、宣传网站等，借助外部力量弥补当地开发能力的不足，促进旅游地开发工作的顺利进行，提升游客满意度和服务质量。

（四）加快文化旅游企业的培育与壮大

文化旅游企业是旅游市场经济中的主体。当前铜仁市文化旅游企业实力还不够强大，仍需要进一步发展和培育。铜仁市的旅游企业和文化企业应该把握机会主动参与融合，寻找自己的发展空间。加强企业间的合作，打造综合产业平台，整合高价值、高品质的旅游产品采购买家资源，为旅游产业与文化创意产业融合创造直接合作机会。文化旅游企业还需要在体制机制、产品生产、服务品质等方面做进一步完善。

（五）培养文化旅游专门人才，提供智力保障

高校可以根据各类旅游企业的不同特点和能力建设要求，进行文化旅游人才培训。建立旅游企业专业技术人员和管理人员定期到校兼职任教制度，从旅游企业吸收有丰富实践经验的旅游业内人才，充实“双师型”师资队伍。按照重要人才重点培养、优秀人才优先培养、紧缺人才抓紧培养、后备人才全面培养的原则，着力培养一支德才兼备、素质一流的旅游教师队伍。同时，还要建立旅游教学实训基地，建立旅游院校专业教师和管理人员到旅游企业工作或实习制度，让高校更好地了解旅游企业的人才需求，依据需求对学校课程进行调整，培养出真正能够为行业所用的知识、能力、创意三合一的人才。

参考文献：

[1] 孙玉梅，秦俊丽．山西省文化旅游资源的特征与文化产业发展模式［J］．地理研究，2011（5）．

[2] 田艳．铜仁市文化旅游产业发展现状及对策［J］．中共铜仁地委党校学报，2009（4）．

[3] 黄娟．铜仁市民族文化旅游品牌发展构想［J］．市场论坛，2013（8）．

[4] 程丹．论贫困地区发展文化旅游——以铜仁市为例［J］．现代经济信息，2013（21）．

贵州省户外运动参与人群状况调查研究

杨利芳*

摘　要： 贵州省户外运动资源丰富，发展迅猛，得到社会大众的认可，通过问卷调查、访谈及实地考察等方法对贵阳市、遵义市、兴义市、江口县等地区进行调查，发现户外运动参与者以35岁以下的公务员、学生为主，女性的参与性很强，以探险、娱乐和休闲健身为主要目的，且呈现区域差异。同时发现，虽然有一定的群众基础但仍需大力宣传推广，协调发展群众性户外运动。

关键词： 贵州　户外运动　参与人群

户外运动以其亲近自然、促进身心健康、强度可调节等优势发展迅猛，受到社会大众的广泛喜爱和追捧。贵州作为户外运动的后起之秀，凭借着得天独厚的喀斯特地貌和丰富多彩的少数民族文化资源，以迅雷不及掩耳之势强势崛起。

一、研究对象与方法

（一）研究对象

贵州省户外运动人群参与状况。

---

* 杨利芳，女，贵州民族大学人文科技学院教师。研究方向：户外体育。

（二）研究方法

1. 实地调查

选择贵阳市、遵义市、兴义市、江口县作为主要考察地区，进行实地调查。

2. 访谈法

通过电话访谈以及实地调查，对户外运动参与者进行访谈。

3. 问卷调查法

调查问卷中设计了 17 个问题，在贵阳市、遵义市、兴义市、江口县随机抽取 400 人发放问卷，进行调查。回收问卷 350 份，其中有效问卷 329 份。

二、结果分析

（一）户外运动的参与者中以 35 岁以下的公务员、学生居多

由调查问卷结果看，目前贵州户外运动的参与者以 35 岁以下的公务员、学生为主，他们有相对稳定的收入和休息时间，拥有充沛的体力和对新生事物有敏锐的感知和接受能力，因此他们对户外运动的认知度和参与意愿比较强烈，而且参与条件比较成熟，有能力参与和完成相应的活动，详情见图 1、图 2。

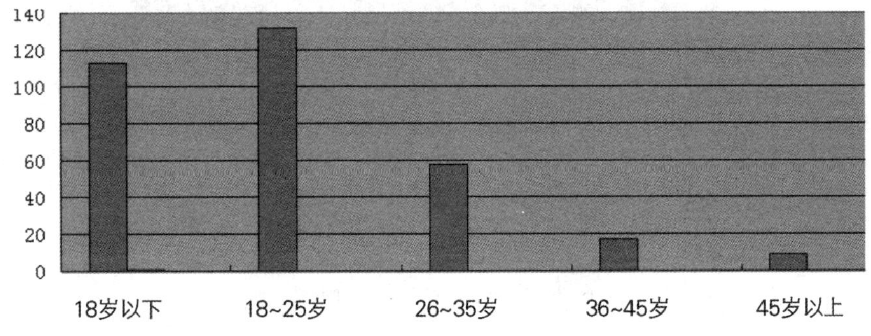

图 1　户外运动参与人群年龄分布图

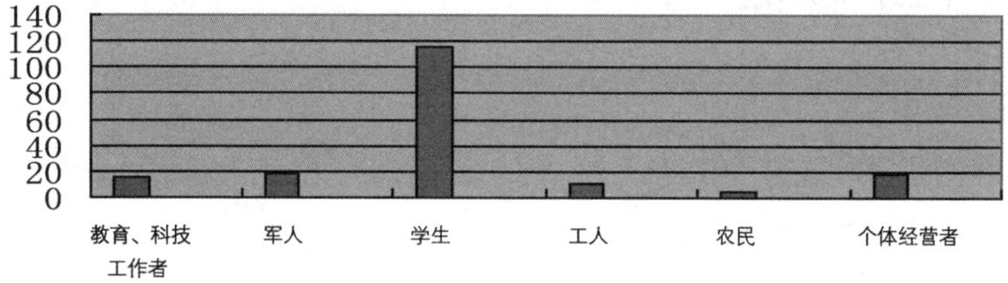

图2　户外运动参与人群职业分布图

由图1、图2可以看出，户外活动参与者的年龄在35岁以下的占92.99%，其中18—25岁的最多，比例为41.08%，18岁以下的占33.76%，26—35岁的比例为18.15%。从职业分布图可以看出，户外运动参与者以公务员、学生为主。

（二）女性参与性很强

根据调查问卷可以得出，在有参加户外运动经历的人员中，62%为女性。这种现象虽然跟样本的随机抽调有关，但在一定程度上还是反映出女性对户外运动的参与性比较强，这与户外运动强度的可调节性密不可分。

（三）以娱乐、探险、休闲健身为主要目的

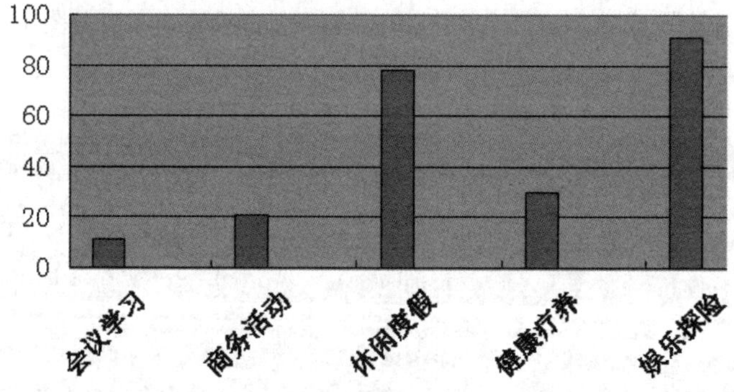

图3　户外运动参与目的分布图

由图3可以看出，人们参与户外运动主要是以娱乐探险为目的，该选项的选择比例为43%；其次是休闲度假，占被调查总人数的37%，这些是户外运动为人们带来的积极意义和影响。

（四）户外运动参与内容与资源关系密切

最近5年内参与过的项目

项目	人数（人）	比例（%）
登山	165	24
山地自行车	42	6
攀岩	39	5
速降	14	2
探洞	57	8
山地摩托车	13	2
野外生存	22	3
拓展运动	35	5
定向运动	22	3
徒步露营	69	10
自驾游	51	7
漂流	93	13
溯溪	24	3
皮划艇	31	4
热气球	19	3
滑翔伞	16	2

由上表可以看出，目前，大众参与比较多的项目是登山、漂流、徒步，几乎没有冬季项目，这与贵州省丰富的山地资源、水资源有着密切的联系。

（五）户外运动受到大众的认可，其发展有良好的群众基础

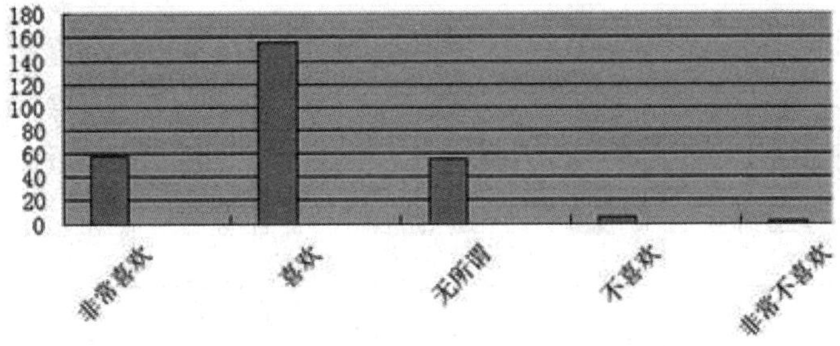

图4 对参与户外运动的态度分布图

由图4可以看出，参与者中有214人表示喜欢或者非常喜欢，占被调查总人数77.5%；有55人持无所谓态度，占比19.28%，这类人群属于户外运动的潜在群体，若给予积极的引导和鼓励，他们也会成为户外运动参与者。

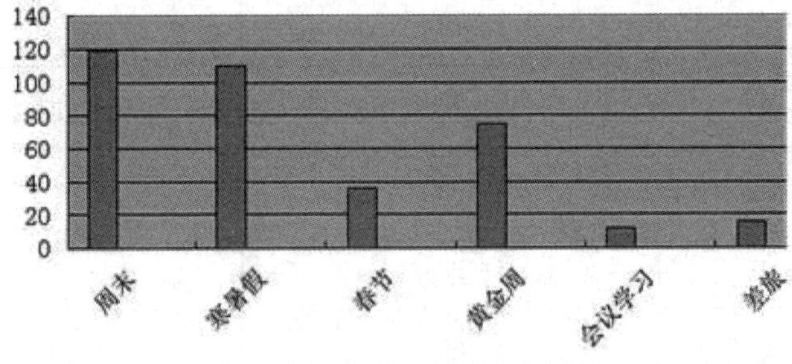

图5 参与户外运动的时间分布图

由图5可以看出，人们参与户外运动的时间分布于各大小假期以及周末，这说明户外运动已经成为多数人闲暇时的选择，得到了普遍认可。

（六）贵州省户外运动才刚起步，还需大力宣传和推广

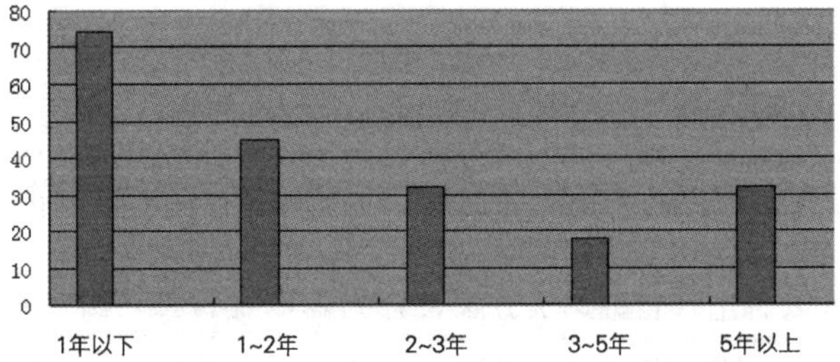

图6 参与户外运动的年限分布图

由图 6 可以看出，目前，参与者以最近三年开始参加的居多，占比高达 75.38%，这说明户外运动的发展在贵州省尚处于起步阶段，仍需要大力宣传和推广。

三、结论与建议

（一）贵州省户外运动参与人数逐步增加，但总体规模不大

贵州省户外运动从无到有，规模从小到大，发展迅猛。在被调查的 329 人中，只有 15 人没有听说过户外运动，占被调查者的 6.28%；听说过但是没有参与过的有 45 人，占被调查者的 13.68%。这说明户外运动参与者在贵州省已经初具规模，但总体来说，由于参与人群以公务员、学生为主，大量的企事业单位工作人员还没有参与到户外运动中来。

（二）群众基础较好，但仍需大力宣传

通过调查发现，贵州省户外运动的参与群体无论是年龄还是职业都相对集中，因此可以说，贵州省户外运动发展尚处于起步阶段。虽然受到认可，但是人们的参与水平还比较低，仍需大力宣传与推广。

（三）加强群众性户外运动发展

群众性户外运动是社会大众参与户外运动的有效途径，也是对全民健身的有效补充。

参考文献：

[1] 李红艳 . 户外运动的理论与实践研究 [D]. 北京体育大学，2006.

[2] 胡俊，吴敏才 . 桂林市户外运动现状调查与发展空间分析［J］. 桂林电子科技大学学报，2008（28）.

[3] 张雅玮 . 对上海户外运动发展现状的调查研究［J］. 华东理工大学学报（社会科学版），2007（1）.

[4] 文兵 . 铜仁地区户外运动现状与分析［J］. 铜仁学院学报，2009（11）.

[5] 秦志浩 . 打造贵州户外运动品牌赛事，宣传“多彩贵州”，促进经济社会发展的思考［J］. 贵州体育科技，2008（3）.

[6] 秦志浩 . 参加户外运动体验多彩贵州［J］. 环球体育市场，2009（7）.

贵阳市工程造价行业现状分析和发展对策研究

丁 睿*

摘 要： 针对建筑业改革浪潮的推进，以及其中某些行业的改变，本文以工程造价专业为主体，探讨、分析了贵阳市工程造价行业的现状，以及当前造价行业的不足和未来发展的对策。

关键词： 工程造价 对策 发展方向

一、浅谈贵阳市建筑行业现状分析

近几年来，贵州省崛起，声势浩大，吸引了大量的企业与移民。2016 年，贵州 GDP 增速达 10.5%，增速高于全国 3.8 个百分点，连续六年居全国前三位。贵州的崛起已成为共识。在贵州崛起的环境下，所有产业的发展也随之不断火热化，最深入人心的是房价问题。贵州的崛起代表着贵州房产价值的回归。2017 年 2 月，贵阳平均房价突破 7000 元大关，个别地段小区更是突破了 1 万元。火爆的房价背后，我们更应该了解、认识贵阳房地产的发展现状及未来发展走

* 丁睿，汉族，贵州民族大学人文科技学院在读本科生。研究方向：工程造价。

势研究，只有这样，才能更好地把控房价的变化。

二、工程造价行业现状分析

（一）打造贵阳市造价咨询企业标准化，建立完善的规章制度

纵观贵阳市的工程造价咨询企业，就标准化而言存在很大的缺陷。目前，在贵阳市还有很多造价企业依附于各个监理公司、会计事务所、勘察设计事务所等公司的名下。这样的依附现状存在一个很大的专业化和标准化问题，即造价咨询服务对于这些企业而言只是一个附加业务，整个公司的管理中心与业务中心并没有全部放在造价这个行业上，因此没有一套独立的运作和管理制度。再加上造价行业带来的巨大利润，这些不专业的企业做起来就更不专业了。笔者了解到，在贵州省的一些小县城中，由于很多的工程甚至没有用企业来做造价，而是请一些有造价资格证的个人来做，后期在施工阶段和结算审核中出现了多问题。前期决策没有做全面，导致工程延期和烂尾楼的现象。以上问题也说明了行业监督管理不到位，因此可以说，目前所设的管理制度都形同虚设，相关的专业法规制度也并不完善。目前，贵州省内的许多工程只是表面上符合规章制度，如果深入调查就会发现许多问题。虽然对申请资格有着严格的要求，但是后期的跟踪调查访问并没有起到实际作用。这些大大小小的问题，造成了工程造价行业发展的不规范，严重阻碍了工程造价行业环境的健康发展。贵阳市的工程造价行业的管理制度存在诸多缺陷和不足，没有对工程造价管理工作的内容进行明确的规定和划分，这导致了工程造价管理工作在开展的过程中没有法律约束，处于稍显尴尬的境地。

（二）从业人员的素质

由于从事工程造价咨询活动的人员大部分是由计划经济时期预算员改行而来，没有一套系统的造价知识，很难应对如今市场的要求。工程造价的意思就是工程的建造价格，指进行某项工程建设所花费的全部费用，这里的全部费用除了工程的直接费用，还包括了企业的管理费用、措施费用、规费、利润和税金等。这一系列的费用支撑整个工程的完工，其中若有一项费用脱节，就会造成工期的延长，甚至出现最坏的情况——进入一个死循环，最后变成烂尾楼。

由此可见，一名合格又专业的造价从业人员是多么重要，他从工程的前期决策到最后的结算审核一直扮演着相当重要的角色。但是，就目前整个贵阳市的造价行业环境来说，拥有专业造价资格的人员并不多。所以，贵阳市的造价业务以及造价人员离全国标准还有一定的差距。贵阳市工程造价的从业人员面临一个很大的问题，这个问题就出在从业人员的专业能力基础上。目前，大多数从业人员都是由计划经济时期的预决算人员改行而来，学历都停留在中专、大专。在日常工作中，自然而然地就暴露出了从业人员职业道德水平、对每一个工程风险评估能力以及责任意识认知问题。由此可知，贵阳市工程造价从业人员的总体专业能力普遍不高。

（三）贵阳市造价企业的信用体系完善与信息数据化

就贵阳而言，工程造价咨询行业发展比较晚，还属于一个新兴行业，近几年通过国家对行业的清理整顿和脱钩改制已经成为一个独立的行业，并且呈现出迅猛的发展态势。整体来说，我国工程造价咨询行业处于快速上升的阶段。如前文所述，目前的造价行业扔存在许多的缺失与不足，正是这样的缺失给许多企业留下了可乘之机，在工程前期准备时不断出现造假行为，很多企业为了拿到甲方合同，一味地去迎合对方的要求，有的更是为了让双方利益最大化而忽略了后期的分险评估，所以才在工程后期出现了资金链断裂、工程延期、烂尾楼的现象。这一系列的问题说明，工程造价扮演了一个至关重要的角色，如果造价企业能在工程的前期就做好科学的分险评估和对工程施工期间的严格把控，那么这些问题就不会出现。这就需要建立企业的信用体系。建立一套属于我们自己的信用体系，再将其与如今时代信息化数据连接起来，使每个企业接触的工程与正在实施的工程都能做到公开、透明，促使各家企业互相监督，那么以上所说的问题就能得到很好的解决。

三、工程造价发展对策研究

前文叙述了贵阳市目前在工程造价这个行业的现状。正是因为面临着这么多问题，我们才需要制定一系列合法有效的措施，来净化我们的建筑行业环境。问题是几十年遗留下来的，要想改善和解决，就要把目光放长远，毕竟这是一条漫长的改革之路。就目前贵阳市面临的这些问题，笔者提出以下几个发展对策。

（一）制定各项行业管理制度，建立市场准入制度，加强立法工作

针对咨询服务决策过程建立一套法定程序，建立真正意义上独立的工程造价咨询企业。真正的独立造价咨询企业应该从以下几个方面来做。

（1）在接到工程后，应该与业主以及甲方建立很好的关系，而不仅是从甲方的角度考虑，更应该从业主的角度考虑，在甲方与业主方之间发挥很好的中间桥梁作用，为二者的利益服务。

(2)每一家在册的造价咨询企业的业务重心应该是在独立的造价专业方面。不能像现在的很多企业一样，兼营造价的工作。只有这样，才能让每一家企业遵循责任落实制度，并且企业的造价从业人员必须是造价的专业人员，这样才能做到公平、公正、公开。

（3）定期检查每一家造价企业，严格管理。可以在省内成立一家造价协会，并且建立一张黑名单，在每年的年底对企业进行抽查，将这一年工程中存在重大失误的企业列入黑名单，取消其经营资格。对造价从业人员也应如此管理。将检查结果对外公开，杜绝一切徇私舞弊。

（4）对项目的决策，一旦出现对工程建设所需要的价格高于投资者预期，或是超过投资者所能支付金额的情况，就会导致投资者被迫放弃该项目的建设。同样，如果对项目进行投资后所建设的效果与预期不符，也会在一定程度上使投资者放弃该项目。所以，在决策阶段的工程造价管理就成为对财务进行分析的重要依据。

（二）提高造价从业人员的专业素质

面对贵阳市大多数造价从业人员学历资格水平过低的现状，可以组织之前在册的造价人员进行系统分批的学习，对即将进入造价行业的从业人员进行岗前培训，要让从业人员意识到只有自己专业能力过硬才可以，只有对自己经手的每一个工程了解得透彻、对工程介入得深，才能在前期工程的决策阶段提出更具有建设性的意见。另外，规定一个造价工程师只能跟进一个项目，不能同时跟进几个项目，并且每个项目需要的造价工程师都应该由贵州省省协会随机分配，这样就能规避其中的关系户。

（三）完善信用体系评价与数据化的连接

现在的贵阳拥有着全国的大数据中心库，我们应该充分利用这样的优势资源，将造价行业纳入大数据体系中。每个造价企业应建立一套属于自己的大数据库。2016 年 8 月 4 日，在北京召开了全国工程造价行业信用评价工作会议。同年 10 月 10 日，在贵安新区召开了 2016 年贵州省的造价咨询企业信用评价工作会议，是可见企业信用评价的必要性。我们要切实落实这套评价系统，做到全透明、全公开。对每一家企业经手的项目都进行评价，对不合格的企业予以约谈，并限期整改，必要时进行行业内通报批评。对优秀企业给予表扬。同时，也可以给每家企业设立星级评比，拥有更多星级的企业能接受更好、更大的项目。拥有这套评价系统后，再用大数据的资源与这套系统进行对接，让全国都能熟悉了解贵阳市的每一家造价咨询企业，在全国大企业入驻贵阳市之前，就能对它们即将投资的项目有一个更清晰的了解。只有对建筑环境与造价行业进行优化和合理科学的管理，才能使整个贵阳市的建筑环境得到净化，最后受益于的将是贵阳市人民与所有造价咨询企业。

贵州大力发展大数据，使贵阳城市价值从“从爽爽的贵阳”变成大数据产业高地时，贵阳不仅是避暑天堂，更是大数据企业趋之若鹜的沃土。在这样的背景下，在贵阳房市一路看好，怎样把控我们的房价，让贵阳市人民体会到真正的幸福感，建设工程的环境显得尤为重要，造价咨询企业是整个工程的风向标和指明灯，要把控好每项工程的资金流动、建设进度，以及最后的竣工验收。贵阳市应该拥有一个和谐、高效的造价咨询企业的发展环境。因此，为了使工程造价的管理价值得到更好的发挥，企业和部门要提升自身综合能力，为贵阳市建筑行业技术和经济的发展贡献力量。

参考文献：

[1] 刘荣利．我国工程造价咨询业务发展障碍［J］．牡丹大学学报，2009（9）．

[2] 张锦平．我国工程造价咨询行业的现状浅析［J］．建筑检测监督和造价，2009（6）．

中国における少数民族観光発展の活性化について（節録）

岳孜静 *

概　要：21 世紀に入り、経済クロバール化の進展に伴い観光産業の国際化の時代に入った。交通の革新的な発達、宿泊施設の整備、観光関連産業の発展、宣伝、情報の普及など多くの条件が改善してきているため、観光も世界中に広がっている。観光産業は一つの国もしくは地域にとってきわめて重要な役割を演じている。中国において、1980 年代中頃から辺境の少数民族地域における貧困救済と地域振興を改善するため、少数民族を持っている独自な生活文化を資源とする民族観光をおこし、それは少数民族観光の始まりとなった。少数民族観光の発展過程についての先行研究と資料を分析し、事例研究を行い、その後、各少数民族観光地の現状が観光地ライフサイクル・モデルにあてはまり、少数民族観光に活性化出来るモデルを示す。

キーワード：少数民族観光 民族文化 観光資源 開発 持続可能

* 岳孜静（1988— ），汉族，硕士，贵州民族大学人文科技学院教师。研究方向：区域旅游发展。

第一章 雲南省のシーサンパンナタイ族自治州の民族観光

雲南省は豊かな自然にめぐまれ、観光産業の発展にも寄与している。近年、観光事業の発展は持続力があり、サービス産業は省の支柱産業として地域政府や民間組織、企業に認識されている。2008年、観光産業を主にしたサービス産業は雲南省のGDPの38.5%に占めていた①。雲南省は多民族の地域であり、少数民族は観光の1つ要素とし、不可欠な存在である。雲南省の観光効果から見ると、少数民族の伝統文化は、外来の観光客にとって魅力があることだと考えられる。雲南省で、多数の民族の中、ペー族、タイ族、リス族、ナシ族は自分の独自の特徴を持ち、少数民族の代表として多くの観光客に知られている。

西双版納（シーサンパンナ）タイ族自治州は，現在の中華人民共和国雲南省南部のミャンマー・ラオスと国境を接する地域にある。「シーサンパンナは，1950年に中華人民共和国の一部に組み入れられ，1953年にシーサンパンナタイ族自治区となり，1955年にシーサンパンナタイ族自治州と改名された。タイ族自治州は、全地域を発展させるため、観光産業は主要産業と位置づけた。②」

1. タイ族について

タイ族はアルタイ山脈のふもとあたりにおいて発祥地とされており、時間を経るにつれて南の方に遷移していることが分かっている。現在、タイ族は主に雲南省のシーサンパンナタイ族自治州と徳宏タイ族チンプオ族自治州で生活している。「タイ族は古くから独自の暦をもち、日食、月食を推測する書籍も残されている。文学では、歴史文献と詩歌集、伝説、物語なども数多くある。タイ族におき、長編叙事詩は500部を超え、中国の各少数民族の文化遺産の中でも珍しい。彫刻と絵画の工芸も精巧で美しい。タイ族の服装は、男女の違いがある。男性の服装は、上半身は襟のな

---

① 「中国第三次産業統計年鑑 2009」. 中国统计出版社，2009年12月. http://www.spc.jst.go.jp/statistics/stats2009/stats_01/list11.html，20141211.

② 「雲南省西双版納におけるタイ族の民族宗教と上座部仏教」. 烏日汗, 名古屋大学大学院文学研究科, 教育研究推進室年報, Vol.7.

いもしくは襟が短いシャツ、下半身は長くてゆったりしているパンツで、頭は白いまたは青い布で巻く。冬はシャツの上に、動物のファーをかけ、防寒する。飾るための服装だけではなく、タイ族の男性は、入れ墨をする習慣がある。男の子は12、13才になると、胸、背中、腰および四肢に動物、花卉、タイ文字などを入れ墨にする」①(図1)。

図1　タイ族男性の服装

「女性の服装は袖が短く白いまたは緋色シャツと長めのスカートになる。結婚していない女性と結婚している女性の服装は違う。そして、地域によって、服装も違ってくる」②(図2)。

---

①　「中国少数民族服装」より翻訳　小溪　http://www.china.com.cn/aboutchina/zhuanti/daizu/2009-06/01/content_17865966.htm　20140710。

②　「中国少数民族服装」より翻訳　小溪 http://www.china.com.cn/aboutchina/zhuanti/daizu/2009-06/01/content_17865966.htm　20140710.

図1　タイ族女性の服装

タイ族、多くは小乗仏教を信仰し、原始の鬼神を崇拝する思いが残っている。タイ族の民が生活していた村の中には、寺が数多く存在していた。昔のシーサンパンナにおき、大部分の未成年男子は僧侶として生活し、文字を学び、そして俗に戻る。戻らず、僧侶のまま継続修行していく人もいる。仏教はタイ族の日常生活や、習慣などへの影響が少なくないと考えられている。

タイ族は歴史が長い少数民族であり、伝統文化は観光資源としてよくしられている。祭りは伝統文化の1つとし、観光資源に使われている。

タイ族で、伝統の祭りは毎年あり、主に祝いする祭りは、「水掛け祭」「開門節」(図3)「関門節」(図4)である。「毎年、タイ暦の六月に行う水掛け祭りはタイ族の新年を迎える伝統的な祭りである。人々はおたがいに水を掛け、災を取り除いたり、祝福し合いたりすることができるとおもわれている。若い男女は祝福するほか、遊びで水を掛けることもある」。[①]祭りの際に、砂積み、綉球(絹リボンでこしらえた球形の飾り)投げ、

① 「雲南省節日—関門節、開門節」. 昆明旅行局, より, 翻訳. http://www.57uu.com/yunnan/ynmf/09_30_57_438.shtml, 20141212.

花火あげ、竜舟（竜の形にかざった舟）の漕ぐ試合などの活動を行なう。その際に、全国からの観光客がシーサンパンナと徳宏に集まり、非常ににぎやかである。「毎年タイ族暦の9月15日（関門節）から12月15日（開門節）までの間に、僧侶が寺から外出せずに寺に籠もって修行するが、村の民たちも結婚式、家をたてることなどをせず、忙しい秋収穫の時期をむかえる。期間中に、寺は定期に参詣を行い、人々が清かな水で仏像を清め払ったり、年配の人が寺に1日泊まり、高僧の読経を聞き、全家族の幸福を祈る。関門節の期間は寺には盛大な経書を献上する行事も行われる。12月15日はタイ族が「開門節」を迎える。その時、人々が花、米、赤蝋燭など供え物を持参し寺へ、盛大な「開門節」祭を行う。夜、寺で花火などの打ちあげを行い、村中の若者たちが歌ったり踊りしたりする。「開門節」以後、てらの僧侶が寺院から出、村民も結婚、家を建てなどのことは許される」。①

図3　タイ族の「開門節」

少数民族の伝統祭りを用い、観光客を集め、経済効果を発生しながら、民族文化の宣伝効果もあがり、祭りを実行することで、無形文化遺産としての保護も有効である。

---

① 雲南省節日—関門節、開門節」．昆明旅行局，より，翻訳．http://www.57uu.com/yunnan/ynmf/09_30_57_438.shtml，20121222.

図 4 タイ族の「関門節」

2．シーサンパンナタイ族園について

雲南省において、観光産業はタイ族自治州の中心産業だが、政府から1.5億元の投資があり、3つの段階(表1)をわけ、タイ族園を作った。景勝地と呼ばれるタイ族園は、実は本物の5つタイ族の村(曼将、曼春满、曼听、曼乍、曼嘎)で構成し、観光客たちは豊かな民族文化を享受できる。2003年12月まで、園内の住民は1503人である。タイ族園(図5)においては、民族文化は観光資源になり、中心に発展させている。「発展」と「保護」2つのキーワードは、タイ族園のスタートから、つかわれている。観光地にしたが、民族文化が持続可能のため、現地の自然、建築、文物、特に宗教に関する文化財などを保護している。観光客の到着により、タイ族の文化と

---

① 「贵州省2010年第六次人口普查主要数据公报」. 贵州省统计局，編 . 中華人民共和国国家統計局，2011年 . http://www.gz.stats.gov.cn/web62/News/20140516/2622.htm，20121126 .

② [中国貴州省少数民族地域におけるインバウンド観光の考察—黔東南苗族侗族自治州を中心に]. 鈴木晶，『別府大学短期大学部紀要』第31号，2012.

外来の文化とぶつかる。この現象を避けるため、園内の各村で生活している住民たちは、特に若い住民たちに3年～5年までの標準語、外国語、観光知識、法制度、特に伝統文化について訓練をしている。自分の文化をよく知り、そして、誇りを持って他の観光客に紹介する。

図５　シーサンパンナタイ族園[①]

表１　シーサンパンナタイ族園観光産業発展段階[②]

発展段階	時期	対象	特徴
第一段階	～1980年代	学者、専門家	民族、民族文化研究
第二段階	1980年代～90年代前期	観光客（少人数）	村の住民たちは観光産業に加入
第三段階	1990年代～	観光客	政府機関で企画を立てること

①「西双版纳傣族园」. 云游网. http://www.innyo.com/pub/article/detail/19872/1.html20120208，20141230.

②「少数民族木村の観光発展モデル」. 黄亮，旅行学刊，2006年5期.

3．シーサンパンナタイ族自治州の観光問題

雲南省は中国の辺境に位置し、経済の発展は沿岸地域より後れている。観光産業は発展しているが、全国から見ると、上昇の余地はまだあると思われている。雲南において、タイ族は主にシーサンパンナと徳宏で生活し、民族観光を用いている。この2カ所の観光産業はハイスピードで進展しているが、問題点も存在である。

まず、交通問題である。シーサンパンナは一番西南地域で、高速道路と空港はあるが、鉄道は開通していない。空港があるが、メイン路線ではないため、運賃は高価である。高速道路はよく使われる手段だと考えているが、道路状況が悪い。以上の交通問題があるため、観光客の増加に影響があると考えている。

そして、全体的に言うとシーサンパンナでは、タイ族園のような集積した観光地はすくなく、観光資源は分散している。最大限で民族特色を観光客に提供することが難しいこととなっている。各観光スポットの間に情報、インフラなどのシェアが必要だと考える。そうすると、各観光地の管理も容易になり、観光客も利用しやすくなるだろう。

最後、シーサンパンナでは民族観光をテーマにしているが、観光資源開発とブランド作りが不足のため、自分の市場を定位しにくく、観光客へのアピールは適切に出来ていない。

第二章　貴州省の黔東南苗族侗族自治州の民族観光

貴州省は以前から「黔」と呼ばれ、中国の西南地区に位置し、省域は雲貴高原と呼ばれる。カルスト地帯となっているため、省の 80 パーセント以上が石灰岩に覆われている。貴州省の北には四川省、南には広西チワン族自治区、西には雲南省、東には湖南省と接している。貴州省には中国南西部の多数の少数民族が集まっている。自然に恵まれる環境と民族特有の習慣や文化、歴史遺産、過ごしやすい気候が揃い、国内外からの観光客を惹きつけている。

1．貴州の少数民族について

「貴州省においては漢民族以外の民族が多く、苗（ミャオ）族、布依（プイ）族、侗（トン）族、土家（トゥチャ）族、彝（イ）族、仡佬（コーラオ）族、水（スイ）族、回（フイ）

族、白（バイ）族などを含む16種の少数民族、約1380万人以上の人口が暮らしている。少数民族の割合は貴州省全体の人口3,750万人のうち37%を占め、貴州省の少数民族人口は国内で2番目である。」①

「貴州省の観光産業の発展は…1985年からは自治州政府内の指導層に観光分野を専門とする責任者を任命し、観光分野を管理する部門を設置した。現在までの20数年間で、観光市場の開発と観光宣伝と並行した観光客の誘致運動による民族文化及び自然生態観光の観光形態が整ってきている。」②

2．黔東南苗族侗族自治州民族観光発展の歴史

貴州の観光発展は3つの段階がある。観光が新たな産業として発展することにしたのは1978年で、貴州の観光は改革開放をとともに発展してきた。開始時期は1990年代で、貴州観光の方向性と観光管理機構の完備は主な任務だった。主な産業への過渡期は20世紀90年代から、貴州観光産業の重要性の確定、特色がある貴州観光が発展する。主な観光産業の発展時期は21世紀に入ってから、貴州の中心産業として、各方面を発展していく。

黔東南苗族侗族自治州は貴州省東南部に位置する少数民族自治州である。貴州省黔東南苗族侗族自治州は、中国全土の中でも少数民族の人口が最も多い自治州の一つであり、住民の暮らしは裕福な状況に置かれていない。「中国政府は、少数民族の住民生活を向上させるため、少数民族観光による地域経済の発展を目指して観光戦略を構築し、1984年から少数民族観光の振興に着手した。自治州政府側が民族観光による町興しを行いながら、外貨を獲得するためにインバウント観光にも力を入れたのである。」③

---

①「贵州省2010年第六次人口普查主要数据公报」．贵州省统计局，编．中華人民共和国国家統計局，2011年．http://www.gz.stats.gov.cn/web62/News/20140516/2622.htm，20121126.

②［中国貴州省少数民族地域におけるインバウンド観光の考察 -- 黔東南苗族侗族自治州を中心に］．鈴木晶，「別府大学短期大学部紀要」第31号，2012.

③同上．

3．少数民族観光の特徴

貴州黔東南苗族侗族自治州では、自治州内には国家風景名勝区１か所、省級風景名所区２か所、省級自然保護区１か所、省級風景名勝区を申請中の２か所（剣河と下司）がある。自然資源が多く存在するが、民族風情もあふれている。自治州では、苗族と侗族が山中深い斜面に代々受け継がれてきた小さな棚田を作って暮らしている。「春節や結婚式、民族の祭りもしくは歌垣などには、男性が蘆笙を奏で女性が踊る。蘆笙とは蘆の茎や竹を使う古くから伝わる管楽器の一種でミャオ族（図6）とは切り離せないものである。観光客が現地に到着すると、村の住民が迎えに出てき、建築、衣装など目に入れるものだけではなく、住民たちと歌を歌い、感情まで現地の少数民族風情に感じれる」①。体験型の観光だと考える。

図６　ミャオ族の民族衣装

① 「貴州－黔東南ミャオ族トン族自治州」．中国国家観光局，http://www.cnta-osaka.jp/spot/nature/qiandongnan，20141226.

4．貴州黔東南自治州少数民族の観光問題

貴州黔東南苗族侗族自治州は、多くの観光資源を持っているため、中国においては有数の少数民族観光地域である。しかし、国際観光地として知られている観光名勝地はほぼない状態である。したがって、貴州黔東南苗族侗族自治州民族観光の現状を踏まえ、まず国内の宣伝だけではなく、海外への観光宣伝にも力を入れるべきである。そして、近隣都市及び地域からの協力が必要である。貴州黔東南苗族侗族自治州において、特徴な文化と民族性を強調し、観光スポットの開発を行う。貴州黔東南苗族侗族自治州の少数の観光現状は、潜在の外国観光客によく知られていない状態である。情報発信の形は時代により、変化している。新しい観光宣伝方法を探索することも必要である。海外への宣伝においては、まず各国の事情を詳しく理解し、連休制度、定年制度について調査した上で、 民族観光計画をすれば効果的な宣伝が可能である。外国の観光客を誘致する場合には、各国の国民についての消費習慣と消費心理を調査、理解し、その後、各国の観光者に適切な宣伝活動を行う。そして、観光地の管理も必要である。観光は幅広い産業で、小売業であれば個人でも参入しやすいが、サービス水準を同じレベルに保つことが難しい。従って、観光現地の販売産業への管理が不可欠である。現地で、観光に対する教育は不足している状態だと考える。観光を産業として発展すると、現地の少数民族住民からの指示が必要である。観光に対する理解が不足する場合、観光客とトラブルが発生する可能性も高く、観光客に悪いイメージを与えると、リピーターに期待出来ないだろう。

第三章　広西チワン族自治区の民族観光

「広西では石灰岩の分布が全自治区面積の約50%を占めている。区内には奇峰が林立し、水が清く、鍾乳洞、怪石が多く、風光明媚である。桂林、陽朔の附近のカルスト地形からなる景観が最も有名で、石山が点在し、川水が澄みきり、山々に洞窟があり、どの洞窟も奇異で、全国の観光重点地区の一つとなっている。広西チワン族自治区は東南アジアに向かい合い、南は北部湾に、西南はベトナムに、東はホンコン、マカオに隣接する。広東省、湖南省、貴州省、雲南省などの境を接する。華南から西南までの交通の要である。ここは中国とアセアン各国と繋がる陸路と海路の交

通中心地である」[①]。広西チワン族自治区の人口は(2004年の人口調査データにより)4857万人である。広西チワン族自治区も少数民族自治区で、チワン族、ヤオ族、苗族、トン族、仏佬族、毛南族、回族、京族、イ族、水族、仡佬族などの25の少数民族が住んでいる。漢民族の人口は約3000万人であり、総人口の61.6%を占める。少数民族の人口は約1800万人、その中にチワン族の人口は約1500万人であり、少数民族人口の85.7%を占める。[②]

1. 広西チワン族について

「チワン族は少数民族の中で人口の最も多い民族である。主に広西チワン族自治区、雲南省の文山チワン族ミャオ族自治州に集まり住み、一部が広東省、湖南省、貴州省、四川省などに散在している。」[③]昔、チワン族の人たちは自然崇拝と多神崇拝などの原始宗教を信じていた。「唐、宋以降、仏教、道教が前後にしてチワン族地区に入ってきた。近代になって、キリスト教がチワン族地区に入ってきたが、大きな影響を及ぼすには至らなかったと思われる」[④]。1958年3月15日、広西チワン自治区が発足し、チワン族の人民は自治する権利を獲得した。チワン族の人たちは主に農業となり、米やトウモロコシの栽培を主にしている。

2. 広西チワン族自治区少数民族観光発展の歴史

広西の観光産業は建国初期からスタートし、改革革命とともに発展してきている。広西観光産業は開始時期から今まで、3つの段階がある。

開始時期(1954年～1978年):中華人民共和国の成立初期、政治的な考察団体を迎えることが多かった。1978年、広西チワン族自治区旅行遊覧事業管理局

---

① 『中国・広西チワン族自治区の概況』. 中国北京政府編，新星出版社. http://www.mekong.ne.jp/directory/geography/guangxi_copy(1).htm，20141229.

② 『中国2004年人口調査 -- 広西チワン族自治区』. 国家统计局人口和社会科技统计司，中国统计出版社，2004：205.

③ 「チワン族 zhuang zu Zhuang ethnic minority group」.China Internet Information Center，2001，20121230.

④ 同上.

を成立した。(1983年広西チワン族自治区旅遊事業局になり、2000年に広西チワン族自治区旅遊局になった。)

基礎発展時期(1979年～1990年):1979年から、広西観光産業は発展時期に入り、事業型は接待事業型から経済産業に移動し、広西チワン族自治区少数民族観光の原型ができていた。

新型産業形成時期(1991年～):1990年代から、広西チワン族自治区少数民族観光は発展してき、新たな産業と認識され、観光商品は改善しながら、観光振興を行っている。

3. 広西チワン族観光の特徴

チワン族(図7)の民族文化は他の族と違い、特徴を持っている。広西の気候は雨が多く、夏は暑い気候のため、特有な建築スタイルができている。山や水の近くに居住することが多く、干柵式の木楼にすんでいる。そして、チワン族が民族衣装を持ち、伝統服装は、男性が襟なしのシャツで、下はゆったりパンツ、長い頭巾をつけている

図7広西チワン族民族衣装[①]

①「蓝靛染布，壮族的“蓝色梦”」. 苏贤庆，南宁晚报，2010-01-15，第33版：副刊・文化.

形となる。女性はレース付きの襟なしシャツ、長いパンツと柄入りの頭巾となっている。男女とも、チワン族特有な靴を履いている。

「チワン族の人たちは歌が好きで、チワン族の人たちの住んでいる村は「歌の海」とたたえられている。チワン族は歌で自分たちの生活と労働を表現し、思想と感情を表すことが多い。若い男女の恋にはラブソングがあり、結婚には嫁入りを惜しむ歌があり、葬儀には死を悼む歌があり、知恵を比べるには問答の歌があり、賓客を招宴するには酒を勧める歌と節気歌があり、神様を祭って雨を求めるには祈祷歌があり、子供用の童謡もある」[①]。春と秋になると、若い男女が晴れ着をき、特定の場所に集まり、歌を一問一答式に歌う。こうした歌会は「歌の市」といわれ、「歌祭り」ともいわれている。それ以外、きれいなチワン錦織はチワン族の伝統的な工芸品であり、よく知られている。

4．広西チワン族自治区少数民族の観光問題

「広西チワン族自治区は低緯度地域に位置し、南は熱帯の海に臨み、北は南嶺の山地で、西は雲南、貴州高原、域内では河川が縦横に流れており、地理的環境は複雑な様相を呈している」[②]。チワン族が生活している地域は町から離れているところで、開発されているが、十分の状態ではない。そのため、交通に問題がある。特に、民族性が十分保存されている山奥の村は、地理、交通、インフラの制限により、観光にはまだ難しい状態である。数多くの少数民族は中心地から遠い僻地にある。資金、人材、計画などが欠乏の状態で、管理も足りない。そのような村を観光資源に開発とすると、過開発などの問題が起こる可能性が非常に高いと考えている。開発しながら、民族文化への保護も必要である。発展と保護は、民族観光に不可欠の2つの点だと思われる。現地で、村民たちが自分の文化を十分に認識し、そして認めることが重要である。そうではないと、観光産業の発展により、民族文化に傷つき、文化の真実性に疑われる。

---

①中国・広西チワン族自治区の概況」．中国北京政府編，新星出版社．http://www.mekong.ne.jp/directory/geography/guangxi_copy(1).htm，20141230.

②「广西旅游业发展历程和建设成就」．程大兴，広西チワン族自治区旅行発展委員会，より作成．

参考文献

[1]『観光•リゾート開発の人類学 - ホスト＆ゲスト論でみる地域文化の対応』バレーン•L• スミス　勁草書房，1991.

[2] 国务院人口普查办公室，国家统计局人口和就业统计司编．中国 2000 年人口普查資料［M］．中国統計出版社，2002.

[3] 西双版纳傣族自治州概况编写组．西双版納傣族自治州概況［M］．云南民族出版社，1986.

[4] 黄亮．少数民族木村の観光発展モデル［J］．旅行学刊，2006（5）.

[5] 黔東南苗侗族自治州政府編．黔東南州国民経済と社会発展「九五」計画及び 2010 までの発展計画［M］.1996.

[6] 国家统计局人口和社会科技统计司．中国 2004 年人口調査——広西チワン族自治区［M］．中国统计出版社，2004.

[7] 赤塚忠．易経［M］．明徳出版社，1965.

[8] 中华人民共和国国家统计局．中国第三次産業統計年鑑 2009［M］．中国统计出版社，2009.

[9] 烏日汗．雲南省西双版納におけるタイ族の民族宗教と上座部仏教［J］．教育研究推進室年報．

[10] 贵州省统计局编．贵州省 2010 年第六次人口普查主要数据公报．

校园文化建设

XIAO YUAN WEN HUA JIAN SHE

贵阳花溪大学城
公共文化服务体系构建研究

肖圆圆 *

摘　要： 构建现代化的公共文化服务体系已经上升至国家决策层面，同样，建设多彩贵州民族特色文化强省也离不开公共文化服务体系的构建。在此基础上，通过走访调研分析贵阳花溪大学城的建设现状和问题，提出立足于花溪大学城公共文化资源优势之上，建设贵阳花溪大学城公共文化服务体系的内容、措施和运行机制。

关键词： 大学城　公共文化服务体系　运行机制

2015 年 1 月初，中共中央办公厅、国务院办公厅印发了《关于加快构建现代公共文化服务体系的意见》（以下简称《意见》），提出建设现代公共文化服务体系要坚持正确导向和政府主导、社会参与、共建共享、改革创新等原则，要求各地区、各部门结合实际认真贯彻执行。《意见》还明确指出，要加大资源整合

---

* 肖圆圆（1990— ），汉族，贵州民族大学传媒学院在读硕士研究生。研究方向：新闻实务。本论文为贵州民族大学科研基金资助项目，项目名称：《贵阳花溪大学城公共文化服务体系构建研究》，项目编号：16yjsxm084。

力度，促进公益性事业单位机制改革，以行业联盟等形式，令有关行业代表、专业人士等投入公共文化服务体系的构建之中。[①]由此可见，公共文化服务体系建设已上升至国家决策层面。2016 年初，贵州省也颁布了《关于加快构建现代公共文化服务体系的实施意见》，将现代公共文化服务体系建设纳入“建设多彩贵州民族特色文化强省”的中心工作。由此，2009 年以来贵州省兴建和完善的贵阳花溪大学城作为花溪高等教育集聚区，也应被纳入现代公共文化服务体系建设之中。并且贵阳花溪大学城的建设不能缺少文化传播的基础设施和平台建设，如公共图书馆、体育馆、博物馆、科技馆等，构建现代公共文化服务体系，是大学城建设的应有之义，也是“建设多彩贵州民族特色文化强省”的必然要求。

贵阳花溪大学城位于贵阳市花溪区及以南至黔南州长顺县、安顺市平坝县，自计划建设以来，已有贵州师范大学、贵州财经大学、贵阳医学院、贵阳中医学院、贵州轻工职业技术学院、贵州民族大学陆续入驻其中。随后，贵州理工学院、贵州民族大学人文科技学院、贵州大学明德学院 3 所高校（独立院校）在 2017 年入驻办学。估计 5 年以后，占地近 12 平方千米（含北部片区贵州大学、贵州民族大学老校区）、有 12 所大学聚集、常驻师生近 20 万人的贵阳花溪大学城将全面建成。[②]

《国家基本公共文化服务指导标准（2015—2020）》已明确将基本公共文化服务项目归纳为基本服务项目、硬件设施及人员配备三项。结合贵阳花溪大学城问卷调查数据以及大学城内建设的实际情况，将贵阳花溪大学城公共文化服务体系设定为“六馆一院一平台”，即公共图书馆、博物馆、科技馆、美术馆、文化馆、体育馆、数字影剧院、公共文化服务体系传播平台。

一、研究现状及存在的问题

贵阳花溪大学城自大学搬迁入驻以来，各个高校的公共文化基础设施就一

---

① 国务院办公厅．关于加快构建现代公共文化服务体系的意见．2015-1-14.

② 喻健，唐亚娟．关于贵州大学城网络媒体整合建设与传播的思考［J］．当代教育，2015(4).

直在建设和完善之中，但各个高校的文化设施如何开放以及构建公共文化服务体系的具体措施和运作机制还没被提上议程，我们仍需对花溪大学城公共文化服务体系具体包含内容、构建位置、功能定位及运作机制进行整体把握，让其更好地为大学城内师生以及周围社区居民服务。

选取花溪大学城南区位置相对集中、且已搬迁入驻进行正常教学活动的9所大学为目标，通过走访、调研等方式对花溪大学城的公共文化基础设施进行普查以获取第一手资料，花溪大学城内公共文化基础设施还不完善，后续建设任务艰巨且所需时间较长。之所以建设相对集中的大学城，是因为可以实现各个高校之间公共资源的互补和共享，贵阳花溪大学城还在二期建设中，所以对构建现代化的公共文化服务体系要有较强的规划性。调查走访了花溪大学城中的9所大学，其中，贵州民族大学、贵州大学明德学院、贵州轻工职业技术学院、贵州城市职业学院4所大学的图书馆还在建设中，由一间或者几间教室组成的临时图书馆藏书较少；9所大学中只有贵州医科大学的图书馆是对社会人士及医学工作者开放的，但是开放条件不明确，图书馆的官网上也没有明确说明具体开放措施及借阅书目的条件；贵州城市职业技术学院的图书馆也在建设中，但目前情况是外来人员可通过登记进入临时馆内，但不可以借出图书；贵州民族大学人文科技学院的图书馆也可以自由出入，但借书需使用校园一卡通。除此之外，大学城内其他学校的图书馆都必须是本校学生且需用一卡通刷卡进入。贵州中医学院有一个正在建设的苗医药博物馆，据说建成后会对外开放，但如何开放、以何种形式开放还不确定。贵州医科大学有一个三层楼的文化展览馆，会开办与本校相关专业成果以及本校校史相关的展览，参观者不受任何限制，展览馆完全对外开放。贵州医科大学的健身馆可以说是完全对外开放，实行年卡收费制。贵州财经大学有个票据博物馆，但参观者要以班级或者团体为单位，并需要团体或者班级的上级部门加盖公章方可进入，免费开放，个人不可以入内观看展览。除以上所提到的场馆外，大学城内其他公共文化设施场馆都还处于空缺的状态。

走访调研中，有近70%的学生认为大学城内交通不便，几乎与世隔绝，对大学城目前的公共交通状况表示不满，但有60%的学生认为学校能基本满足日常生活所需，如果基础设施再相对完善点儿会更好。但整体来说，大学城的学校建设相对集中，但公共资源相对封闭，没有供大学城里其他学校学生借阅的公共图书馆、没有可供学习观赏的美术馆、科技馆，没有供后续入住居民利用的综合文化服务中心，也满足不了周围居民读书看报、收听广播、观看电视、观赏电影的基本需求。花溪大学城内各个大学的硬件设施不完善、建设发展不均衡，这是因为构建花溪大学城公共文化服务体系还没被提上日程，对构建花溪大学城公共文化服务体系的意识还不明确，并且由于大学城各高校在长期的历史发展中形成了不同的办学理念、特色、管理模式与运行机制，在现阶段很难加以融合和协调。①所以，在建设大学城公共文化服务体系时，要结合实际情况，各有侧重。

二、贵阳花溪大学城公共文化服务体系构建的理念及内容

贵阳花溪大学城积极发展教育、科技、文化、卫生等各项社会事业，完善社会保障体系，全面提升基本公共服务能力，推动和谐社会建设的义务。构建花溪大学城公共文化服务体系的最基本理念就是结合大学城的分布位置和各个高校培养类型不同的特点，以服务师生和社区居民为第一原则，建成覆盖大学城师生和附近社区居民的高效、基本、公平的现代化大学城公共文化服务体系。构建包括公共图书馆、文化馆、博物馆、科技馆、美术馆、数字影剧院、体育馆以及综合文化服务中心在内的符合大学城特点的公共文化服务体系，基本做到覆盖大学城内所有师生，包括穿插在各个高校之间的社区居民以及校园内外的商业点居民，从而形成以大学城为中心，辐射周围社区的现代化公共文化服务体系。

（一）公共文化服务体系传播平台

建设花溪大学城公共文化服务体系，首先要建设线上的公共文化服务体系传播平台，结合线下各个大学的综合文化服务中心，其中包括微博、微信以及客户端的“两微一端”，统筹现代化的公共文化服务体系。同时充分利用好全

---

① 黄晨曦，张宏成．江苏大学城体育服务体系构建设想［J］．体育文化导刊，2008（12）．

市的大数据发展战略，将花溪大学城的公共文化服务体系云平台建设起来，把公共图书馆、博物馆、美术馆、文化馆、科技馆、数字影剧院的全部资源公布在云平台上，实行网上预约，将各个场馆的开放资源状态在花溪大学城公共文化服务体系客户端的网站上定期更新。

（二）公共图书馆

党的十八大强调，要深化文化体制改革、推动社会主义文化大发展大繁荣，作为重要的公共文化基础设施和公益性文化服务机构，图书馆无疑是公共文化服务体系的重要组成部分。[①]要建设成一个对大学城师生以及社会人士共同开放的公共图书馆，选址在大学城内的贵州师范大学图书馆，可以节省空间和资源，也可以带动大学城内高校之间的往来。将贵州师范大学的图书馆定期开放成公共图书馆，社会公众借书的时间与本校师生的借书时间区别开来，在周末、节假日向社区居民开放。花溪大学城建设公共图书馆旨在提高当地居民的文化素质，普及专业技术知识，为当地经济文化的繁荣做出应有的贡献。将花溪大学城内的高校图书馆联合起来，充分利用大学城自身的文化优势，发挥图书馆的公共文化服务职能。[②]

（三）博物馆

花溪大学城地理位置相对较偏僻，远离市中心，但也正因为如此，规划比较集中，将博物馆设在贵州中医大学，借助正在建设中的苗医药博物馆，其内分层开设民族民俗博物馆、民族服饰博物馆、苗医药博物馆等，将贵州的地方特色展现出来。博物馆运用政府拨款的资金模式，用向社会征集藏品的方法来建设；对社区居民和大学城内师生免费开放；借助大学城师生较多的便利条件，提供岗位，为大学城内的师生提供实习的机会，以志愿工作、无偿劳动或给予补助的方式招聘工作者，志愿工作两小时可以记作学生社会考核的实践分。博

---

① 古钰诘．浅谈加强基层图书馆在公共文化基层服务中的措施[J]．科研，2015(9)．

② 张华．大学城高校图书馆公共文化服务探析［J］．云南农业大学学报，2013（7）．

物馆既能彰显贵州的地区特色，又能为花溪大学城的师生和社区居民提供锻炼和就业的机会。

（四）文化馆

公共文化服务体系以政府为主导，是对依靠国家以及社会的各种资源建立起的一种体制的总称，建设这一体系的目的就是通过提供公共性的文化产品以及文化服务来满足人们的文化需求。[①]大学城文化馆可以选址在贵州医科大学，以贵州医科大学的文化展览馆为场馆基地原型，以政府交纳租金的模式租赁二楼、三楼，定期开展文化活动，通过一些与时俱进的文艺演出、书画展览、摄影展览等直观的文化娱乐活动，给群众带来新的文化体验，传播党的方针政策，同时也将先进的大学城文化带给社区居民。定期举办公益性讲座，传播先进的文化知识。

（五）科技馆

建设科技馆以服务大学城内师生和周围社区居民为主，提升公众对科学技术的认知。在大学城发展规划的提升计划中，有建设大学城科技园的布局规划，初步构想是将科技馆建设在科技园内，充分整合高校科技园区的资源，以贵阳科技馆为蓝本，建设一座集科技展览、互动体验、科技研发、实验室、服务区于一体的科技展览馆。以市场化的方式吸引企业投资竞标，资金用于前期的建设和后期的维护，制定分层次开放的管理办法以及相应的收费制度。

（六）体育馆

现代化的公共文化服务体系中要建设一个体育资源共享程度高、网络化发达的公共体育馆，大学城师生和周围社区居民可以通过网络查询、预约的形式实现对体育资源的利用和共享。贵阳花溪大学城内的体育馆建设在完成后已基本对外开放，但专业体育器材和室内锻炼设施都不在开放范围之内。从目前的情况来看，公共体育馆的建设需向政府申请拨款，将其建在正在建设中的贵州民族大学校园内，规划操作性较强。开设健身房、瑜伽房、室内篮球场馆、乒

---

① 俞晶．文化馆体系公共文化服务分析［J］．大众文艺，2014（5）．

乒球馆，并配备相应的体育器材设备等，实行年卡收费制，完善公共体育馆的网络资源共享机制，秉承线上线下共同服务的原则，做到软、硬件设施装备齐全，促使周围社区居民加入到“全民健身”的行列之中。

（七）美术馆

美术馆是艺术类博物馆，是我国文化事业的重要组成部分，也是公共文化服务体系建设的重要内容，它具有收藏展示美术精品、满足公众审美需求、组织学术研究、开展公共文化服务、进行国际文化交流等多种重要的社会职能。①2011年1月26日，文化部和财政部联合出台了《关于推进全国美术馆、公共图书馆、文化馆（站）免费开放工作意见》，标志着美术馆已被纳入公共文化服务体系公益性场馆开放的范畴。贵阳花溪大学城依托各个高校的美术学院，将美术馆选址在贵州大学，承接书画展览、信息咨询、美术作品的修复、藏品巡展等工作，同时还可以经营贵州地区的民族特色的工艺品、美术材料、旅游纪念品、艺术复制品等。美术馆展示优秀文化艺术品，提升大学城内师生和周围社区居民的艺术鉴赏力。

（八）数字影剧院

数字影剧院是服务大众的公共文化设施，为公众提供影视信息传递和影视产品放映服务，是文化产品的传播和展示平台，具备公共文化服务实质。②数字影剧院既可以播放新上线的院线电影，用于盈利；也可以在国家重大节日时，以学校统一订票或者院线赞助的形式，播放具有教育意义的红色电影、历史电影、爱国电影。而且数字影剧院属于文化企业范畴，与其他公益性场馆不同，它可完全市场化，具备明显的商业属性。③数字影剧院选址在花溪大学城附近已在兴建的商业圈内，采取完全商业化的投资引进模式，用市场化的管理维持

① 芦扬远．美术馆在公共文化服务体系中的角色定位［J］．艺术百家，2011(8)．

② 张涛，刘玉涛，张军．试论公共文化服务体系中数字影院建设［J］．青年文学家，2012(6)．

③ 同②。

后续的运营。

三、贵阳花溪大学城公共文化服务体系的建构措施

（一）完善大学城高校之间的交通

目前大学城的交通主要有两个问题。其一是新老校区之间交通不便，校车发车时间固定，给学生提供便利较少，一般服务于往来两个校区之间上课的教师。大学城内高校的新校区与原来文化底蕴深厚的老校区来往较少，沟通不便。虽然来往有盈利性质的小巴车，但是发车时间不定，异常拥挤。其二是大学城内本身的交通条件受限较多，虽然各高校同在一个大学城内，但是各个高校之间有一定的距离，而且每个高校的校车只在自己的校园内运行，给来往大学城各个高校之间的师生造成了不便。

而公共文化服务体系自身对公众接触公共文化资源便利性有要求，所以，我们在构建花溪大学城公共文化服务体系首先要做的就是将大学城形成一个真正往来便利的大学城，让大学城内的师生以及周围居民往来便利，真正发挥出大学城的集聚效应，从而实现大学城公共文化服务体系中各个高校和社区居民接触文化资源地域上的公平与机会均等，真正实现花溪大学城公共文化服务体系的构建和运转。

（二）实现公共文化服务体系的供给主体的多元化

现代公共管理科学认为，服务型政府提供公共服务应该采用包括政府、社会、市场和社会个体参与的多元化供给模式。[①]而花溪大学城公共文化服务体系的构建，是以大学城内的各个高校以及后续建设的科技园区等为主体，所以只有公共文化资源多元化才能满足更多公众多样化的文化需求，发挥公共文化服务体系的最大效益。而且这个多元化的文化资源并不是厚此薄彼的存在，而是相互补充的发展。在提供公共文化产品的供给时，要尽最大可能地满足多数公众

---

① 王春林．公共文化服务运行机制构建探析［J］．广西社会科学，2013（5）．

的需求，按需供给。

（三）实现高校之间的学习资源共享，发展公益性文化事业

现代化的公共文化服务体系建立在普及化和普遍性的基础上，“开放性”既是大学城的逻辑起点，也是大学城永恒的魅力。大学城被称为“没有围墙的大学”，需要有开放包容的办学理念，开放自由的人才培养、学术研究思想。[①]花溪大学城种综合性大学较多，但也有专业性较强的院校，课程的互补性较大。为了体现大学城的开放性以及实现大学城的资源聚合效应，可以让大学城的各高校间签订协议，相互承认学分，实现学习资源的共享。在这个基础上，构建新的互联网选课平台以及图书馆之间的资源串联，完善网络文化资源共享机制，做到大学城高校之间的学习资源共享，让所有高校的教育资源都尽可能的均等，从而满足公共文化服务体系的普及性和普遍性。

在大学城学习资源共享的基础上，在空间和时间允许的条件下，开办公益性讲座或者组织满足社会人士对课程知识学习需求的活动。利用重大节日或者重大事件，弘扬社会主义先进文化，开展公共文化教育，发展公益性文化事业。

（四）建立合理高效的公共文化服务体系的反馈渠道

公共文化服务体系是保障人民对文化资源“平等知情”的合理体系，为了促进后期的文化管理和人民合理使用文化资源，从上到下实现“文化自觉”，在前期建设时要建立起合理高效的现代化公共文化服务体系的反馈渠道，线上反馈留言、公布邮箱，线下设置接待室，公布反馈意见集中处理结果，并接收二次反馈意见的处理，这些都要在反馈渠道中体现出来。

四、贵阳花溪大学城公共文化服务体系的运行机制

（一）提供政府政策和资金支持，完善资金供给机制

贵阳市获得了创建国家公共文化服务体系示范区的资格，在后续的示范区

---

① 臧兴兵，向光慧．大学城运行逻辑探析［J］．昆明理工大学学报，2013（8）．

建设中，贵阳市积极提供政策支持，制定并出台了《中共贵阳市委 贵阳市人民政府关于加强公共文化服务体系建设 创建国家公共文化服务体系示范区的实施意见》《贵阳市创建国家公共文化服务体系示范区建设规划》两个规划文件。并且，每年贵阳市财政局还划拨用于创建示范区的专项工作经费。贵阳市政府按照省的统一部署正在编制两办《关于加快构建现代公共文化服务体系的意见》的实施办法，将现代公共文化服务体系建设纳入“建设多彩贵州民族特色文化强省”的中心工作。分区分片划分建设现代公共文化服务体系，后续资金也将按照项示范区目竞标的办法来筹集，政府支持和市场调节相互补充，完善资金供给机制。所以，构建花溪大学城公共文化服务体系可以借鉴此经验，并在此基础上立足于花溪大学城的人文特色和地理位置特点，完成花溪大学城公共文化服务体系的构建。

（二）完善管理机制，共享社会资源

花溪大学城公共文化服务体系定位服务于大学城内师生以及周围入住和即将入住的社区居民，为了进一步拉近人群间的文化差距、满足居民的文化需求而建设的覆盖大学城内外、公平、高效的现代公共文化服务体系。在初步建设完成以后，要完善相关的管理机制，建立文化设施布局与数据管理平台。完善网络平台管理，与线下管理相呼应，成立各个场馆的管理站点以及总的服务点，定期召开管理会议，督促管理人员更好地服务。将前期投入使用的资金去向定期公开，使之透明化。大学城内丰富的人文资源为大家所共享，为构建贵阳市现代化的公共文化服务体系做出贡献。

（三）建立志愿者服务体系，灵活人才管理机制

公共文化服务体系是面向大众的公益性文化服务体系。在初期框架建设完成后，后续运行要尽可能地缩减成本。建设现代化的公共文化服务体系，以贵阳花溪大学城为依托，就要充分利用大学城人才集中的优势，组织公共文化服务体系的人员配备。建立志愿者服务体系，轮班值岗，同时志愿者服务体系要与学校的社会实践相联系，鼓励督促学生充分利用课余时间，获取社会实践分数，锻炼自己，为走入社会做准备。志愿者所提供的服务到达一定时限后，要颁发志愿者服务奖章，并定期举办志愿者活动，奖励在志愿活动中做得好、

服务时间长的师生。与各个高校签订人员配备协议，保障大学城公共文化服务体系人才资源的充足。

（四）完善公共文化服务体系，建构绩效考核机制和奖惩管理机制

花溪大学城公共文化服务体系一旦开始运行，就要将受众群体的反馈机制建立起来，反馈信息是该体系的绩效考核参考标准，用以督促花溪大学城公共文化服务体系人才管理的正常运行。受众的反馈机制也采用线上和线下双线运行，线上网络平台可以通过留言或者邮件的方式来反馈意见；线下设立专门的意见箱，由绩效考核小组每周检查，除人员管理的绩效考核机制外，针对反馈体系中人员自身的问题设立奖惩机制，用奖惩机制的效果来强化绩效考核机制，为保证花溪大学城公共文化服务体系更好的运行，要实施内部员工自身考核与外部反馈考核双重保障，以此来带动奖惩机制，更好地维护花溪大学城公共文化服务体系的运行。

（五）创建花溪大学城公共文化服务体系特色品牌

贵阳市是一个多民族分布和居住的城市，其民族特色、地形特点突出，为了创建现代化的公共文化服务体系，也为了给后期发展积攒能量，前期定位要明显，有特色。结合大学城的特点及贵阳本地的特色，打造具有民族特色的文化馆、博物馆、美术馆等，发挥少数民族聚居的优势，将少数民族的民族节日、民族特色服装以及民族语言充分展现出来。少数民族节日时，在文化场馆展现其民族风貌，如苗族的“四月八”、布依族的“三月三”以及彝族的火把节等。贵阳的喀斯特地貌明显，山中有城、城中有山，被称为“中国的避暑之都”，这也可以在公共文化服务体系中展现出来，以报刊传播、网络传播或者电视、电影传播的方式，将其展现在花溪大学城公共文化服务体系的传播平台中。

五、结 语

贵阳花溪大学城作为正在发展壮大且具有代表性的大学城，构建大学城的公共文化服务体系是其发展的应有之义。本文是在走访调研的基础上，总结了大学城目前的资源配置现状，粗略地提出了构建大学城公共文化服务体系的措

施和运行管理方法，但是具体构建方法还需要根据实际的发展状况做进一步探讨。在公共文化服务体系已被提升到了国家决策的层面上，只有将构建大学城公共文化服务体系的事宜提上日程，构建具有现代化、大学城特色、贵州特色的公共文化服务体系，才有实现的可能建设“多彩贵州文化强省”这一目标。

参考文献：

[1] 喻健，唐亚娟 . 关于贵州大学城网络媒体整合建设与传播的思考［J］. 当代教育，2015(4).

[2] 黄晨曦，张宏成 . 江苏大学城体育服务体系构建设想［J］. 体育文化导刊，2008（12）.

[3] 古钰诘 . 浅谈加强基层图书馆在公共文化基层服务中的措施［J］. 科研，2015（9）.

[4] 张华 . 大学城高校图书馆公共文化服务探析［J］. 云南农业大学学报，2013(5).

[5] 俞晶 . 文化馆体系公共文化服务分析［J］. 大众文艺，2014（5）.

[6] 芦扬远 . 美术馆在公共文化服务体系中的角色定位［J］. 艺术百家，2011(8).

[7] 张涛，刘玉涛，张军 . 试论公共文化服务体系中数字影院建设［J］. 青年文学家，2012(6).

[8] 臧兴兵，向光慧 . 大学城运行逻辑探析［J］. 昆明理工大学学报，2013（8）

[9] 王春林 . 公共文化服务运行机制构建探析［J］. 广西社会科学，2013（5）.

教育教学

JIAO YU JIAO XUE

独立学院大学生网络安全意识研究综述

刘 佳*

摘 要：近几年，独立学院大学生网络安全事件经常出现，社会影响较为恶劣，舆论对独立学院相关安全教育的水平有较为负面的评价，独立学院大学生网络安全意识研究有较强的现实意见。本文首先总结了历年来对大学生网络安全意识的研究成果，归纳了其研究的路径历程，并总结以往研究方法走向。其次总结了现阶段独立学院大学生网络安全意识研究的不足，主要是基础信息不够全面、研究对象的针对性与普遍性不能很好的兼顾，以及提出的建议过于抽象等。最后展望了独立学院大学生网络安全意识研究的必要性与未来的趋势，对以后的研究提出一些想法和建议，以期有更好的研究成果出现。

关键词：独立学院 网络安全 政治教育 预防措施

随着网络在社会的全面普及和推广，使用成本降低，大学生与网络不可避免地有了更多接触，现在基本上没有不接触、不使用网络的，而且，沉迷于网络中的大学生也越来越多。大学生由于生活环境相对简单，与社会接触的机会较少，

---

* 刘佳（1986— ），白族，硕士，贵州民族大学人文科技学院讲师。研究方向：法理学、法制史。

* 贵州民族大学人文科技学院科研基金资助项目，项目名称《贵州省独立学院大学生网络安全意识调查》，项目编号 16rwjs005。

相较于社会上的成年人来说，思想较为单纯，容易上当受骗；加之网络的技术性特点，很多大学生只会使用而不会防御。所以，大学生网络安全教育是目前高校安全教育的一项十分重要的内容。独立学院的学生，在世界观、人生观和价值观上都有其特殊性，这类型学校的学生爱冒险、易冲动，与其他类型的高校大学生存在较明显的差异。从高校安全教育有效性的角度来看，有必要对他们的网络安全意识进行有针对性的研究。

一、独立学院大学生网络安全意识研究现状

（一）研究背景

网络在我国全面推广的时间不长，但是伴随着网络的使用，产生了网络安全问题。大学生热衷于接受新鲜事物，独立学院的学生更是如此，使用网络的群体中有很大一部分是大学生，因其社会阅历浅薄，所以在使用网络之初就容易产生各类网络安全的问题。早在 20 世纪 90 年代末，已经有学者开始注意网络安全的问题。1997 年，葛芝金发表了《市场经济体制下的高校公共安全研究》，文中提及网络的推广对高校安全教育的影响；2000 年，刘春梅的《网络对在大学生成长的影响及对策》、马倩的《青少年网上交往特点及所存在问题的分析》相继发表。2001 年开始有越来越多关注网络与大学生之间的关系的文章。网络既是学生学习的重要辅助工具，同时也存在着很大的风险，需要学校及社会予以重视，提前防范，因此，有越来越多的学者从各种角度对此现象进行研究。早期的论文主要是关注学生网络道德建设、学生的网络综合症的问题，2005 年，相关研究开始更加细节化，逐渐关注网络对学生性格的影响、学生网瘾问题、学生网络消费心理。开始出现以某一高校学生的网络道德建设为研究对象的针对性文章，也出现了关注独立学院学生受到网络影响的相关研究文章。同时，以高校为主要研究对象的文章开始从网络道德建设层面增加网络安全的重点，并不断加深高校教育工作如何应对网络社会化的问题研究。2008 年，越来越多的研究者开始关注独立学院相关问题的研究，主要集中在独立学院学生与其他批次大学生的差异问题上面。随着网络诈骗的案件的增多，研究大学生网络安全的文章也有所增加。2010 年，对大学生网络安全的研究越来越具体，经常以某高校作为研究对象；同时，专门针

对独立学院的研究，主要集中在以高校为整体的各类研究上，如独立学院学生受网络的影响、独立学院学生的德育建设、独立学院学生的网瘾之类，把之前对高校学生与网络相关的研究结合独立学院学生的特殊性，又开展了新一轮的研究。而以高校为整体的研究文章结合网络相关性，越来越细节化，如网络法制教育、网络行为失范、网络消费观、网络危险行为、网络政治参与、网络诚信等，全方位解析网络对高校大学生的影响，并提出相关的应对之策。2015年以后，独立学院对学生的研究赶上了以整个高校学生为研究对象的步伐，成为高校学生研究中的至关重要组成部分。同时，在独立学院各种研究方向中，网络安全越来越成为重要的组成部分，初冬青的《独立学院大学生安全意识现状与教育对策研究》、应莺的《独立学院大学生网络问题与对策分析》、朱奎泽的《当前大学生网络安全意识教育问题述论》等，都提到在独立学院的安全教育框架内，网络安全教育应当成为越来越重要且值得重点关注的一个部分。

（二）研究方法

针对高校学生的研究方法，无外乎理论研究和实践研究，理论研究主要集中在学生心理性格分析这一块；而实践研究的应用范围则要广泛得多。但完全独立的研究几乎没有，反而将两者结合起来进行研究的文章较多。理论结论的获得，最科学的还是要从实践观察总结中得来，而对学生教育引导等实践的开展，又依赖于这些科学的理论，在实践中检验和升华这些理论。纵观过往的研究成果，无论是整体的高校网络安全研究还是独立学院的网络安全研究，研究方法都侧重于实践加理论分析。在实践研究的开展上，最多的就是调查，无论是问卷调查还是数据分析抑或是谈话，实践都是必不可少的研究基础，但仅获得数据信息并不是研究的目标，而是要对这些数据资料进行分析，从中掌握学生的心理状态、行为趋势，才能更科学地指导独立学院学生安全教育的开展。

二、独立学院大学生网络安全意识研究的不足

（一）信息搜集存在不全面与失真

了解独立学院大学生网络安全意识状态的第一步，往往是开展问卷调查，问卷调查固然是最普遍、最常用的手段，但该手段也带有一定的限制性，如问卷题

目设计的水平往往决定了最后获得信息的真实性和有用性。最突出的问题在于如何保证其获得的信息全面与真实。通过查看以往的研究，有些调查问卷的设计未能达到应有的水平，一开始就有不足，以致获得的数据不全面、失真，甚至连作为基础的数据信息都有问题，最后得出的理论分析不论多科学，也不能被称为有用或科学的结论。要想得到全面、真实且科学的结论，问卷题目以及选项要尽量全面，问卷当然要提前预设常见的情况作为选项，但有些调查者为了统计方便，没有将兜底的选项作为补充供学生选择。还有些调查者不能保持客观中立，如事先对调查结果进行判断，然后再围绕自己想得到的结果来设计题目，对学生的意志进行预判，诱导学生选择自己想得到的选项，达到自己已经预设好的目标。再来是有些研究者在调查开展的时候，不能打消学生的顾虑，因为调查的核心是网络安全意识，学生自然会担心，如果自己表现出来的情况是消极的，如有网瘾等，调查者是否会告诉老师？是否会影响自己在老师心目中的形象等。无论是哪种情况，也不论是有意还是无意，学生的选择在大多数情况下不能真实反映他们的想法，有过多的顾虑，最终导致数据片面、失真。

（二）针对性与普遍性不能兼顾

从目前的研究来看，有很多文章固然是围绕着独立学院网络安全意识来开展的，但所涉及的范围有大有小。如果要顾及研究的普遍性，那势必要调查很多的独立学院，以广泛的学生基础来保障研究的普遍性，但是这种研究，一是加大了调查的难度，无论是纵向的普遍性，如将三年的数据进行比较；还是横向的普遍性，如以东部地区独立学院为研究对象，都将导致研究者湮没于大量繁杂的数据中而不能抽身进行理论的分析。二是不太可能得出有规律的结论，即使是同一所独立学院，其每届学生之间的网络安全意识也未必会呈现出什么规律性的特点，如果范围再扩大，如学者开展的东部地区独立学院的研究，即使同处于发达的东部沿海地区，各独立学院之间的发展水平、教育水平、师资力量、学习氛围等都存在差异，基数越大，越无法得到规律性的结论。而研究的目的，就是要找到规律，有了规律，才能用于指导独立学院的网络安全教育的开展，无法得出结论，便注定了目标不可能达成。但是如果研究只考虑针对性，就是存在明显缺陷，很多研究的开展都是以某一独立学院作为研究对象，对其学生进行调查然后得出规律用于指导教学。可是如果研究对象过于具体，其得出的结论只能用于该研究对象身上，对其他独立学院，甚至对同一独立学院其他年级的学生来说都不具有参考价值。所以，如何平衡调查的针对性与普遍性是非常重要的一个问题，只有解决了这个问题，最后得出的结论究竟用于何处才有着落。

（三）未能提出有效的应对之策

对数据进行分析总结之后，需要根据不同的情况提出相关的应对之策。如果学生本身已经对网络安全十分重视，相关觉悟达已到较高水平，那么学校在网络安全教育这方面，量的目标已经达到，可以考虑如何提高教育的质，要总结学生现有的安全意识水平是如何树立起来的，这些方法有没有普遍推广的可能性，如何从现有的教学方法中提炼出最有效的教学手段等更高层次的发展之策。如果说学生对网络安全的意识水平参差不齐，那么是何种原因导致这种发展的不均衡，找到原因，并根据原因来解决问题，提高学校网络安全教育的普遍性。如果说学生十分不重视网络安全，那更是毫无疑问，应大力地开展相关的教育。在这三种情况下，无论是建设、是发展，还是巩固，都需要有新的、高质量的教学建议作为参考。研究者无论是自创、是从实践中总结，还是参照他人，都是需要结合研究对象的规律和特征来提出建议，而且这个建议必须是切实有效的、是可操作的。很多研究者往往把特征与解决方法混为一谈，其所谓教学建议往往就是就特征进行另一个角度的阐释，没有实践意义。如就某一独立学院学生网络安全意识不够发达，某学者总结的原因是日常教学不够重视，给出的建议是加强重视。不能说该学者的建议是错误的，但其建议是无效的或者说是空谈，没有可操作性。

三、独立学院大学生网络安全意识研究的趋势

对独立学院大学生网络安全意识的状态开展研究，无论是理论上还是实践上的研究都非常重要。首先，因为现在研究独立学院大学生网络安全意识的成果不十分突出，相关研究还有不尽完善之处，没有较成熟的理论研究体系与研究结论。尽管这几年，针对整个高校和独立学院的研究文章都非常多，但成果都不尽如人意，没有建设起较为完善的理论指导体系，研究成果的参考性及普遍性价值不够。其次，学生对网络的依赖性太强，由于独立学院学生各种性格特点，近几年大学生网络安全事件频频发生，影响十分恶劣，不仅给学生、给学生家庭、给老师学校，

甚至给社会都造成了十分不良的影响，学生不能继续安心求学，家长和老师整日忧心忡忡，学校也不停地在尝试各种教学改革，社会舆论非常不好。有迫切的实践需求，全社会都在呼吁成熟有效的网络安全教育手段。所以，在独立学院相关研究已经赶上了高校整体研究的今天，在网络成为大学生活重要组成部分的今天，为了让学生更安全地学习和生活，从目前的研究趋势来看，是非常有必要继续开展独立学院大学生网络安全相关研究的。

独立学院的建设在现阶段已经较为成熟，各方面的研究及建设都较为完善。安全教育这方面，无论是哪一类高校都不可能放松警惕，网络安全尤为重要。未来有关这方面的研究，要更加重视对各独立学院学生特征的总结，以及相关对策的提出，即根据各独立学院发展的水平及状态，更加注重实用性教学建议的提出。

四、独立学院大学生网络安全意识研究的建议

（一）研究范围的适中

前文说过研究范围要注意平衡针对性与普遍性的问题，如果研究对象仅局限于某一独立学院，则对其他学校的参考价值不大。而如果范围过大，研究难度上升，很有可能无法得出结论。所以，一定要根据实际情况来确定研究范围，如以某省为单位，研究该省的独立学院设立的情况，这是一个较为适中的范围。省内独立学院的发展水平虽然有所不同，但是差异不至于巨大，相互之间比较的可能性很大，也很有希望得到有规律的结论，研究的成果不仅要对某一独立学院有价值，大家还要能从成果中衡量自己，来更好地开展独立学院的学生网络安全教育。

（二）保障信息真实全面

为保证结论的科学性，数据采集必然要注意真实性和全面性，最常用的调查问卷自然必不可少，同时也要注意问卷题目设置的全面性与客观中立。还要结合实际情况，采用其他辅助手段，如对教师进行访谈、对学生进行访谈等，使之共同作为下一步研究的基础信息。

（三）研究连续性与系统性

为了让相关的研究能够给教学实践带来更强大的影响和效果，应当注意研究

的系统性与连续性。网络对独立学院大学生的影响不仅限于哪一届，也不仅止于哪一所独立学院，而是为了让独立学院网络安全教育更有成效，相关的研究应该注意保持连续性。同时，从 20 世纪 90 年代末就开始进行的网络与大学生的相关理论研究，应当有一定的系统性，近 30 年的研究，不应该重复、琐碎地进行，应该要构建起一定的理论系统，对未来的研究有所启发，能指导更深层次的研究，这样才是走在了进步的研究道路上。

（四）注重研究结果的实用性

进行独立学院大学生网络安全的相关研究，要根据自己的研究能力和研究水平考虑研究结果用于何处，如果是专注该问题数十年的老学者，其研究成果应当是前述的理论构建。如果是普通的学者，无论是检验理论还是总结事实，都应当注重研究结果的实用性，能够对某一独立学院或某一地区的独立学院网络安全教育提出可操作性的建议，不要使建议成为空谈。

独立学院大学生的思想教育工作是一项需要不懈努力的重大任务，作为其中重要组成部分的网络安全教育更需要不断有人投身其中进行相关研究，只有这样才能让独立学院的发展越来越健康，越来越有活力。

参考文献：

[1] 张举，陈铭．网络对青年社会化的负效应及其对策［J］．郑州工业大学学报（社会科学版），2001（3）．

[2] 纪秋发．青少年学生使用网络的实证研究［J］．北京青年政治学院学报，2003（2）．

[3] 王玮，苗阳．独立学院大学生网络成瘾的现状分析及对策探究［J］．理论纵横，2011（7）．

[4] 初冬青．独立学院大学生安全意识现状与教育对策研究［J］．中国成人教育，2015（9）．

[5] 张大方，佘国华．大学生网络素养教育理论综述［J］．文化学刊，2012（5）．

贵州省独立学院“双师型”教师队伍建设路径研究

——基于多层级规范性文件的比较视角

段济秦 陈品冬*

前 言[①]

教师是提高教育质量、办好人民满意教育的关键，是教育事业发展的基础。由于贵州省各独立学院将自己的学校定位为应用技术型大学、其教育基本定位于应用型人才的培养，目标是为社会培养管理、生产、建设、服务等第一线需要的高等应用型专门人才，故不仅要求独立学院教师具备科学的理论知识，还要求具有实践经验，可带领和指导学生完成实践任务。基于此，可将“双师型”教师定义为：具备基本的职业和教育工作素质，精通特定专业基本原理并具备专业实践能力，胜任教育和培训学习者的教育机构的教育者。“双师型”教师概念的提出，

---

* 段济秦（1991— ），男，汉族，湖南祁阳人，贵州大学法学院，2016级民商法硕士研究生。研究方向：民商法学、教育法学。陈品冬（1982— ），女，贵州民族大学人文科技学院副教授。研究方向：旅游资源开发、世界遗产保护。

① 本论文系2015年贵州省教育厅人文社科规划项目［2015GH21（贵州省独立学院“双师型”教师队伍构建模式研究）］阶段性成果。

体现了时代发展的特色和人的全面发展观念，是促进职业教育教师终身学习的一种全新理念。“双师型”教师概念的提出，适应了以应用型为主线的应用技术型大学办学理念的发展，在实践中也表现出广阔的发展前景和旺盛的生命力。“双师型”教师“是对相关专业教师提出的一种专业发展理念，更是单一型的理论教学教师和实践教学教师继续教育和成长的目标导向”①。“双师型”教师是应用型大学教师队伍建设的重点及特色，加强“双师型”教师队伍建设，已经成为教育界和全社会的共同呼声。

随着贵州省独立学院教育规模的扩大，教学理论与实践经验均满足“双师型”要求的教师队伍亟待加强建设，且该“双师型”队伍应与当前的独立学院本科教育规模发展趋势相匹配。因此，课题组在搜集了外省经济较为发达的地区及经济水平大致相似地区构建“双师型”教师队伍的文件的基础上，分析了涉研地区大学师资建设的经验以及“双师型”师资队伍建设存在的问题，并借鉴其成功经验，对于独立学院积极探索建立更加科学、完善、符合贵州省高等教育发展实际的人才评价体系，积极改进并创新人才选拔机制，充分发挥各类人才的积极性、创造性，促进高等学校进一步发展，对全面提高教育质量有着重要意义。

一、贵州省“双师型”教师队伍现状分析

贵州省独立学院的发展起步于21世纪初期，历时较短。目前，贵州省共有8所独立学院，分别是贵州大学科技学院、贵州大学明德学院、贵州民族大学人文科技学院、贵州师范大学求是学院、贵州财经大学商务学院、贵阳医学院神奇民族医药学院、贵阳中医学院时珍学院、遵义医学院医学与科技学院，它们中的大多数仍然依托于母体高校的教学资源，但也有个别学院，如贵州民族大学人文科技学院、贵州财经大学商务学院等在师资的引进、培养等方面做了一定创新，更加注重招纳和培养属于自己的师资力量，组建了一定规模的自有师资队伍。然而，从数量上和质量上与本科院校的实际教学及科研仍存在较大差距。由此，贵

①贺文瑾．“双师型”职教教师的概念解读（上）[J]．http://www.fjzzjy.gov.cn/newsInfo.aspx?pkId=36567. 最后访问日期：2017-2-21.

州的各个独立学院构建适合自己的“双师型”教师队伍非常必要。

独立学院在10余年的师资队伍建设进程中积累了一定的经验。自20世纪90年代“双师型”教师的概念提出之后，“双师型”教师成为独立学院培养具有专业基础知识和实践经验的学生的基础，因此，“双师型”教师队伍的建设和培养是独立学院的重要工作。

二、外省规范性文件对于“双师型”教师队伍建设的规定

（一）概况

课题组通过“北大法宝”数据库查阅了2013—2015年政府规章及各地的规范性文件涉及“双师型”教师队伍建设的规定①，制定主体的行政级别主要为省级政府或其教育行政主管部门，部分行政主管部门或教育机构单独制定了“双师型”教师队伍建设管理办法，也予以纳入。如国务院《关于加强教师队伍建设的意见（国发〔2012〕41号）》、常德市《关于印发＜常德市职业院校“双师型”教师评定办法＞（试行）的通知（常教通〔2015〕63号）》。涉及范围达16个省市，共计38件，其中主要有国务院及教育部出台的政府规章3件、安徽省3件、广东省2件、广西省1件、贵州省1件、河南5件（其中包含黄淮学院制定的主题为关于“双师型”教师队伍建设的规定2件）、湖北省1件、吉林省1件、江苏省5件（其中包含苏州市人民政府《关于加快发展全市现代职业教育的实施意见（苏府〔2015〕119号）》1件）、江西省5件、青海省海西州1件、山西省1件、陕西省4件、四川文理学院《四川文理学院“双师型”教师队伍建设实施办法（试行）（川文理〔2015〕67号）》等2件、天津市1件、浙江省2件（其中含宁波市《关于加强中等职业学校骨干教师和“双师型”教师队伍建设的若干意见（甬教人〔2006〕83号）》1件）。列表如下：

---

① 考虑到研究的周延性，课题组在百度上用“双师”与“文件”作为检索的联合关键词，查得一线教学单位如黄淮学院、海西州职业技术学校等制定的相关文件，共计3件。

序号	文件名称	制定主体	文号	制定／生效时间	是否有效
1	国务院关于加强教师队伍建设的意见	国务院	国发〔2012〕41号	2012年9月20日	是
2	国务院关于加快发展现代职业教育的决定	国务院	国发〔2014〕19号	2014年6月24日	是
3	教育部、国家发展改革委、财政部关于引导部分地方普通本科高校向应用型转变的指导意见	教育部、国家发展改革委、财政部	教发〔2015〕7号	2015年10月21日	是
4	安徽省教育厅关于印发《安徽省高等职业院校“双师型”教师认定办法（试行）》和《安徽省高等职业院校“双师型”教师认定标准（试行）》的通知	安徽省教育厅	皖教人〔2015〕2号	2015年5月26日	是
5	安徽省教育厅关于做好高等职业院校“双师型”教师首次认定工作的通知	安徽省教育厅	皖教秘人〔2015〕170号	2015年10月29日	是
6	关于做好2014年广东省高等学校优秀青年教师培养计划培养对象推荐工作的通知	广东省教育厅	粤教师函〔2014〕108号	2014年9月23日	是
7	广东省人民政府关于深化教育领域综合改革的实施意见	广东省人民政府	粤府〔2015〕20号	2015年1月29日	是
8	关于印发《广西壮族自治区职业院校“双师型”教师队伍建设工程实施方案（2015—2020年）》的通知	广西壮族自治区教育厅、广西壮族自治区人力资源和社会保障厅、广西壮族自治区财政厅、广西壮族自治区机构编制委员会办公室	桂教师范〔2015〕9号	2015年3月27日	是
9	省人民政府关于实施教育“9+3”计划的意见	贵州省人民政府	黔府发〔2013〕1号	2013年1月14日	是
10	河南省教育厅关于开展2015年度中等职业学校“双师型”教师认定工作的通知	河南省教育厅	教职成〔2015〕403号	2015年6月1日	是
11	河南省教育厅关于印发《河南省中等职业学校“双师型”教师基本能力标准（试行）》的通知	河南省教育厅	教职成〔2013〕1125号	2013年12月18日	是
12	黄淮学院关于印发《黄淮学院双师型教师培养与管理暂行办法》的通知	黄淮学院	院字〔2013〕6号	2013年1月13日	是
13	中共湖北省委高校工委、省教育厅关于印发2014年工作要点的通知	湖北省教育厅	鄂教办〔2014〕2号	2014年2月27日	是
14	湖南省现代职业教育体系建设规划（2014—2020年）	湖南省教育厅	湘教发〔2014〕50号	2014年8月27日	是
15	2014年关于印发《湖南省高等学校教师系列专业技术职称（职务）评审工作改革实施方案（试行）》的通知	湖南省教育厅	湘教发〔2014〕58号	2014年12月15日	是
16	关于印发《常德市职业院校“双师型”教师评定办法》（试行）的通知	常德市教育局	常教通〔2015〕63号	2015年4月20日	是
17	关于开展2015年全省职院“双师型”教师认定工作的通知	吉林省教育厅	吉教职成字〔2015〕23号	2015年6月11日	是

续表

序号	文件名称	制定主体	文号	制定 / 生效时间	是否有效
18	2002 年江苏省高等学校专业技术职务评聘工作意见	江苏省教育厅	苏教人（2002）42 号	2002 年 3 月 28 日	是
19	江苏省中等职业学校主要专业“双师型”教师非教师系列专业技术证书目录	江苏省教育厅	苏教办师〔2012〕77 号	2012 年 12 月 1 日	是
20	关于加快推进现代职业教育体系建设的实施意见	江苏省政府	苏政发〔2014〕109 号	2014 年 10 月 22 日	是
21	苏州市人民政府关于加快发展全市现代职业教育的实施意见	苏州市人民政府	苏府〔2015〕119 号	2015 年 8 月 21 日	是
22	关于印发《江西省中等职业学校“双师型”教师认定及管理办法（试行）》的通知	江西省教育厅	赣教职成字〔2011〕32 号	2011 年 6 月 13 日	是
23	关于《江西省中等职业学校“双师型”教师认定及管理办法（试行）》的补充意见	江西省教育厅	赣教职成字〔2012〕62 号	2012 年 11 月 9 日	是
24	关于开展江西省中等职业学校第二批“双师型”教师资格认定工作的通知	江西省教育厅	赣教职成字〔2013〕39 号	2013 年 7 月 19 日	是
25	关于印发《江西省中等职业学校“双师型”教师非教师系列专业技术证书目录（试行）》的通知	江西省教育厅	赣教职成字〔2013〕40 号	2013 年 7 月 26 日	是
26	关于开展江西省中等职业学校第三批“双师型”教师资格认定工作的通知	江西省教育厅	赣教职成字〔2014〕42 号	2014 年 7 月 7 日	是
27	海西州职业技术学校“双师型”教师队伍建设方案	海西州职业技术学校		2011 年 4 月 8 日	是
28	关于加强职业院校“双师型”教师队伍建设的意见	山西省人民政府办公厅	晋政办发〔2015〕76 号	2015 年 7 月 27 日	是
29	关于举办 2013 年中等职业学校“双师型”教师省级培训班的通知	陕西省教育厅办公室	陕教职办〔2013〕26 号	2013 年 5 月 17 日	是
30	关于印发《陕西省省属高校用人制度改革实施办法（试行）》的通知	陕西省教育厅、陕西省机构编制委员会办公室、陕西省财政厅、陕西省人力资源和社会保障厅	陕教规范〔2014〕19 号	2014 年 12 月 15 日	是
31	陕西省教育厅关于加强中等职业学校教师队伍建设的意见	陕西省教育厅	陕教职〔2012〕39 号	2012 年 12 月 28 日	是
32	关于开展 2015 年“双师型”教师资格认定工作的通知	四川文理学院人事处	（川文理〔2015〕67 号）	2015 年 10 月 28 日	是
33	关于加快职业教育“双师型”教师队伍建设的意见	天津市教育工作委员会	津教委专〔2006〕8 号	2006 年 3 月 25 日	是
34	关于加强教师队伍建设的实施意见	浙江省人民政府	浙政发〔2013〕26 号	2013 年 4 月 16 日	是
35	关于加强中等职业学校骨干教师和“双师型”教师队伍建设的若干意见	宁波市教育局、宁波市人事、宁波市劳动和社会保障局	甬教人〔2006〕83 号	2006 年 3 月 23 日	是

（二）特点

1. 规范性文件制定主体呈现出多层级特色，法律文件层次普遍较低，也缺少统一性。从国务院制定的规章到地方省市政府、教育行政管理部门、教育部门，如黄淮学院的规范性文件，涉及了“双师型”教师队伍建设问题，但从系统上来说，特别是针对“双师型”教师的留用及发展问题，却存在严重的不足。由此可见，在这些省份内部，其对“双师型”教师队伍建设问题并未形成统一认识。

2. 在 38 件涉研文件中，各地区文件数量及其详备程度与该地区经济发展程度及历史上的教育发展程度成正比。如从数量上来看，河南 5 件、江苏省 5 件、江西省 5 件、陕西省 4 件，而青海省海西州 1 件、山西省 1 件、贵州省 1 件。而从文件规定的详备程度上来说，江苏省教育厅在 2002 年 3 月 28 日出台的《2002 年江苏省高等学校专业技术职务评聘工作意见》（苏教人〔2002〕42 号）中就明确规定“深化改革，进一步推进与完善教师职务聘任制”“高等职业技术学院和成人高校要特别重视‘双师型’教师职务岗位的设置”。此后，还在 2012 年制定了《江苏省中等职业学校主要专业“双师型”教师非教师系列专业技术证书目录》（苏教办师〔2012〕77 号）。在 2014 年，江苏省政府制定了《关于加快推进现代职业教育体系建设的实施意见》（苏政发〔2014〕109 号），到 2020 年，“建成适应经济社会发展需求，产教深度融合，体现终身教育理念，职业教育与普通教育相互沟通，中等职业教育、高等职业教育、应用技术型本科教育、专业学位研究生教育紧密衔接的现代职业教育体系”“中高等职业教育相衔接的课程体系全面建成，‘双师型’教师队伍素质整体提高”“实施职业院校教师素质提升计划，依托高水平职业院校和大中型企业共建一批‘双师型’教师培养培训基地，建立职业院校教师到企业实践制度和高职院校‘访问工程师’进修制度，推进职业院校优秀教学团队建设。到 2020 年，中职学校和高职院校‘双师型’教师占比分别达 75%、85%以上，兼职教师占专业教师比例均达 25%左右”的目标任务。

3. 大部分文件的内容都是政策导向型而非具体落实型，并没有提出具体的落实办法。如广东省教育厅 2014 年 9 月 23 日施行的《关于做好 2014 年广东省高等学校优秀青年教师培养计划培养对象推荐工作的通知》（粤教师函〔2014〕108 号）仅在“提升教师队伍建设水平”中提及“加强职业教育‘双师型’教师队伍建设”，而且之后也没有出台后续的配套措施。广东省人民政府于 2015 年 1

月29日施行的《关于深化教育领域综合改革的实施意见》（粤府〔2015〕20号）文件中第十九条“职业教育‘双师型’教师”规定“职业教育‘双师型’教师”指的是既有中等或高等职业教育教师资格证书和教师系列职称，也有与所教专业（课程）相对应行业、岗位的中级及以上职业资格（技能）证书或职称。此后，也并未出台配套措施。

4. 文件主要内容多是关于提升当地教育水平的宏观法案，里面对于“双师型”教师队伍建设的规定多局限于高职院校，而对于本科院校的规定较少。但有些单位和部门对于本科院校如何建设“双师型”队伍的探索却走在了前面，如黄淮学院对于建设“双师型”队伍有比较详细的规定：

双师型教师的标准：

指高等学校中具有中级及以上教师职称，又具备下列条件之一的专业课教师：

（一）有本专业实际工作的中级及以上技术职称（含行业特许的资格证书，有专业资格或专业技能考评员资格者）。

（二）近五年中有两年以上（可累计计算）在企业第一线从事本专业实际工作的经历，或参加教育部组织的教师专业技能培训且获得合格证书，能全面指导学生专业实践实训活动。

（三）近五年主持（或主要参与）三项应用技术研究（或两项校内实践教学设施建设及提升技术水平的设计安装工作），成果已被企业（学校）使用，达到同行业（学校）中先进水平。①

并从“培养途径与措施”、提高“双师型”教师的待遇、促进其职业发展方面制定了详细的规定：

四、双师型教师的培养途径与措施

双师型教师的培养是加强师资队伍建设的一个重要环节。各院系应加强对双师型教师的培养工作，制订年度培养计划，根据发展需要提出双师型人才培

---

① 黄淮学院．关于印发《黄淮学院双师型教师培养与管理暂行办法》的通知（院字〔2013〕6号）．

养数量、规格和具体措施，报学校审定后组织实施。根据双师型教师的具体要求，可以结合实际采取以下措施：

（一）组织教师参加国家组织的各类行业资格和职称资格的培训考试。

（二）应充分利用学校资源进行双师型人才培养，鼓励教师参加校内实践教学设施建设，通过科研、社会服务、技术开发等方式带动一批教师参与社会实践和科研开发工作，提高教师的实践能力。

（三）专业课和专业基础课教师三年内至少到企事业单位实践锻炼3至6个月。

（四）重视从企事业单位引进和聘请既有工作实践经验，又有较扎实理论基础的高级技术人员到我校从事教学工作。

五、双师型教师的有关待遇

（一）教师在外参加双师型资格培训期间享受在校工作教师同等的津贴待遇。

（二）在职称评审、骨干教师选拔等方面，双师型教师在同等条件下优先。

（三）各院系要优先安排双师型教师参与科研项目开发、教材编写等工作。

（四）鼓励我校教师积极获取与本专业相关的专业资格证书或行业资格证书，取得以上资格证书后，学校奖励1000元。①

此外，还有湖南省教育厅2014年12月15日印发的《关于印发〈湖南省高等学校教师系列专业技术职称（职务）评审工作改革实施方案（试行）〉的通知》（湘教发〔2014〕58号）中就湖南省高等学校教师系列专业技术职称（职务）评审工作进行了改革，从2014年开始，将教授、副教授、高级实验师、讲师、实验师职称评审工作授权或委托高等学校自主组织评审。并在附件1《湖南省高等学校教师系列、实验技术系列职称（本科院校）评审实施细则》第二条“加分条件”中规定了申报教授、副教授、高级实验师职务人员量化加分条件在以往文件中的常规项目“思想政治与师德”“学历、学位”等条件外，额外增加了一款：

---

① 黄淮学院．关于印发《黄淮学院双师型教师培养与管理暂行办法》的通知（院字〔2013〕6号）．

5."双师型"素质教师："双师型"素质教师是指具有讲师（或以上）教师职称，又具备下列条件之一的专任教师：

(1)有本专业实际工作的中级（或以上）技术职称（含行业特许的职业资格证书）；

(2)近五年中有两年以上（可累计计算）在企业第一线从事本专业实际工作经历，并能全面指导学生专业实践实训活动；

(3)近五年主持（或主要参与）两项应用技术研究，成果已被企业使用，效益良好；

(4)近五年主持（或主要参与）两项校内实践教学设施建设或提升技术水平的设计安装工作，使用效果好，在省内同类院校中居先进水平。

符合上述条件之一的"双师型"素质教师计4分。①

陕西省教育厅、陕西省机构编制委员会办公室、陕西省财政厅、陕西省人力资源和社会保障厅在2014年12月15日联合下发的《关于印发〈陕西省省属高校用人制度改革实施办法（试行）〉的通知》（陕教规范〔2014〕19号）就进一步深化省属高校人事制度改革，全面推行聘用制度和岗位管理制度，创新管理体制，转换用人机制，充分调动各类人才的积极性、创造性，为构建适应现代大学组织形态的人事管理制度，促进全省高等教育科学发展提供强有力的人才保障，明确规定了"实施高层次人才引进绿色通道"，并从人事体制上、财政上予以支持：

省属高校参照《陕西省事业单位公开招聘工作人员实施办法的通知》（陕人社发〔2012〕105号）第十九条，对本校高层次人才标准进行细化和自主界定，一般情况下高层次人才应具备的最低学历为博士，或职称为副高级及以上，并对引进的高层次人才在学校网站上进行公示，公示期为7个工作日，期满后报省教育厅、省人力资源社会保障厅、省编办备案，办理相关手续。对急需引进的高层次人才可不受省属高校年度纳入人员台账管理人数的限制，用下一年度"退一进一"的指标补充，报省教育厅、省人力资源社会保障厅、省编办备案后，

① 湖南省教育厅.《关于印发〈湖南省高等学校教师系列专业技术职称（职务）评审工作改革实施方案（试行）〉的通知》（湘教发〔2014〕58号）.

纳入人员台账管理，逐年消化。鼓励省属高职院校加大“双师型”教师队伍建设，可参照省属高校高层次人才引进办法，吸引有经验、懂技术、会教学的高级工程技术人才和高技能人才进入高职院校教师队伍。①

以上三例规定之具体、配套措施之完备也是超出课题组研究成员预期的，对于促进“双师型”教师无疑具有极大的促进作用。

三、贵州省独立学院专业设置及师资队伍建设存在的问题②

贵州省独立学院的专业设置中，应用性专业较多，这就要求教师队伍必须转变为“双师型”。依据这一角色转变的要求，教师队伍建设出现了诸多问题。

（1）各部门对“双师型”教师队伍的建设没有形成统一的意见，没有达成共识。贵州省政府虽然在2013年1月14日出台了《关于实施教育“9+3”计划的意见》（黔府发〔2013〕1号），但是其关于“双师型”教师的内容是“积极支持中等职业学校与高等院校、大中型企业共建‘双师型’教师培养培训基地”。此外，相关部门及院校对本科教育并没有出台关于“双师型”教师培养和队伍建设的文件或意见。

（2）教师队伍结构不合理。专职教师和外聘教师是组成独立学院的教学队伍的两个部分。其中，外聘教师占绝大多数，外聘教师往往学历较高、教学经验也比较丰富。但是外聘教师比较分散，难以管理。而专职教师大多是低学历、低职称的青年教师，基本上是研究生毕业后直接到校任教，实践经验及教学经验均较为缺乏③，属于“从校门到校门”的教师类型，很难达到“双师型”教师的标准和要求。同时，专职教师不仅教学任务繁重，而且还面临身份认同、工资福利、

① 陕西省教育厅，陕西省机构编制委员会办公室，陕西省财政厅，陕西省人力资源和社会保障厅．关于印发《陕西省省属高校用人制度改革实施办法（试行）》的通知（陕教规范〔2014〕19号）．

② 该部分系本文所涉课题阶段成果，为杨胜美《贵州省独立学院专业设置及“双师型”教师队伍建设研究》一文中的部分内容。

③ 杨庆庆．独立学院法学专业“双师型”教师队伍建设问题研究［J］．南昌教育学院学报，2011（4）．

培训及晋升等方面的多重压力，使他们很难有时间参与到社会实践中去。

（3）学校重视程度不够。除了贵州民族大学人文科技学院、贵州财经大学商务学院等独立学院比较重视教师的培养，有一些针对教师的培养方案外，贵州省许多其他独立学院对教师队伍培养的重视程度和培养力度明显不足。原因有二；其一，大部分学校对任课教师的安排奉行“拿来主义”，基本上都是从母体院校或者其他院校聘请教师任课，在课时安排及薪酬上予以区别对待并通常优于自有师资，虽然大多数外聘教师相对而言教学经验丰富，但由于流动性较大，不利于学校师资队伍经验传承、梯度建设，终将影响学院师资队伍的长期发展。其二，大部分独立学院对怎样培养“双师型”教师没有清晰的认识和定位，关于独立学院教师的培训和实践机制仍未完善①。包括新教师的入职培训、职业发展培训、对外交流、实践基地的建设都非常缺乏。其三，大部分独立院校认为“双师型”教师的培养是一把双刃剑，实施好了有助于学校教学质量的提升，若实施不好，部分教师留恋校外实践的经济回报反而更加影响学校自身的教学，因而部分独立学院不太重视“双师型”教师的培养。

（4）社会条件不足。目前，社会上可用于培养“双师型”教师的社会资源并不多。一方面，学校教师应该“走出去”，到社会上学习更多的实践经验，但是社会上可容纳的单位或是实践基地并不多。另一方面，将社会上有实践经验的人士或一些企业的高层管理人员“引进来”，也很有难度。首先，人员的甄选存在困难，其标准如何认定、由谁认定，存在一系列的问题；其次，即使甄选到合适的人员，这些社会人士往往职位较高、工作任务较重、时间难以安排；再次，有实践经验的社会人士不一定具有教学经验，其对学生的了解不深入，对科学教学方法掌握不够，这些也对教学成果有很大影响。

四、启示

高校办学水平的高低取决于教师水平的高低，学校人才培养的质量在相当程度上取决于教师的质量。由于贵州省经济及教育基础薄弱、欠账较多等，全省教

① 张文利．独立学院“双师型”教师队伍建设的几点思考[J]．赤峰学院学报，2015(10)．

育仍然处于低水平、不稳固、易反复阶段。同时，随着贵州省工业化、城镇化、农业现代化进程加快，技能型人才短缺的问题日益凸显。独立学院应用技术大学的定位是清晰的，作为国家培养应用型人才的基地，必须要建设与其发展目标相一致的高水平的“双师型”师资队伍。师资队伍建设的过程是孕育高校灵魂的过程，它是实现学校发展战略目标的根本，独立学院应充分认识到“双师型”师资队伍建设在学校整体工作中的重要位置及紧迫性，不断总结经验，学习省外先进教育理念，总结教训，借鉴经验，努力探索一条适合自身发展的路径，以更好地为地方经济发展培养更多优秀人才，实现服务地方经济建设与促进自身发展的终极目标。

学科建设

XUE KE JIAN SHE

我国民办高校文化产业人才培养路径研究

王伟杰　黄仕金*

摘　要：人才的缺乏已成为阻碍我国文化产业快速发展的重要因素。究其原因，一方面是公办高校在文化产业人才培养方面存在较多问题和不足；另一方面是没有充分重视民办高校在文化产业人才培养方面的巨大作用。为此，民办高校应建立机动灵活的文化产业人才培养培训机制，为我国中西部地区文化大发展大繁荣提供能力型和创新型的文化产业人才支持。

关键词：民办高校　文化产业人才　路径

提供优质、丰富的文化产品，不断满足人民群众的精神文化需求，促进文化大发展大繁荣，是我国发展文化事业与文化产业的重要目标。推动文化“双业”发展，关键要靠人才，而人才的缺乏已成为阻碍我国文化产业各领域飞速发展的

---

* 王伟杰（1985— ），汉族，博士，贵州民族大学南方少数民族非物质文化遗产研究基地副教授。研究方向：文化产业管理。黄仕金（1994— ），汉族，贵州民族大学人文科技学院管理学部2015级本科生。研究方向：文化产业管理。

*本文系贵州民族大学2015年度科研院（所）、基地（中心）重点项目“多彩贵州融入藏羌彝文化产业走廊对策研究”（项目编号：15KYGS005）阶段性研究成果。

重要因素。因此，大力培养文化产业相关的专业人才队伍，为我国文化产业各领域的飞速发展提供强有力的人才支撑，是我国高等院校义不容辞的重要责任与义务。公立高校是我国培养文化产业人才的重要平台，却不是唯一平台。长期以来，我国把文化产业人才培养的重点放在公立高校，却忽视了民办高校在能力型、创新型文化产业人才培养方面具备的独特优势。在文化产业和创意产业飞速发展并逐步融合的今天，传统的文化产业人才培养模式已经不能满足当下文化产业飞速发展的需要，重视和发挥民办高校在文化产业人才培养方面的独特优势，是解决我国文化产业人才缺乏的有效途径。

一、我国公办高校文化产业人才培养现状及分析

早在 2004 年，我国就开始了“文化产业管理”本科专业的招生工作，在一些高校中开办了试点。至今，我国文化产业人才培养已渐入佳境，在各高校相关专业招生人数和比例均呈逐年上升之势后，部分高校开始取消了文化产业管理专业的招生，或者转向了其他专业和方向。诚然，激烈的文化产业管理专业开设高潮及“招生扩张热”短期内取得了数量上的成效，但也存在着人才培养与市场需求脱节等问题。反映在实践层面，我国在文化产业各个领域内不同程度地出现了“复合型管理人才少，新兴行业专业人才少，内容创意型人才少”[①]等问题。高素质、高层次和高质量的文化产业人才的匮乏，更凸显了我国公办本科院校在文化产业等专业人才的培养中还存在较多悬而未决的问题。

（一）学校教育与人才市场需求不适应，文化产业管理人才极度缺乏

我国文化市场目前急缺复合型管理人才，尤其是具备较高文化素养的高、精、尖型专业文化管理人才极度缺乏。为区域经济社会发展提供可用人才的本科院校，文化产业人才的培养教育必然要同文化市场的需求相匹配，同近年来蓬勃发展的新兴文化业态紧密相连。然而，“我国文化产业人才教育，由于对文化产业人才需求状况了解不充分，培养体系不健全、培养目标不清晰，学科界线不分明，专

---

① 黄春平．中国文化产业人才发展报告［J］．中国传媒报告，2008（3）．

业设置不合理等原因，导致培养的人才和市场脱节”①。文化产业人才培养还未能与国家和地方文化经济一体化发展相协调，还没能形成一套立足于新时期发展变革而建立的科学的人才培养模式。目前，“文化产业管理”专业在很多高校都被划分到管理学科类，部分高校将其划分至新闻学、艺术学、历史学、经济学、文学甚至民族学等学科，不明确的学科归属，直接影响了专业型研究生的招生和就业。

（二）理论型文化人才和技术型营销型文化产业人才培养“各自为战”，传统文化学科与新兴文化产业学科亟待整合

伴随着我国文化经济一体化进程加快，新兴文化产业发展迅猛，藏羌彝文化产业走廊更成为我国推动西部民族地区文化产业发展的重要工程。然而，我国目前的很多高校仍较为传统，仍把以文学、历史、新闻等为代表的文化类专业作为文化产业人才培养的主流方向，那么这些专业培养出来的本科生虽然有深厚的文化知识，却缺乏经济意识和市场分析能力。以新兴的营销类、管理类、计算机类等专业为代表的学生，往往又缺乏一定的文化知识。综合类的文化产业管理专业既不培养文化素养又缺乏专业实践，导致很多学生出现毕业的茫然和就业的盲从，也令许多用人单位感到失望。

（三）“高烧不退”的“艺考”逐步演变为大学的“敲门砖”，文化产业创意人才严重不足

文化产业是以文化创意为核心的新兴产业。文化产业人才的培养也必须培养学生的创新、创造能力，以适应未来文化产业日新月异的发展，而创造力的获得需要有艺术素养熏陶。反观我国的艺术类专业招生，在考生规模逐年减少的大趋势下，艺术类考生人数却不降反升，成为高考的非正常现象。学艺术要看学生的个人兴趣和天赋，可越来越多的家长和学生将“艺考”视为读大学的最佳捷径，有的学生甚至到高三才临时转为艺考生，没有接受过系统、完整的

---

① 姚伟钧．高校文化产业人才培养现状与创新的思考［J］．福建论坛（人文社会科学版），2011（2）．

训练。“不少学生是抱着这样一种心态参加高考艺术类招生考试的，仅仅是因为艺术类招生的文化课分数比较低……艺术好像因为分数变成了一门‘敲门技术’”。[①]还有的学生仅仅是将“艺考”视为迈入光怪陆离的演艺圈的捷径，哪怕只有万分之一的概率。[②]

（四）总体看来，繁荣景象的背后隐藏着经济诱因，导致文化产业人才培养“重数量、轻质量”

在我国现行教育管理体制下，一些地方高校受学费等重大利益的诱导，在无法满足基本办学条件的情况下，尤其是一些高校在没有相关文化产业师资队伍和教学实践基地的状况下，毅然新开了“文化产业管理”等专业，并逐步扩大了招生的数量，使文化产业人才的培养与文化市场对文化人才的需求脱节。尤其是一些地区相关专业招生规模没有与当地文化产业发展相适应，最终导致文化产业相关人才培养“量与质”的不平衡发展。各高校善于依托现有的传统学科优势开设综合管理类、艺术类文化产业专业，师资整合和招生都较为容易，但很少实现特色化培养。“我们的大学为什么开这个专业，说得不好听，就是为了赚钱！”[③]尤其是一些艺术类专业，学费动辄过万，课堂外的专业培训费用更无法用确切数字来统计。诚然，这只是事物的一个方面，“艺术”背后潜在的巨大经济利益，才是令各高校垂涎的。

二、民办高校培养文化产业人才的独特优势

目前，很多高校的独立学院已经转变为民办高校，一些民办高校凭借自身雄厚的经济实力和灵活的办学方式，为我国区域经济社会的发展提供了众多实用型人才。党的十一届人大三次会议上，温家宝总理提出“高等教育要与经济社会发展和国家战略需要紧密结合，提高教育质量和创新能力。大力发展民办教育，鼓

① 司文．别让艺考变成上大学的捷径［N］．西安日报，2011-01-01.

② 牛梦笛．艺考是成名捷径吗［N］．光明日报，2012-02-14.

③ 王乐．文化产业人才培养缘何“虚热”［N］．文汇报，2008-11-11（12）.

励和引导社会资本进入各级各类教育领域”[①]。民办高校是我国高等教育走向大众化和拓宽高校办学资金渠道的产物，目前已成为我国高等教育的重要组成部分，极大地缓解了市场人才供求之间的矛盾。随着地方本科学校逐步向应用技术型大学转型，民办高校具有公办院校在文化产业人才培养方面不可企及的优势。

从生源资质上看，相对于公办高校的学生，民办高校的学生进校时的文化课基础较差，在进行理论学习与研究方面有所欠缺，但从学生的个人能力来看，民办高校学生的思想活跃、动手能力强、创新意识较强、更容易接受新事物，尤其热衷于购买和使用与文化产业联系紧密的文化创意产品和文化科技产品，从而在文化产业各行业学习与实践中能脱颖而出。在热度不减的大学生人才市场上，实践能力较强的民办高校学生在求职面试中并未处于劣势，甚至更能得到一些文化企业公司的青睐。

从师资队伍上看，我国民办高校教学团队成员呈现出来源多元化。专职与兼职老师能力参差不齐，既有学贯古今的理论研究型学者，又有富有实践经验的行业专家。与公办高校相比，民办高校的人才引进机制更为灵活，只要是相关行业内有成就的学者甚至企业家、主持人、电影明星，都可以被高薪聘请来担任老师，为学生们奉献别具一格的理论与实践相结合的课程，使学生能较早树立“与市场需求紧密结合”的学习就业目标。

从专业设置上看，民办高校虽然普遍存在师资力量缺乏、学科体系建设不健全的问题，但因建校时间短，往往更能根据市场需求发展优势学科，许多公办院校和事业单位退休后的知名专家都被他们网罗了去，更有一批年轻富有活力的专职青年教师，既保证了基础的本科教学，又带动了相关科研工作。与官办院校培养的理论型和技能型人才相比，民办高校的人才具有较强的创新能力、创造能力和商业能力，具备自主创业的能力并很快适应社会环境的发展和演变，为我国文化产业发展培养了为数众多的、稳定的、富有活力的，与市场需求相适应的能力型人才。

从教育方式上看，与较多管理学专业类似，较多高校的文化产业专业的人才

---

① 温家宝．国务院总理温家宝在第十一届全国人民代表大会第五次会议上作政府工作报告．

培养过于侧重理论基础的教育，忽视了实用技能的培养，或者重视课堂实践教学，但受实践基地建设滞后和培养经费不足的掣肘，不能开展足量的实践教学和专业技能培训。较多高校用大量的理论知识替代实践课堂，实际操作知识太少，学生缺乏实践中的创新能力，很难与市场对接，存在着重理论、轻实践，重知识积累、轻动手操作的弊病。在民办高校中，学校注重“订单培养”和“按需供应”的培养模式，能紧密结合就业市场的需求，强调上手快、实践强，理论能直接转化为实践，在实践中强化理论，甚至能针对某一单位的需求制定“理论+实习”的对口培养模式，为各行各业生产、管理一线输送了大量的应用型和技术型人才。

三、民办高校文化产业人才培养的对策和建议

作为我国高等教育的重要组成部分，民办高校应结合自身优势，抓住文化大繁荣、大发展的机遇，建立以自身为培养主体、以文化企业为实践主体、以公办高校为教学支援的三方联合的文化产业人才培养体系，大力培养地域性的能力型和创新型文化产业人才，为地区文化产业的发展提供良好的人才支持和智力支撑。具体来讲，应做好以下几点工作。

其一，针对民办高校自身的优势，立足现实，找准定位，突出办学特色，以培养能力型、创新型的文化产业人才为主，为我国文化产业各行业的发展提供高质量的实用人才。首先，摆脱“招生圈钱”的理念，招收文化基础课较好、有一定艺术素养、综合素质较高的学生，为培养创新型文化产业人才打下良好的生源基础。在艺术类招考中，对于那些艺术能力突出但文化课稍差的考生，可打破传统招生法则限制，积极破格录取，从而为有艺术天赋的学生创造良好的条件，努力培养其成为各文化行业的专门性艺术人才。同时，应借文化产业与创意产业飞速发展的东风，努力实现面向文化产业市场和文化事业单位的“订单式人才培养”计划，在培养效果上由重数量向重质量转变。其次，结合自身实力较强的少数学科专业，以实用型、实践型学科专业为基础，努力加强自主交叉学科设置，建立起从专科到本科、从自考教育到成人教育、从综合类文化产业专业（如文化产业管理专业）到专门性文化行业专业（如播音与主持专业）的民办高校文化产业人才培养体系。由此，形成民办高校与公办高校良好的教育协作分工，实现“注重锻炼学生的创新能力、创造能力和商业能力”的文化产业人才培养特色。立足所

处地域文化特色，差异化培养区域性技术型文化产业人才，为我国地域文化的传承和地域文化产业的发展提供储备人才。

其二，面对民办高校在生源质量和科研水平等方面的不足，可通过加强队伍建设和创新学科体系来实现优化和提升。首先，努力扩大师资队伍，引进专业对口的文化产业硕士生和博士生，充实文化产业管理方向的教学实力，提升民办高校在校生的基础文化和文化产业理论知识。交叉型综合型文化产业人才的培养已经成了了我国众多学者的共识，但要培养交叉型的学生，必须先培养交叉型的老师。例如，可设法改善文化产业类师资待遇，以良好的物质条件吸引高水平跨学科的学者来民办学校任教。在引进高水平人才过程中，要合理配置技术型、交叉型、理论型和艺术型四种师资队伍的比例，以增强文化产业等新兴交叉学科实力。其次，在保质保量完成教学任务的基础上，鼓励中青年教师继续深造或者进行科学研究等工作，尤其是要鼓励有一定的教学实践且有文化学、历史学、经济学、教育技术学和管理学硕士背景的教师继续深造，支持此类教师考取文化产业相关专业的博士学位，从而为培养双师型、复合型教师奠定坚实的政策基础，为我国未来文化产业学科的大发展和民办高校文化产业人才的培养做铺垫。对于一些年富力强的专家教授，可鼓励他们利用与文化企业联系密切、贴近社会文化生活的优势，进行与文化产业相关的跨学科应用理论与实践研究。如文化产业领域内的产学研一体化的应用经济学研究。最后，创新学科体系，开设具有地域特色和民族特色的文化产业专业，结合文化产业各行业实践和学科带头人的理论指导，编写相关的理论教材，完善民办高等教育在文化产业人才培养方面的长效机制建设。

其三，在对外交流联系方面，可加强与相关文化企业和科研院所的沟通和联系。首先，建立与民办高校自身专业匹配的文化企业合作关系，将“实践性教学”落到实处，定向定量地培养与市场需求相契合的文化产业人才。“据智联招聘网分析，目前营销类人才是文化产业最急需的，企业对应聘者除了要求具有创造性、专业性、艺术性、时尚性以外，更要求具有市场营销经验。”[①]为此，我国民办高校应走培养复合型人才和高精尖专业人才相结合的道路，实现由“制造

---

① 苗素贞，朱孔伦．文化产业人才匮乏现象日益突出［N］．社会科学报，2005-09-01.

人才”向“创造人才”的转变。在保持传统优势学科培养高质量人才的基础上，可适当培养复合型交叉型的文化产业人才。其次，构建与公办院校的优势教学资源共享机制，实现机制内产学研资源较高程度的共享使用。定期邀请知名专家教授现场讲学，为能力型文化产业人才的培养创造良好的学校环境和学术氛围。我国文化部先后设立了八大国家级文化产业研究中心及四大文化产业发展与创新研究基地。民办高校应该争取实现与这些教学单位建立教学资源共享机制，全方位弥补民办高校学生在文化产业人才培养方面的不足。

图书在版编目（CIP）数据

人文学术·思辨与实证 / 肖远平 刘实鹏 主编 .——北京：中央民族大学出版社，2017.11

ISBN 978-7-5660-1439-9

Ⅰ．①人… Ⅱ．①肖… ②刘… Ⅲ．①高等学校—发展—文集 Ⅳ．①G647-53

中国版本图书馆 CIP 数据核字（2017）第 246248 号

人文学术·思辨与实证

编　　者　肖远平 刘实鹏
责任编辑　舒　松
责任校对　胡菁瑶
装帧设计　汤建军
出 版 者　中央民族大学出版社
　　　　　北京市海淀区中关村南大街 27 号　　邮编：100081
　　　　　电话：68472815（发行部）　　传真：68933757（发行部）
　　　　　　　　68932218（总编室）　　　　　68932447（办公室）
发 行 者　全国各地新华书店
印 刷 厂　北京盛华达印刷有限公司
开　　本　787×1092（毫米）　1/16　印张：18
字　　数　220 千字
版　　次　2017 年 11 月第 1 版　2017 年 11 月第 1 次印刷
书　　号　ISBN 978-7-5660-1439-9
定　　价　65.00 元